教育部人文社会科学研究规划基金项目资助

"新时代我国高等职业教育跨界转型发展的路径研究"(批准号:18YJA880043)

| 光明学术文库 | 教育与语言书系 |

新时代我国高等职业教育跨界转型发展的路径研究

李国年 | 著

光明日报出版社

图书在版编目（CIP）数据

新时代我国高等职业教育跨界转型发展的路径研究 /
李国年著 . -- 北京：光明日报出版社，2022.5
ISBN 978-7-5194-6628-2

Ⅰ.①新… Ⅱ.①李… Ⅲ.①高等职业教育—发展—研究—中国 Ⅳ.①G718.5

中国版本图书馆 CIP 数据核字（2022）第 092600 号

新时代我国高等职业教育跨界转型发展的路径研究
XINSHIDAI WOGUO GAODENG ZHIYE JIAOYU KUAJIE ZHUANXING FAZHAN DE LUJING YANJIU

著　　者：李国年	
责任编辑：李　倩	责任校对：张月月
封面设计：中联华文	责任印制：曹　净

出版发行：光明日报出版社

地　　址：北京市西城区永安路 106 号，100050

电　　话：010-63169890（咨询），010-63131930（邮购）

传　　真：010-63131930

网　　址：http://book.gmw.cn

E - mail：gmrbcbs@gmw.cn

法律顾问：北京市兰台律师事务所龚柳方律师

印　　刷：三河市华东印刷有限公司

装　　订：三河市华东印刷有限公司

本书如有破损、缺页、装订错误，请与本社联系调换，电话：010-63131930

开　　本：170mm×240mm	
字　　数：313 千字	印　　张：18
版　　次：2022 年 5 月第 1 版	印　　次：2022 年 5 月第 1 次印刷
书　　号：ISBN 978-7-5194-6628-2	
定　　价：98.00 元	

版权所有　　翻印必究

序 言

高等职业教育是我国教育体系中一个重要的组成部分。近几年随着我国教育体制的不断完善与发展，高等职业教育已经步入高速发展的阶段。然而，目前我国高等职业教育仍然面临着国内经济发展战略转型带来的严峻挑战，同时，高等职业院校办学定位不明确、专业设置不合理、人才培养模式单一、理论教学与实践教学脱节、校企合作不深入、"双师型"师资队伍缺乏、内部治理结构不健全等一系列问题也严重制约着我国高等职业教育的发展。本课题将紧密围绕我国高等职业教育跨界转型发展这一中心问题展开研究，以期为准确把握新时代我国社会主要矛盾变化对高等职业教育工作提出的新要求提供理论支撑，为新时代我国深化高等职业教育改革提供理论依据，为推动高等职业教育跨界转型发展提供对策建议。

当前，我国有关高等职业教育跨界转型发展的理论研究起步较晚，虽然现在对现代高等职业教育体系的构建逐渐重视，但针对高等职业教育跨界转型发展的深入系统研究十分缺乏，本研究试图对高等职业教育跨界转型发展的理论基础、实践经验及其实证分析方面做相关探索，以弥补相关研究的不足。

全书主要分为六个章节：第一章新时代我国高等职业教育跨界转型发展的理论基础，包括习近平新时代中国特色社会主义教育思想、高等职业教育经济理论、类型教育理论和高等职业教育跨界转型发展的理论、实践依据；第二章是新时代我国高等职业教育跨界转型发展的内外环境、制度选择与运行机制；第三章对新时代我国高等职业院校的人才培养、教学管理和师资队伍建设跨界转型发展进行了实证分析；第四章是中、德、澳三国高等职业教育跨界转型发展的比较研究，分别分析了中、德、澳三国的成功经验、不足与发展趋势；第五章是对新时代我国高等职业教育跨界转型发展的实践探索的梳理；第六章提出新时代我国高等职业教育跨界转型发展的可行性路径。其中，各章分工如下：绪论由李国年教授撰写；第一、三章作者为：李国年、柳中奇；第二章作者为：李国年、田舒蕾；第四、五章作者为：李国年、韩双玉；第六章作者为：李国年、何煦；全书由李国年教授统稿。

  由于笔者学识有限，书中难免存在错误与不足之处，也敬请业界同人及广大读者批评指正！

目 录
CONTENTS

绪 论 ……………………………………………………………………… 1

第一章 新时代我国高等职业教育跨界转型发展的理论基础 …………… 22
  第一节 习近平新时代中国特色社会主义教育思想 ………………… 22
  第二节 高等职业教育经济理论 ……………………………………… 29
  第三节 类型教育理论 ………………………………………………… 35
  第四节 高等职业教育跨界转型发展的理论、实践依据 …………… 43

**第二章 新时代我国高等职业教育跨界转型发展的内外环境、制度选择与
       运行机制** …………………………………………………………… 52
  第一节 新时代我国高等职业教育跨界转型发展的外部环境 ……… 52
  第二节 新时代我国高等职业教育跨界转型发展的内部环境 ……… 60
  第三节 新时代我国高等职业教育跨界转型发展的制度选择 ……… 68
  第四节 新时代我国高等职业教育跨界转型发展的运行机制 ……… 79

第三章 新时代我国高等职业教育跨界转型发展的实证研究 …………… 86
  第一节 研究设计 ……………………………………………………… 86
  第二节 高等职业院校人才培养跨界转型发展的实证分析 ………… 96
  第三节 高等职业院校教学管理跨界转型发展的实证分析 ………… 117

第四节　高等职业院校师资队伍建设跨界转型发展的实证分析 …… **144**

第四章　中、德、澳三国高等职业教育跨界转型发展的比较研究 …… **172**
　　第一节　我国高等职业教育跨界转型发展的成功经验与不足 …… **172**
　　第二节　德国高等职业教育跨界转型发展的经验、不足与趋势展望 …… **179**
　　第三节　澳大利亚高等职业教育跨界转型发展的经验、不足与趋势展望 …… **185**
　　第四节　德、澳两国高等职业教育跨界转型发展路径的比较与启示 …… **192**

第五章　新时代我国高等职业教育跨界转型发展的实践探索 …… **203**
　　第一节　新时代高等职业教育跨界转型发展的现实需求与实践举措 …… **203**
　　第二节　天津中德应用技术大学跨界转型发展的实践探索 …… **217**
　　第三节　上海应用技术大学跨界转型发展的实践探索 …… **226**
　　第四节　广州南洋理工职业学院跨界转型发展的实践探索 …… **233**

第六章　新时代我国高等职业教育跨界转型发展的可行性路径 …… **241**
　　第一节　营造高等职业教育跨界转型发展的良好环境 …… **241**
　　第二节　完善我国高等职业院校的内部治理结构 …… **249**
　　第三节　创新高等职业教育跨界转型发展体制 …… **253**
　　第四节　拓宽高等职业教育跨界转型发展的人才培养路径 …… **256**

附录1　高职学生调查问卷 …… **263**

附录2　高职教师调查问卷 …… **270**

参考文献 …… **276**

绪　论

一、研究背景

高等职业教育是我国教育体系中一个重要的组成部分。虽然起步比较晚，但是，随着近几年我国教育体制的不断完善与发展，高等职业教育已经步入高速发展的阶段。然而，目前我国高等职业教育的外部发展环境仍然面临着生源危机和国内经济发展战略转型带来的严峻挑战，仍然面临着高等职业院校办学定位不明确、专业设置不合理、人才培养模式单一、理论教学与实践教学脱节、校企合作不深入、双师型师资队伍缺乏、内部治理结构不健全等一系列现实问题。立足新时代，直面挑战，建设高等职业教育强国，必须基于职业技能源于职业实践这一特点，深入认识游离于产业之外的高等职业教育业内发展即高等职业教育在教育系统内部实现发展的不足，深入认识高等职业教育跨出教育事业边界在产业内部实现自身发展的必要性，深入理解推动高等职业教育从理论型向应用型转变的发展的重要性。因此，提出并深入、系统研究新时代我国高等职业教育跨界转型发展及其路径这一选题，是建设高等职业教育强国的必然要求。

二、研究意义

（一）本课题研究的理论价值

第一，有助于完善我国高等职业教育跨界发展研究。高等职业教育是一种职业化、技能化的高等教育，熟练掌握某种高级职业技能是对这种专门人才的基本要求。高等职业教育不仅需要掌握一定的高等职业知识和理论，还需要一定的高等职业实践活动才能转化为高级职业技能。高级职业活动对高级职业技能形成的决定性作用表明，职业型、技能型高级专门人才不仅仅能通过教育部门举办高等职业院校来培养，还能通过产业部门举办高等职业学院来培养，进而实现高等职业教育跨界发展。目前我国高等职业院校主要是由教育部门举办，由各产业、各行业举办的高等职业院校极少，这与行业企业主导高职办学的德国形成了巨大反差，一方面是由于我国高等职业教育体制不够完善，另一方面学界对高等职业教育跨界发展的研究相对滞后，对高等职业教育改革实践缺乏指导。因此，本课题研究将有助于填补我国高等职业教育跨界发展研究的空白，推动我国高等职业教育跨界发展理论的形成和发展。

第二，有助于进一步丰富我国高等职业教育发展理论。当前我国高等职业教育发展的研究呈现出"碎片化"特征，即都是从某个特定专业教育展开具体研究，站在整体上对我国高等职业教育转型发展进行研究的还比较缺乏，我国高等职业教育转型发展的理论基础还比较薄弱。本课题将从深化产教融合、校企合作的角度整体上系统阐明我国高等职业院校主导产教融合、校企合作以及行业企业主导产教融合、校企合作的双主导战略不仅是高等职业教育转型发展的根本战略，还是促进人的全面发展的根本途径，以高等职业教育战略转型和跨界转型研究的新成果来丰富我国高等职业教育转型发展理论，进一步夯实我国高等职业教育发展的理论基础。

（二）本课题研究的实际应用价值

第一，能够为准确把握新时代我国社会主要矛盾变化对高等职业教育工作提出的新要求提供理论支撑。本课题研究成果将有利于从高等职业教育跨界转型发展上正确认识这一类型教育发展的历史使命，为准确把握高等职业教育发展的新要求、新机遇、新挑战做好理论准备，同时为制定出具有全局性、战略性、前瞻性的高等职业教育行动纲领提供理论支撑。

第二，能够为新时代我国深化高等职业教育改革提供理论依据。高等职业教育改革不是权宜之计，而是适应经济社会不断发展的长远之计。要深化高等职业教育改革，就必须有理论支撑。本课题研究将揭示新时代我国高等职业教育跨界转型发展的机理，并在此基础上提出其跨界转型发展的路径，从而能为新时代我国深化高等职业教育改革提供理论依据。

第三，能够为建设高等职业教育强国提供对策建议。建设教育强国是新时代我国教育发展的历史使命。建设高等职业教育强国是建设教育强国的应有之义。本课题研究将提出并论证新时代我国高等职业教育跨界转型发展之路是建设高等职业教育强国的必由之路，据此提出的适应高等职业教育跨界转型发展的实施路径对于建设高等职业教育强国具有一定的参考价值。

三、核心概念界定

高等职业教育跨界转型发展，即高等职业教育跨越单一学科范围或研究实践领域的界限，高等职业教育中的这种界限体现为理论知识与实践维度的界限。跨界与转型是高等职业教育发展紧密联系的两个关键，转型的基本条件是跨界，跨界是转型的创新模式。一方面，跨界转型促进学科间的交融与渗透，另一方面，可以为现有的职业教育中理论与实践脱轨等现实问题提出指引性策略。跨界转型是一种校企合作、工学结合、产教融合的教学模式，以两个学习场所作为教育行为跨界，显现出从理论研讨到实践指导的教育机制转型特征。跨界转型已成为高等职业教育的重要发展路径，成为职业教育在新时代的发展要求与历史使命。

四、文献综述

（一）国外研究的现状和趋势

总体看来，国外对高等职业教育发展的研究主要包括"转型"发展研究和"跨界"发展研究。一方面，高等职业院校应该成为高等职业教育与地方、行业、企业合作的载体，应该成为学以致用的研发中心。围绕经济与科技飞速发展对各类高级职业型、技术型、技能型人才快速增长的需求，展开传统学术型大学向应用技术型大学转变的研究，即高等职业教育"转型"发展研究，促使高等职业教育发展成为一个新的高等教育类型；另一方面，主要围绕各个不同类型的应用科技大学展开对应用科技大学及其发展趋势的研究，即高等职业教育"跨界"发展的研究。目前这一研究正呈现出向高等职业教育与经济的相互作用、毕业生的就业形势及走向等方面延伸的趋势。

一些发达国家，如美国、德国、瑞士、澳大利亚等，他们的高等职业教育发展已经历经了百年以上的时间，如今他们的高等教育在世界上取得了可见的成绩，不论是学校办学质量抑或教学理论，都走在世界的前列。因此，我国在建设一流高等职业院校的过程中，结合中国国情，学习借鉴国外的办学模式，取其精华去其糟粕，对我国高等职业学校有指导意义。

美国的高等职业教育从1862年发展至今，从职业教育发展至高等教育，从单一地规划课程到有职业训练实施的具体标准和评价方法，办学目标从培养技能型人才到适应经济全球化发展的需要。20世纪初期，美国的"技术准备制度"的目的在于利用职业教育促进经济发展。美国的高等职业院校的办学主体也在不断拓展，包括综合中学、社区学院等，教育目标也不仅仅局限于就业、升学，终身教育、提高技术教育水平和教育效率等多个方面也被纳入教育目标中。

德国最早的职业院校称为高等专科学校，随后颁布了"双元制"，为了确保"双元制"有效实施，促使学生做好学校理论学习的同时不耽误实践能力的训练，德国高等职业院校开始将职业教育与培训联系在一起，培养技术型的职业人才。随着经济和技术的发展，高等职业院校在培养人才的同时促进经济的发展，经济的发展反作用于高等职业院校的发展，促进德国高等职业院校的国际化。德国高等职业院校的办学历程向我们展示了政策的颁布与实施和教育理论的完美统一，这也是德国职业教育行业在世界上遥遥领先的秘诀所在。

瑞士在探索高等职业教育的过程中，修订的教育法规从教育体系和教育对象出发，创新了高等职业教育的定义。瑞士高等职业教育的培养目标是提高学生的责任心和职业素养，进而提升学生的职业行动能力。瑞士将高等职业教育看作一个独立的教育类型，建立了不同于中职院校和大学的教育体系，创立具有应用导向和社会需要取向的教学体系。跨职业的教学体系促进了中高职的衔接与沟通，为社会注入高质量的人才，极大地促进了瑞士的经济发展。从20世纪末开始，瑞士的高等教育发展出现了分支，呈现了三条基本脉络，他们的培养目标分别是工程师、技术员、技师，由于培养目标的不同，他们的授课方式与重点以及课程开设地点也有所侧重。

（二）国内研究的现状和趋势

国内有关高等职业教育跨界转型发展的研究主要涉及以下几个方面内容。

1. 我国高等职业教育生源问题研究

为了鼓励更多的应届高中生、退役军人、下岗农民或职工通过报考高等职业院校提高自身竞争力，我国的高等职业院校通过扩大招生数量，满足日益增加的报考数量。随着高等职业院校的大规模扩招，高等职业院校的报考迎来一波热潮，但是随之而来的是高等职业院校的人才培养质量问题。过去，高等职业院校生源类型单一，可以采用统一的培养方式。如今，在百万扩招背景下，不同类型的学生为高等职业院校带来了挑战。

首先，生源结构复杂。从退伍军人到下岗职工、农民工，这些社会生源涌入高等职业院校，他们的学历、年龄和阅历参差不齐，学校在教授他们理论知识的同时，还要照顾不同角色学生的心理状态与学习进程。其次，不同学生的学习需求不同，导致单一的培养方案不适用于教学。作为传统生源的应届高中生与社会生源在生活阅历和实践经验上相差很大。社会生源对知识的需求更具有个性化，他们不仅需要理论知识的灌输，同时也渴望能拥有将来在职位上发挥作用的实用性技能。最后，生源存在学业基础参差不齐的问题。由于不同生源同时进入高等职业院校，教室存在着不同年龄段、不同学历基础的学生，他们对知识的吸收能力不同。传统生源由于年龄和学业基础的优势善于接受教师传授的知识，但是离开校园多年的高龄学生以及学业基础差的学生，对教师传授的知识接受能力较弱，这会导致教师在教学过程中产生两极分化的现象。同时照顾好两类学生，使他们在同一教室共同学习对教师来说是一个新的挑战。

2. 高等职业教育可持续发展的研究

高等职业教育跨界转型发展也是一种可持续发展，国内对如何实现高等职业教育可持续发展的研究有诸多视角：

一是从高等职业教育的定位和发展路径来看，姜大源（2008）指出，高等职业教育在我国高等教育体系中占据着重要的地位，高等职业教育的可持续发展在高等教育的整体发展中发挥着重要作用。要想促进高等职业教育健康、可持续的发展，必须引导高等职业院校走科学正确的发展路径，因此需要清楚地认识高等职业教育的类型、层次和功能定位①。翟海魂（2012）认为，高等职业教育的可持续发展要求高职学生的可持续发展，而高职学生的可持续发展要求高等职业教育的高质量发展。要切实提升高等职业教育的质量，必须遵循高等职业教育的发展规律，树立五个正确观念，即教育观、类型观、办学观、质量观、教学观，处理好高等职业教育中密切相关的"六个关系"②。

二是从人才培养来看，在理念层面，张博文（2009）认为，高等职业教育必须坚持树立科学的人才观，培养适应社会经济发展要求的职业技术人才，切实把高等职业教育与普通高等教育区别开来，明确高等职业教育的办学方向和培养目标，根据实际发展水平和办学条件引导高等职业教育提高人才培养质量，充分满足社会经济发展对高水平技术技能人才的迫切需要③。在实践层面，李

---

① 姜大源. 高等职业教育的定位[J]. 武汉职业技术学院学报，2008（02）：5-8，11.
② 翟海魂. 高职教育——规律与可持续发展[J]. 河南科技学院学报，2012（02）：14-17.
③ 张博文. 分层定位与分类发展——试论中国高职教育改革与发展的政策选择[J]. 职教论坛，2009（04）：15-18，23.

林森（2021）提出，我们应大力发展专科层次的高等职业教育，培养出数以亿计的高水平职业技术人才。面向地方和行业的高等职业院校应调整好办学定位，以培养技能人才为办学目标，以满足社会经济发展对不同层次专业人才的需要为办学导向，积极培养应用型、技能型人才①。

三是从高等职业教育可持续发展过程中存在的问题来看，顾坤华（2013）指出，教育现代化背景下我国高等职业教育在党的正确领导之下虽然取得不少成绩，但在可持续发展方面依然受到教育理念滞后、产教融合不深入、资金匮乏等诸多现实困境的影响和制约②。面对这些现实困境，张志田等（2021）提出，应转变高等职业教育发展理念，实施"专门教育"；发挥政府宏观指导职能，深化产教融合；完善高等职业教育机制，加大经费支持投入；完善自身管理机制，研究提高教育现代化治理能力的可持续发展路径③。随着我国高等职业教育规模不断扩大，高等职业院校数量日益增加。李震峰等（2021）指出，高等职业院校生源基地建设工作成为当前高等职业教育发展的必然要求，并探讨了如何在实践中合理有序地开展高等职业院校的招生工作，通过开展高等职业院校生源基地建设工作，带动新时代下的高等职业教育跨界转型发展④。

3. 高等职业教育的类型教育属性研究

高等职业教育跨界转型发展和高等职业类型教育存在紧密的联系。从国家层面分析，目前国家明确职业教育是一种类型教育，这对高等职业教育的发展是一种机遇，同时也是一种挑战。一方面，高等职业教育的发展得到了国家的肯定，这是高等职业教育在发展进程中一个新的突破；另一方面，高等职业教育自身系统的不完善，为高等职业院校转型发展带来了巨大的挑战。路宝利等（2019）提出，职业教育作为一种独立的教育类型，有着自身的特征与发展规律，高等职业教育应秉持类型教育的本质特征，把握类型教育的客观条件，以共生性、复杂性与回归性的类型属性，诠释高等职业教育"类型教育"在存在

---

① 李林森. 新形势下高职院校生源基地建设困境分析及应对策略[J]. 就业与保障，2021（04）：121-122.

② 顾坤华. 完善我国高等职业教育"层次"的战略思考[J]. 教育与职业，2013（08）：5-8.

③ 张志田，史小平，朱海. 教育现代化背景下高职教育可持续发展路径探析[J]. 机械职业教育，2021（01）：16-18.

④ 李震峰，袁广林. 类型视野下的高职教育发展[J]. 高教发展与评估，2011，27（03）：112-116.

方式和实现方法等多方面的情境状态。①

从高等职业教育类型属性的确立来看，徐国庆（2020）指出，确立职业教育的类型属性是建立健全现代职业教育体系的根本需要，除此之外，它是高等职业教育跨界转型发展的关键条件。职业教育确立类型教育属性的理论基础是由多方面因素决定的，包括职业技术知识体系的复杂性、职业技术知识内容的丰富性以及学习方式的多样性等；职业教育确立类型教育属性的实践方法也是全方位的，包括建立健全相关的教育政策为职业教育体系稳定发展提供制度保障，努力构建类型层次更为完善的职业教育学校体系，科学制定职业教育院校的教学管理模式，确立技能型人才所应有的社会地位。② 我国职业教育学校的发展趋势比较单一，缺少多元特色，职业教育和技术教育之间没有明确的界限，人们通常会混淆两者的概念，不同行业对职业教育学制的要求和安排也不一致。在这个问题上，龚添妙等（2021）在类型教育的视角下研究高等职业院校的评价机制，并提出"双高计划"是落实职业教育作为独立教育类型的创新制度设计，类型教育下高水平高等职业院校评价离不开服务能力、行业都认可的社会地位、世界可交流的国际化水平、名优汇聚的人力资源群、积累与创新的文化传承力，应坚持问责与增能结合的绩效评价，推行通用性与特色性结合的分类评价，创新多方参与的社会评价作用机制，重视信息平台的状态数据支撑，以促进职业教育动力机制、发展机制和治理机制的转变，推进职业教育作为类型教育的特色高水平发展。③

从高等职业教育向类型教育转型发展的实践来看，李文斌等（2021）以高职思想政治教育为研究支持，认为我国高等职业院校思想政治教育类型化的发展趋势，是在高等职业院校"示范校""优质校""双高计划"三个重要建设阶段的背景下，通过高等职业教育和思想政治教育政策相互补充、配合与引领逐渐确定的。在实践过程中应牢牢树立类型化思想政治教育的教学目标，培养多层次多领域的优秀人才，以劳动教育作为类型化思想政治教育的载体，以产教融合作为类型化思想政治教育的培养模式，构建"德技并修"的类型化思想政

---

① 路宝利，缪红娟. 职业教育"类型教育"诠解：质的规定性及其超越[J]. 职业技术教育，2019，40（10）：6-14.
② 徐国庆. 确立职业教育的类型属性是现代职业教育体系建设的根本需要[J]. 华东师范大学学报（教育科学版），2020，38（01）：1-11.
③ 龚添妙，朱厚望. 类型教育视野下高水平高职院校评价：作用机制、核心要素及实施构想[J]. 中国职业技术教育，2021（01）：76-80.

治教育机制。① 徐晔（2021）提出，当前的高等职业教育正在由层次教育向类型教育转型发展，在类型化发展过程中，应树立高等职业院校为社会发展提供坚实人才保障的培养目标，调整高等职业教育"类型教育"发展的功能定位，完善校企合作、协同育人的人才培养机制，最终实现职业教育"类型教育"生态系统与教育系统、社会系统的动态平衡。②

4. 高等职业教育的跨界教育属性研究

"跨界"是高等职业教育不能忽略的必然性要求，"跨界"即跨越界限，跨越学校与企业之间的界限，跨越学习与工作之间的界限，跨越职业与教育之间的界限，高等职业教育的跨界转型发展必然与跨界教育的研究息息相关。分析高等职业院校的跨界发展问题，可以将高等职业教育"为谁培养，为什么要培养，怎么培养"作为主线探索。

高等职业教育为什么要"跨界"？长期以来，由于重学轻术、重理论轻技术等传统观念的束缚，再加上高等职业院校的考试录取分数与普通高等本科院校有所差距的原因，人们习惯性地把考入职业院校的学生看作"高考的失败者"，这样不仅影响了高等职业院校的生源质量、办学水平以及社会评价，还制约了我国高等职业教育向高质量高水平方向发展。在这一问题上，高等职业教育只有实现"跨界"转型发展，跨越传统职业教育的认知界限，以培养复合型技术技能人才为办学目标，才能提升高等职业院校的办学质量，承担起为社会经济发展提供人才保障和技术支持的历史使命。③ 赵利堂等（2018）指出，高等职业教育自身具备不同于普通高等教育的多重属性，例如，高等性、职业性、社会性等本质特征，这决定了高等职业教育发展具有多元、跨界和融合的趋势。④ 冯瑞（2019）认为，高等职业教育必须实施"跨界教育"，当前新时代社会发展背景下，经济产业结构不断调整优化，生产技术也不断改革创新，对于具备创新性、跨界性与融合性特征的职业技术人才的需求越来越迫切，要求高等职业

---

① 李文斌，张婷. 高职思想政治教育类型化发展的政策演进、动力与路径[J]. 黑龙江高教研究，2021（05）：102-107.
② 徐晔. 职业教育"类型教育"生态系统的结构及功能探究[J]. 中国人民大学教育学刊，2021（01）：127-134.
③ 徐冰. "跨界教育"对高校人才培养模式的影响研究[J]. 浙江工商职业技术学院学报，2013，12（02）：69-71.
④ 赵利堂，谢长法. 跨界与交融：高等职业教育质量评估的跨学科协同设计[J]. 教育发展研究，2018，38（07）：28-34.

教育实现跨界发展。①

　　高等职业院校的培养目标是切实面向社会、面向市场、面向企业生产一线，培养出数以亿计的高素质应用型技能人才。但是我国的高等职业教育更多的是局限于学校的范围，缺乏与社会各界的密切联系；高等职业院校师资队伍建设水平有待提高，教师在教学环节往往是照本宣科、"纸上谈兵"，在实际操作技能的传授方面有所欠缺；学校的实践操作教学往往在学校的实验室或者培训基地进行，学生缺乏实际生产工作的实践经验，这导致高等职业院校培养的学生往往不能兼备实践能力和职业素养，毕业生就业前景不光明。因此，高等职业院校要实行"跨界教育"，跨越学校与企业的界线，坚持产学研相结合，大力引进企业兼职教师，增加学生到企业实习实践的机会，培养出多层次高水平的优秀职业技术人才。②

　　高等职业教育如何实现"跨界"？王来华等（2021）在校企合作和工学结合的大背景下研究了高等职业教育实现跨界发展的路径，高等职业教育的基本特征就是跨界性，因此学者们通过与普通高等教育的比较研究，基于高等职业教育跨界性的原因对现有的高等职业院校提出采用学校与企业双主体协同育人的模式实现跨界发展。③ 杜威强调的"做中学"教学理论在高等职业教育中立竿见影，在教中做，做中教，最终实现教、学、做一体化。秦冲（2019）指出，在校企合作的过程中容易出现教师动手，学生旁听的现象，最终导致学生在将来真正实操的过程中出现面临问题无法自己解决的现象，因此在实践教学过程中，要把学生从"旁听"的状态中释放出来，给每个学生提供动手的机会，在学生犯错误的时候教师及时更正，做到教中做，做中教。④ 陈正江（2019）提出了基于跨界特征的高等职业教育类型特色建构，通过思考高等职业教育类型特色的内涵定义、表现方式以及建构方法等问题，基于跨界性的研究视角分析高等职业教育的类型特色，并提出相应的对策和建议，为形成中国特色高等职业教育理论提供前沿性的理论研究。因此，高等职业院校必须根据实际发展状

---

① 冯瑞．高职跨界融合型人才培养的课程体系重构与实践创新[J]．江苏高教，2019（08）：108-112.

② 王一舒，王卫星．融入"跨界教育"理念 构建会计实践教学体系[J]．财务与会计，2016（04）：63-64.

③ 王来华，王进军．产教融合、校企合作背景下"双主体"育人模式研究与探索[J]．职业，2019（12）：44-45.

④ 秦冲．高职院校专业"跨界合作"教学模式探讨与研究[J]．武汉职业技术学院学报，2019，18（05）：60-63.

况，跨越理论与实际的界线，发展特色高等职业教育。①

5. 高等职业教育跨界转型发展与人才培养研究

高等职业教育跨界转型发展有利于提升人才培养质量。国内学者从不同角度做了相关研究：

一从培养复合型人才以提高高校人才市场竞争力的角度，徐冰（2013）将"跨界教育"作为一种人才培养模式，分析了"跨界教育"的特点，同时也明确了跨界教育对高校人才培养模式的影响。②张丽莉（2015）认为，应从高等职业院校整体教学环节和专业课程设置两个方面着手，改革创新高等职业教育的人才培养模式，并提出以培养创新型、复合型人才为目标，完善课程体系，更新教学方法。③

二从校企合作和产学研相结合的人才培养方案的角度，为了更好地推进高等职业教育的转型发展，高等职业院校需要结合自身实际的办学现状，开拓与企业合作的新途径，不断丰富校企合作的内涵，促进企业与学校双方联手协同发展。薛杏丽（2017）借鉴和运用经济学交易费用理论、管理学战略联盟理论和教育学等理论与方法，以高等职业院校产学研人才培养模式为主线，阐述当今高等职业院校产学研模式下人才培养现状，分析不足之处及存在问题。④刘杰（2017）指出，高等职业教育作为高等教育中的重要组成部分，不仅是能够帮助校企双方实现互利共赢的合作纽带，还承担了培养一批高素质应用技能型人才的重要任务。⑤在此基础上，李梦卿等（2020）提出了创新高等职业教育人才培养模式，认为高等职业教育作为高等教育的重要组成部分，它所承担的重要使命就是培养一批高素质的应用型技能人才。实施产学研一体化的人才培养方法，是一种能够帮助校企双方实现互利共赢的教育形式。⑥闫莉（2021）

---

① 陈正江. 基于跨界特征的高等职业教育类型特色建构[J]. 职教论坛，2019（03）：139-143.
② 徐冰."跨界教育"对高校人才培养模式的影响研究[J]. 浙江工商职业技术学院学报，2013，12（02）：69-71.
③ 张丽莉."跨界教育"视野下视觉传达设计人才培养模式研究[J]. 艺术教育，2015（11）：243.
④ 薛杏丽. 产学研合作模式下高职院校人才培养探索与实践——以汕头职业技术学院为例[D]. 汕头：汕头大学，2017.
⑤ 刘杰. 高职院校校企合作人才培养模式的现状、问题与对策研究[D]. 桂林：广西师范大学，2017.
⑥ 李梦卿，邢晓."双高计划"背景下高等职业教育人才培养方案重构研究[J]. 现代教育管理，2020（01）：107-114.

认为，为了更好地推进高等职业教育，应当结合高等职业院校的实际办学情况，拓宽校企合作的新途径，深化校企合作的内容，促进企业与学校联手协同发展。① 综合来看，校企双方在合作育人方面的规模和效果都有限，"校热企冷"的现象急需改变，总体质量有很大提升空间。

三从解决高等职业教育教学发展实践中人才培养的问题角度，罗怡（2020）采用文献研究法、观察法、调查法，探究了目前高等职业院校校企合作人才培养模式的共同特点，针对人才培养模式中存在的问题及其原因，提出从"校企合作"向"校企协同"转变的理念及其具体措施。高等职业院校要改变以往的实践教学观念，更新教育理念，重视通识教育对实践教学所起到的作用，才能有效解决高等职业院校在实践教学中存在的问题。搭建通识教育实践教学平台，强调要充分发挥教师在学生创新创业能力培养中的重要作用，要明确实践教学内容，实现通识教育实践教学系统动态化，整合资源，建立校内外"产教融合"的教学团队；要加强通识教育多元化实践教学手段的运用，建设可持续发展的人才培养模式。②-③

6. 习近平职业教育观与高等职业教育发展研究

国内学者对习近平职业教育观的解读与研究丰富了高等职业教育跨界转型发展的前置理论基础，意义重大。钟世潋（2017）认为，党的十八大以来，习近平总书记对职业教育做出的重要批示是创新发展中国特色职业教育体系的基本要求，也是向世界水平职业教育看齐的必要保证。习近平总书记结合新时代的教育背景和中国当前的职业教育现状做出一系列重要论述，形成了习近平职业教育观。习近平总书记有关职业教育发展的系列讲话指明了当前和今后一个时期我国职业教育改革发展的方向和路径。④ 周建松（2015）指出在现阶段，如何准确科学地把握习近平总书记批示的精神实质，做好牢记一个使命，履好两大职责，确立三个地位，构建四合机制，弘扬五大风尚，是一个值得深入思

---

① 闫莉. 高职教育校企合作人才培养模式浅谈［J］. 中小企业管理与科技（中旬刊），2021（04）：120-121.
② 薛伟明. 以通识教育为导向的高职院校"产教融合"人才培养模式［J］. 江苏高教，2020（12）：148-151.
③ 王未卿. 基于跨界融合下的高校学生创新创业能力培养研究［J］. 劳动保障世界，2017（03）：42.
④ 钟世潋. 论习近平系列讲话与职业教育发展［J］. 职业技术教育，2017，38（16）：8-12.

考的问题。① 张燕（2018）在马克思主义基本原理的理论基础上，坚持理论密切联系实际的方法论原则，以习近平有关职业教育的重要论述为研究核心，根据我国职业教育发展现状的实际情况，结合经济、社会、教育三个方面，实事求是地分析习近平有关职业教育的重要论述产生背景；从马克思主义中国化的思想理论出发探究理论基础；梳理了习近平有关职业教育的重要论述的理论内容及其相关关系，探究其对现代化建设的重要性；研究思想的特征和现实价值，促进中国特色社会主义职业教育事业的发展。② 唐珒珒（2019）从思想政治教育基本范畴的维度剖析习近平职业教育观，她指出，习近平职业教育观是一个思考严谨、逻辑完整的理论体系，紧紧围绕"以人为本"的核心，以为社会发展服务为出发点和落脚点，以着力培养大国工匠为教育目标，以"内化于心、外化于行"为实施手段，最后达到"立德树人"的效果。当前高职思想政治教育与职业教育协同发展，为社会发展培养高素质的技能型人才提供有利条件。③ 从建设高质量高水平的高等职业教育师资队伍的维度来看，朱来斌（2020）指出，教师队伍是高等职业院校核心竞争力的重要部分，是促进高等职业院校发展的主要推动力，为高等职业院校的人才培养工作提供重要支撑。师资水平的高低，在一定程度上反映出了我国高等职业教育发展水平的高低。习近平新时代中国特色人才观，对我国高等院校师资队伍的建设工作具有直接的指引作用，他就技术师范院校贯彻习近平人才观进行了有益的尝试。④

7. 产教融合与高等职业教育跨界转型发展研究

高职跨界转型发展离不开产教融合，通过产业扶持促进职业教育的进步，职业教育的发展反作用于产业，服务于产业。产教融合制度、产教融合互动机制、产教融合保障政策等路径都是高等职业院校产教融合发展的关键点。

在产教融合制度方面，谢笑珍（2019）等指出，"产教融合、协同育人"的理念为高校应用型人才培养提供了新方向，学校与企业相辅相成共同培养学生，不仅有利于为社会输送更高素质的人才，同时也能促进企业的发展。但是，当

---

① 周建松. 创新发展中国特色、世界水平职业教育的基本遵循[J]. 职业技术教育, 2015, 36（12）: 58-62.
② 张燕. 习近平新时代中国特色社会主义职业教育思想研究[D]. 合肥：安徽农业大学, 2018.
③ 唐珒珒. 习近平职业教育观在高职思想政治教育中的运用价值探究[J]. 闽西职业技术学院报, 2019, 21（02）: 1-5.
④ 朱来斌. 习近平人才观指引下技术师范院校师资队伍建设研究[J]. 福建师大福清分校学报, 2020（01）: 89-92.

前校企合作模式不成熟，学校与企业难以建立积极的沟通交流模式，企业更多的是希望创造更多的财富，部分企业认为和学校共同培养学生浪费企业资源和时间，建立的校企合作并不利于企业的发展。①

在产教融合互动机制方面，盛晓娟、李立威（2019）认为，需要建立"社会服务—教学条件资源过程—师资"三位一体的顶层设计，促进企业、社会和学校的协同。② 现阶段，在产教融合互动机制中，存在校企合作方式简单、内容不深入、企业参与产教融合动力不足、双师型教师比例较低、未形成完善的运行和评价机制等问题，导致教师单方面完成教学工作、企业教师单方面完成实践教学，双方之间缺乏沟通交流，学生成为其中的"受害者"③。

辛丽明（2021）认为，我国现有的产教融合保障政策并不完善，我国的高等职业教育发展较晚，现阶段虽然有鼓励产教融合和校企合作的相关政策，但是在真正的融合过程中，由于校企的权责问题容易产生矛盾，双方的权利和责任难以明确地区分，因此，在培养方式上有待改进。④

"产教融合"是当前我国推进职业教育人力资源供给侧结构性改革的重要发力点。黎青青、王珍珍（2019）提出，高等职业院校深化推进产教融合的人才培养模式，着力培养应用型创新人才，不仅能解决高等职业院校毕业生就业问题，也能够解决当前社会劳动力市场的人才结构性矛盾问题，对推进我国经济社会发展，促进高等职业教育跨界转型发展具有重要作用。目前社会对应用型人才的需求逐年增加，而传统的人才培养模式很难完全满足社会对应用型人才的需求。⑤ 李晓（2019）在此基础上提出了应用型高等院校产教融合人才培养机制的创新发展路径。针对基于产教融合的高校应用型创新人才培养过程中存在的一些问题，明确了产教融合的教育目的⑥；加强产教融合的师资队伍建设；

---

① 谢笑珍. "产教融合"机理及其机制设计路径研究[J]. 高等工程教育研究，2019（05）：81-87.
② 盛晓娟，李立威. "专创、产教"双融合视角下的实践创新人才培养模式研究与实践[J]. 实验技术与管理，2019，36（09）：206-210.
③ 李新. "产教融合、协同育人"应用型人才培养机制的创新研究[J]. 对外经贸，2021（04）：139-141.
④ 辛丽明. 基于产教融合的高校应用型创新人才培养研究[J]. 公关世界，2021（08）：44-46.
⑤ 黎青青，王珍珍. 产教融合关键问题研究综述及展望[J]. 教育科学论坛，2019（21）：18-23.
⑥ 李晓. 职业教育产教融合实施的关键问题及制度环境创设[J]. 职教论坛，2019（08）：32-36.

改变传统的教育教学理念；不断改进基于产教融合的评价方式都是解决问题的有效方法，可以为我国基于产教融合的高校应用型人才的培养提供一些有益借鉴。对于产教融合和高等职业教育发展中存在的诸多问题，蔡云（2019）认为，高等职业教育发展需要与时俱进，把现代信息技术融入教学过程中，不断创新变革人才培养模式；鼓励多元主体办学，积极调动企业和社会力量参与高等职业院校的治理，增强社会对高等职业教育发展的服务意识；积极建立健全高等职业院校的创新创业教育体系标准和规范，促进多元主体协同参与，推动创新创业教育走向科学化和系统化。①

8. 高等职业教育跨界转型的背景、内涵、困境与发展路径

高等职业教育跨界转型发展，转型尤为关键。一就高等职业教育转型发展的必要性来看，王桂花（2021）提出，随着中国特色社会主义进入新时代，高等职业院校教育科学研究必将面临转型发展的道路。高等职业教育必须基于自身鲜明的特点，例如，跨界性、高等性、职业性、人人性等类型属性特征，探索出符合实际、独具特色的转型发展道路。除此之外，高等职业教育要想成功实现跨界转型和高质量发展，还需要改革教学范式，传统僵化的教学范式应向创造性、开放性的教学范式转变。因为随着新时代高等职业教育环境的不断变化，教育主要矛盾也随之不断演变，传统的教学范式已经无法适应当前高等职业教育跨界转型发展的新要求，与习近平总书记提出的"人人出彩、人人成才"的职业教育观念更是相差甚远，找到合理的方法有效解决教学范式在教育改革中存在的现实困境，助推高等职业教育的类型转变和内涵发展，是新时代高等职业教育改革的首要方向，更是满足学生综合发展和服务社会的必然要求。②

二就高等职业教育科学研究转型发展面临的困境以及对策来看，高等职业教育跨界转型发展过程中存在着一些不可避免的问题。国家对高等职业教育研究的关注程度不够，研究机构的政策扶持力度较小，缺乏相应的高水平技术技能人才；高等职业教育的科研项目缺乏创新性和实用性，高等职业院校的项目研究普遍处于学校工作的边缘状态；研究成果难以转化为企业实践项目，与行业企业的发展需求匹配度不高；应用性研究处于刚开始的阶段，还未建立基于高职类型特征的科研评价体系等诸多问题。高葵芬（2020）在类型教育特征的

---

① 蔡云. 产教融合背景下高校创新创业教育的路径探析[J]. 当代教育科学，2019（07）：92-96.

② 王桂花. 新时代高职本科教学范式转型的必然性思考[J]. 辽宁高职学报，2021，23（03）：51-54.

基础上对高等职业教育转型发展问题进行分析，提出高等职业院校教育科学研究转型发展的方法与措施：高等职业教育要牢牢把握正确的办学导向，坚持立德树人的德育原则；以人才培养目标为发展方向，在教学工作中强调培养学生的实践能力；高度重视高等职业院校的教学科研工作，与时俱进转变教育范式；明确高等职业院校的功能和定位，以培养应用型人才为目标突出院校的应用性研究；营造良好的科研生态环境，提升教育科研治理能力。①

三就新时代背景下的人才培养模式转型发展来看，高等职业教育的办学目标就是根据社会劳动力市场要求，培养符合就业岗位要求的技术技能型人才，为社会发展经济发展提供坚实的人才保障。随着当今时代人工智能和"互联网+"的不断发展，高等职业教育要跟上时代发展的潮流，跨界转型发展是必由之路。吴良（2019）通过分析高等职业教育和人工智能的发展现状，阐述了二者之间的关系，指出了人工智能时代发展对高等职业教育转型发展的迫切要求，并基于此提出了相应的措施，以求能够推动高等职业教育在人工智能时代更好地发展，为伟大复兴的"中国梦"贡献力量。② 地方高等职业院校可以看作区域经济转型发展的人才储备库，因此，高等职业院校选择和实施人才培养模式，必须充分考虑到地方经济转型发展的需求。沈相应等（2020）也分析了高等职业院校人才培养和地方经济转型发展的关系，在这个基础上进一步分析了地方高等职业院校创新创业人才培养模式的现状、问题及深层次原因，并从更新发展理念、明确培养目标、重构课程体系、完善考评机制等方面提出合理建议。③

四就高等职业教育大扩招的时代背景来看，高等职业教育之所以扩招，有两个政策性的动力和原因：一是促进社会经济稳定增长、调整产业转型升级发展；二是在社会治理方面，为了鼓励大众创业万众创新，缩小城乡收入差距，避免贫富两极分化，促进社会协调均衡发展。高等职业教育"大扩招"虽然会提高高等职业教育的生源数量，但是并不能保证生源的质量，招生状况会更加恶化。同时，大部分高等职业院校的招生制度与办学模式早已僵化，不再适应新时代新形势的挑战。在此背景下，何惠丽（2020）指出高等职业教育跨界转

---

① 高葵芬. 新时代高职院校教育科学研究转型发展思考——基于类型教育特征的分析[J]. 中国职业技术教育，2020（27）：67-73.
② 吴良. 人工智能推动新时代高职教育转型发展的必由[J]. 计算机产品与流通，2019（10）：129.
③ 沈相应，尹建设. 基于服务地方经济转型发展视域的高职院校创新创业教育研究[J]. 发明与创新（职业教育），2020（11）：104，110.

型发展需要从三个方面入手：在办学理念上实现从"选择性教育"向"全纳性教育"转型；在人才培养目标上从"就业技能培养"向"职业生涯教育"转型；在办学模式上从"一元主导"向"多元参与"转型。①

9.高等职业教育师资队伍跨界转型发展研究

高等职业教育跨界转型发展要求教师队伍也随之转型发展。在新时代教育背景下，高等职业院校要求教师不但具备扎实的专业理论知识，还要拥有在企业生产一线的实践经验，除此之外，高等职业院校还应当积极从校外的优秀企业中吸引优质的教师加入师资队伍中。李娜（2020）认为，高水平的师资队伍建设要求必须兼顾教师的学历和阅历，才能促进高等职业教育师资队伍的转型发展，从而加强教师队伍建设，使"双师型"教师，深化校企合作，打造产教融合课程等成为应然之举。②

一从加强师资队伍建设的角度来看，刘加勇（2020）指出，加强师资队伍建设是我国高等职业教育向高质量发展的迫切需要。③ 新时代对人才培养的要求越发突出，自然导致对师资的要求更高，提高教学管理水平，有利于实现高等职业教育的跨界转型发展。调查发现，现阶段的师资队伍，从数量上分析，张彤（2020）认为师资队伍存在总量不足的问题，因此要加强人才引进力度，选聘行业企业兼职教师建设一支高水平的师资队伍。从质量上分析，谭寒冰、张文超（2021）指出，师资队伍结构不优，水平参差不齐，年轻教师缺乏阅历而年长教师不能与时俱进，同时教师发展评价、激励机制有待完善，应当提高教师综合素养，年轻教师与年长教师互帮互助，互相促进成长，提升专业能力；培养"双师型"队伍建设，完善教师发展评价体系，进一步落实产教融合政策。④-⑤

二从培养"双师型"教师的角度来看，"双师型"教师队伍建设是推进高

---

① 何惠丽．"大扩招"背景下的高等职业教育转型发展[J]．成人教育，2020，40（01）：71-74.
② 李娜．新时代高职院校师资队伍发展路径研究[J]．齐齐哈尔大学学报（哲学社会科学版），2020（12）：163-165.
③ 刘加勇．高质量发展背景下高职院校师资队伍建设路径[J]．江苏经贸职业技术学院学报，2020（06）：70-73.
④ 张彤．对新时代高职院校师资队伍建设的思考[J]．科教文汇（中旬刊），2020（10）：122-123.
⑤ 谭寒冰，张文超．产教融合视域下高职教师发展策略分析[J]．石家庄职业技术学院学报，2021，33（02）：56-58.

等职业教育跨界转型发展进程的关键之举。高等职业院校在"双师型"教师队伍建设中,在教师队伍的专业师范水平方面,注重教师的教学能力和科研能力,为教师提升课堂质量提供实践平台;在教师队伍的综合素养方面,加强师德师风建设,鼓励教师参与企业实践。这一系列工作取得了阶段性的成果,但也面临动力导向不足、多元参与不足、制度统筹不足等困境。为破解"双师型"教师队伍建设的困境,李涛、孙艺璇(2020)认为,应当构建以"师德师风、职教理念、专业知识、专业实践、专业服务"能力架构为基础,以校本、高校、校企三方联动多元培养为支撑,以"选人、育人、用人、评价和保障"五机制协同为保障的"双师型"教师专业化发展路径。① 何静、黄妮妮(2021)提出了构建高职教师岗位职业能力体系,以"双师型"教师必备的核心素养("双师"素质)为基础。高等职业院校教师发展是多元能力的发展,其发展内容涵盖了支撑理论教学和实践教学的教育教学能力、专业实践能力、信息化教学能力、教研能力、专业理论水平和科研能力。由于教师发展内容的多元化,教师发展不仅需要自主进行探索,还需要专业化的教育和指导。教师发展中心应构建一个与之匹配的多元化教师发展体系,在该体系下开发形式多样的、针对性强的项目,为教师发展提供专业化服务。②

三从高职教师专业发展的角度来看,专业化发展是教师队伍建设的价值导向。随着高等职业教育事业的改革发展,以及示范性建设步伐的加快,一部分高等职业院校的教师存在着专业发展不平衡的问题。普遍来说,我国高等职业院校的教师在职业生涯过程中会面临很多专业发展的困境,这些都会影响高等职业院校的教学质量和人才培养水平。因此,探讨如何促进高职教师的专业提升、实现教师队伍的转型发展,是目前高等职业院校普遍面临的一个问题。祁艳清(2015)对高等职业院校教师发展转型的影响因素进行了分析,并在这个基础上提出高等职业院校应积极为教师发展转型创造机会与有利条件,紧紧围绕以教师发展为中心这个抓手,为促进教师转型发展构建保障体系,积极推动教师与高等职业院校的共同发展。③ 魏丹(2020)认为,教师专业发展不仅是教师自身提升专业能力、形成专业自我、提高专业地位的过程,还是一个学科

---

① 李涛,孙艺璇.专业化发展背景下高职院校"双师型"教师队伍建设的困境与出路[J].职业技术教育,2020,41(31):41-47.

② 何静,黄妮妮.高职院校教师发展内涵及发展途径研究[J].黑龙江教师发展学院学报,2021,40(04):49-51.

③ 祁艳清.略论高职院校教师的转型发展[J].中国成人教育,2015(02):94-96.

专业结构不断调整和修正的螺旋式上升的发展过程。教师通过自身的不断努力学习与研修，在自身专业素质、专业能力和职业生涯等方面更加精进。教师专业发展不仅仅需要教师自身不断补充专业知识，提升自身修养，坚持终身学习，同时，还需要社会其他方方面面力量的支持，需要社会各方主体的共同努力，例如，职前培训、学校组织的教师学习活动等。社会发展不断对教师提出新的客观要求，需要教师与时俱进，言传身教，所以，教师专业发展同社会和教育系统中的多个主体都有千丝万缕的联系。①

综合国内外已有研究，目前国外在高等职业教育跨界转型发展方面的研究成果相对较少，而在应用型技术大学研究上的成果相对较多。目前国内外相关研究成果已经涉及高等职业教育的方方面面，特别是在高等职业教育转型发展的研究上涌现出一些颇具开创性、前瞻性的研究成果，为本课题的研究奠定了基础，但仍然呈现出"碎片化"特征，相对忽视了高等职业教育产业、企业主导办学的研究，我国高等职业教育"跨界"发展成为高等职业教育研究的"洼地"。本课题将立足我国发展新的历史方位，着眼新时代高等职业教育发展的历史使命，以习近平新时代中国特色社会主义思想为指导，对新时代我国高等职业教育跨界转型发展机理和路径进行系统研究，并提出相关对策建议，以弥补目前国内外这方面研究的不足。

五、研究内容、思路与方法

（一）研究内容

1. 新时代我国高等职业教育跨界转型发展的基础理论研究

以习近平新时代中国特色社会主义思想为指导，运用教育学、教育经济学、职业技术教育学、教育管理学等多学科理论，立足新时代，着眼于新时代我国高等职业教育发展的历史使命以及当前我国高等职业教育发展存在的问题，基于高等职业教育特点以及高等职业技能必须在职业实践活动中形成和发展的规律，通过对我国高等职业教育发展与经济社会发展之间关系的深入研究，对我国高等职业教育资源配置与社会主义市场经济之间关系的深入研究，对新时代我国社会主要矛盾变化对党和国家高等职业教育工作提出的新要求的深入研究，阐明新时代我国促进高等职业教育跨界转型发展的理论依据、实践依据和有利

---

① 魏丹. 基于"协同创新"视域下的高职院校师资队伍建设——评《高职教师专业发展：困境与出路》[J]. 人民长江，2020，51（11）：224.

条件。

2. 新时代我国高等职业教育跨界转型发展的内外环境与机制分析

从新时代我国高等职业教育所面临的机遇与挑战出发，分析高等职业教育的外部发展环境和内部治理结构，针对如何解决高等职业院校办学定位不明确、专业设置不合理、人才培养模式单一、理论教学与实践教学脱节、校企合作不深入、双师型教师队伍缺乏、内部治理结构不健全等一系列问题展开对新时代我国高等职业教育跨界转型发展机理的分析，进而论证建设高等职业教育强国，必须基于职业技能是在职业实践中形成，高等职业教育跨界发展必须跨越教育事业边界在实体产业内部实现的基本命题，进而从高等职业教育跨界转型发展的宏观、中观和微观层面全面论证新时代我国高等职业教育跨界转型发展的运行机制及其制度选择。

3. 新时代我国高等职业教育跨界转型发展的实证研究

围绕高等职业教育发展体制机制问题、高等职业教育跨界发展的主体问题、高等职业教育体系建设主体不对称的问题、产教融合和校企合作的主导地位和作用的归属问题、高等职业教育横向衔接与纵向发展的模式问题、高等职业教育人才培养定位的问题、高等职业教育体制开放发展问题、新时期高等职业教育课程体系建设问题等，编制调查问卷，对高等职业学校、企业等有关人员进行问卷抽样调查，通过调查进一步厘清我国高等职业教育发展的瓶颈制约问题。

4. 中、德、澳三国高等职业教育跨界转型发展的比较研究

通过比较研究中国、德国、澳大利亚三国高等职业教育跨界转型发展的成功经验和发展取向，寻求我国高等职业教育跨界转型发展的政府作为、市场导向、教育资源和生产性资源转型发展的可行路径，探索不同类型、不同办学模式、不同教育组织形式中国特色高等职业教育体系构建的动因及对策。

5. 新时代我国高等职业教育跨界转型发展的实践探索

第一，从高等职业教育跨界转型发展的国家需求，高等教育结构调整，高等职业教育转型升级，国民充分就业以及构建终身学习型国家的视角展开对新时代高等职业教育跨界转型发展的战略和模式的分析；第二，以天津中德应用技术大学、上海应用技术大学的实践探索为经验教训，针对教训提出新时代我国必须通过推进高等职业教育法治建设，推进高等职业教育体制改革，完善高等职业教育资源与生产性资源准入制度，加强高等职业院校治理，来促进高等职业教育跨界转型发展；第三，通过对广东省高等职业教育发展现状的抽样调查，厘清当前广东省高等职业教育办学体制、办学模式、资源建设、工学结合

和校企合作、专业建设以及产学研协同发展等方面存在的问题，结合广东省作为我国高等职业教育发展大省，具有高等职业教育社会投资的良好环境和巨大潜力，具有高等职业教育发展的巨大人口红利等实际情况，有针对性地提出广东省高等职业教育跨界转型发展的可行路径；第四，从现代化、市场化、国际化的视角论证新时代高等职业教育跨界转型发展在战略与策略的有机结合上、在高等职业院校学生与其他普通高等学校学生之间的跨界学习和学分跨界互认上、在生产性资源与职业教育资源的跨界转换上实现的具体路径。

6. 新时代我国高等职业教育跨界转型发展的对策建议

新时代我国高等职业教育跨界转型发展需要统筹规划、各方参与、协调推进。要通过对新时代高等职业教育顶层设计的深入研究，着力营造高等职业教育跨界转型发展实践创新的制度环境，推进高等职业教育社会化办学的法治建设。要通过对新时代高等职业教育发展战略和模式的深入研究，大力构建和实施高等职业教育跨界转型发展的多元化主导办学战略和模式，加快产业、行业、企业主导办学的步伐，推进产教深度融合、校企深度合作。要通过对新时代高等职业教育资源政府配置和市场配置有机结合的深入研究，积极出台能充分调动社会力量办学积极性的各项政策措施，发挥市场在高等职业教育资源中的作用，推进高等职业教育资源跨界转型配置。

（二）思路与方法

1. 本课题的研究思路

本课题以提出问题、分析问题、解决问题为基础思路。具体研究思路是：运用职业教育学及教育经济学等跨学科理论，厘清当前我国高等职业教育发展的瓶颈制约问题，阐明高等职业教育跨界转型发展的概念和理论体系，揭示高等职业教育跨界转型发展与经济社会发展之间的内在联系，阐明高等职业教育跨界转型发展的机理，立足新时代，着眼建设高等职业教育强国，借鉴作为当今世界高等职业教育强国的德国和澳大利亚高等职业教育发展的经验教训，系统地提出新时代我国高等职业教育跨界转型发展的路径及其政策建议，为政府部门制定职业教育转型发展政策提供更加充分的科学依据。

2. 本课题的研究方法

（1）文献研究法。对高等职业教育跨界转型发展的相关研究进行整理，以便形成一个较为明确的研究定位，同时对高等职业教育跨界转型的前期研究进行整理分析，并思考本课题可以在何种程度上拓展既有研究。

（2）调查法。就高等职业教育跨界转型发展存在的困难和瓶颈制约问题对学校、企业等相关人员展开调查，分析哪些因素制约着高等职业教育发展并对相关因素的重要性进行区分。

（3）比较研究法。对德国、澳大利亚等国高等职业教育实施跨界转型发展的政策和实践经验教训进行比较分析，从中探寻推动我国高等职业教育跨界转型发展的启示。

第一章

新时代我国高等职业教育跨界转型发展的理论基础

以习近平新时代中国特色社会主义思想为指导，运用教育学、经济学、管理学等多学科理论，着眼新时代我国高等职业教育发展的历史使命以及当前我国高等职业教育发展存在的问题，基于高等职业教育特点以及高等职业技能必须在职业实践活动中形成和发展的规律，通过对我国高等职业教育发展与经济社会发展之间的关系、我国高等职业教育资源配置与社会主义市场经济之间的关系以及新时代我国社会主要矛盾变化对党和国家高等职业教育工作提出的新要求进行深入研究，阐明新时代我国促进高等职业教育跨界转型发展的理论依据、实践依据和有利条件。

第一节 习近平新时代中国特色社会主义教育思想

一、习近平有关职业教育的重要论述的时代背景

思想的形成一定是基于特定的时代背景和理论渊源。习近平关于职业教育的思想也是基于这个特定时代所面临的复杂环境形成，既有国内环境的发展，也有国外环境的变化，同时，以马克思主义为主体的教育思想也为中国历代领导人的教育思想奠定了深厚的理论基础。习近平有关职业教育的重要论述是习近平总书记在合理继承马克思主义思想的前提下，结合我国实际情况科学运用的表现。

当今世界进入科技驱动发展的时代，各国各地都在为发展而努力。习近平总书记强调，我们必须具备先进的科技实力，努力提高创新能力，为建成社会主义现代化强国而不断提升综合国力，为实现中华民族伟大复兴的中国梦而不

断奋斗。① 中国要实现富强，大力发展科学技术，培育开拓性技术，占领重大科学创新高地是重中之重。习近平总书记回顾了世界科技革命和发展的前景，强调科技创新是重要动力，科技人才是有力支撑。② 习近平总书记指出，职业教育领域的发展前景是光明的，是充满希望的。③

当今世界经济迅速发展的同时，伴随着环境污染、温室效应、新冠肺炎疫情等全球性问题。为谋求世界的统一性生存，各国努力探索合作之路，人才如纽带般使得国际关系不断深化。

二、习近平有关职业教育的重要论述的科学内涵

习近平总书记关于职业教育的思想内容博大精深，涵盖了新时代职业教育发展的各个方面，是一个丰富的思想体系。深刻理解和把握新时代职业教育发展的科学内涵，对促进高等职业教育公平发展、培养社会所需要的劳动人才、实现中国梦具有重要的现实意义。④

（一）职业教育发展的基本出发点和落脚点是实现中国梦

我国实现职业教育改革发展的出发点和落脚点均围绕"两个一百年"奋斗目标和实现"中国梦"而展开，这是习近平新时代中国特色社会主义的战略目标。我们应着力发展职业教育，不忘发展成人教育和继续教育，致力于建成全民性的终身教育体系，这将从根本上提高国民劳动素质，为劳动者就业奠定坚实基础，为地方经济转型升级奠定人才基础。习近平总书记提出，每个行业和领域都能培养和锻炼出优秀人才，我们要大力倡导工匠精神，向实体经济培养和输送高素质技术技能人才。职业学校有这样的办学方向和办学目标，我们应牢牢把握符合社会市场的发展导向，不断与时俱进。这一系列重要论述明确了各级党委、政府和职业学校的职能，为现代职业教育的转型发展指明了方向。⑤

---

① 习近平. 在科学家座谈会上的讲话[EB/OL]. http：//www.xinhuanet.com/politics/leaders/2020-09/11/c_1126483997.html, 2020-09-11/2021-08-27.
② 习近平. 在科学家座谈会上的讲话[EB/OL]. http：//www.xinhuanet.com/politics/leaders/2020-09/11/c_1126483997.html, 2020-09-11/2021-08-27.
③ 习近平对职业教育工作作出重要指示[EB/OL]. https：//m.gmw.cn/baijia/2021-04/13/34761145.html, 2021-04-13/2021-8-27.
④ 梁宁森, 梁宇坤. 习近平关于职业教育重要论述的科学内涵与指导作用[J]. 观察与思考, 2020（11）：46-51.
⑤ 习近平对职业教育工作作出重要指示强调加快构建现代职业教育体系培养更多高素质技术技能人才能工巧匠大国工匠李克强作出批示[J]. 教育科学论坛, 2021（15）：3.

(二) 职业教育发展的根本要求是人人皆可成才

"人人皆可成才"是马克思主义唯物史观在职业教育人才观中的具体体现。习近平总书记历来十分重视人才培养,1983年,习近平总书记任正定县县委书记时就提出要转变思想、转变作风,树立新的用人观点,广招人才。习近平总书记在《浙江日报》栏目中写道,一个人能否成才,关键不是这个人是否上过大学,而是他实际能力水平的高低①,他希望年轻人能够通过实践提升自己的能力,习近平总书记坚持每个人都能成才的观念,破除唯学历、唯职称、唯资历、唯身份的片面观念。2014年,习近平总书记指出,营造每个人都能充分展示自身才能的良好劳动力市场,大力培养一大批符合就业市场要求的高水平和专业人才②,为职业教育开拓空间。2015年,习近平总书记指出,所有的劳动者,只要肯学习,肯实干,肯钻研,练就真才实学,就能在就业岗位上实现人生价值。③ 深刻理解和准确把握习近平总书记"人人皆可成才、人人尽展其才""人人有人生出彩机会"的重要理念,有利于提升职业教育在社会发展中的影响力。

(三) 职业教育发展的价值取向是实现教育公平

习近平总书记曾指出,要大力支持乡村地区、民族地区和贫困地区的职业教育发展,能够让每个人都有机会创造出彩的人生。④ 要想全面建成小康社会,教育公平需要普及每一个受教育者。2015年11月,在中央扶贫开发工作会议上,习近平总书记做出重要讲话,指出要想治理贫困问题,帮助贫困地区脱贫,首先要转变其思想观念,要在关于贫困地区教育的方方面面下功夫,因此我们应该向我国贫困地区投入更多的教育经费,倾力发展那些地区的基础教育和职业教育,有效帮助贫困地区的学校改善基础设施和提升办学条件⑤。习近平总书记多次强调,我们要保障人民平等参与和平等发展的权利,更好地维护社会的公平和正义,努力发展职业教育,让14亿人民享有更公平的教育。

---

① 之江新语 [M]. 杭州:浙江人民出版社,2007:5.
② 李学仁. 习近平就加快发展职业教育作出重要指示 [N]. 人民日报,2014-06-24 (01).
③ 陈凌. 用奋斗诠释劳动精神 [N]. 人民日报,2020-12-01 (04).
④ 习近平. 习近平谈治国理政(第二卷)[M]. 北京:外文出版社有限责任公司,2017:10.
⑤ 脱贫攻坚战冲锋号已经吹响 全党全国咬定目标苦干实干 [N]. 人民日报,2015-11-29 (01).

三、习近平总书记对职业教育发展的重要论断

习近平总书记对职业教育发展的论述内容丰富、涉及面广，对我国职业教育的发展进行了全面把握和细致分析，论述的广度从国家层面的中华民族伟大复兴到个人发展层面的青年成长。本书从职业教育发展的上层设计到职业教育模式的创新进行了深入的探讨。

（一）必须高度重视职业教育发展

职业教育最大的功能是能够通过自身系统运作把社会上潜在的劳动力转化为实际的劳动力，激发受教育者对劳动的热情，锻炼广大学生参加劳动实践的能力，营造劳动最光荣的良好氛围，最后促进大众创业就业。同时，它肩负着传承行业技术技能、为社会发展提供坚实的人才保障等重要责任，因此，需要高度重视、加快发展职业教育。促进职业教育与通识教育、继续教育的衔接过渡，构建中国特色职业教育体系，助推搭建人才成长的多元通道。然后，树立正确的人才观，加大人才培养力度，在全社会营造人人都能成才成功的良好劳动氛围，在各行各界各业培养出更多的高素质劳动者和技术技能人才；重视政府部门、学校和社会的联系，要加快发展职业教育，我们必须把社会各界力量都汇集起来，从而形成合力进行发展。督促各级党委、政府更好地支持和帮助职业教育的发展，为实现行业产业的转型升级和经济社会的发展提供丰富的人才储备。政府要履行发展职业教育的基本职责，充分发挥保障基础教育、促进教育公平的作用，社会要转变教育观念，弘扬劳动光荣和技能价值，创造时代大势，为科技人才成长营造良好的社会氛围。

（二）职业教育发展的五项任务

1. 明确职业教育的战略地位

职业教育是国家教育系统不可或缺的板块，也是国家人才培养的重要组成部分。职业教育发展有利于培养多样化的应用型人才，为技术技能的传承提供后生力量，激发社会劳动力就业创业的活力，职业教育中培养的大批专业化人才是推动我国经济社会不断发展的保障。现代的职业教育不仅仅是教育，也是社会生产和国民生活。职业教育肩负着为祖国培养技术型、技能型人才的责任和义务，也可以说，职业教育决定着生产者的素质，代表着民族品牌，关系着千家万户的生活质量。提高职业教育水平不仅是教育改革的战略性问题，还是关乎经济民生的重大问题。把职业教育改革摆在更加突出的战略地位，加快转

变经济发展模式，促进产业结构调整，推动职业教育与经济社会共同发展，推动"中国制造"向"中国智造"不断进步。职业教育被赋予了前所未有的重要地位，它的战略地位被提升到国家发展和民族复兴的高度，这是我们对习近平总书记明确职业教育战略地位的理解。

2. 明确职业教育改革和发展的时代任务

职业教育改革和发展的时代任务是要培养一批高素质技术技能人才，因此我们要把"立德树人"落实到培养人才的工作中去。立德树人回答了国家培养怎样的人的目标问题，回答了怎样培养人的措施原则，回答了为谁培养人的根本问题。立德和树人是辩证统一的关系，立德树人思想深深地扎根于对教育的社会机能、教育的办学目标诸如此类一些重大课题的探索与反思。我们党和国家历来重视高校的德育工作进展，"立德树人"是发展任何形式教育的立足点和落脚点。习近平总书记在全国高校思想政治工作会议上指出，立德树人要从强化理想信念、培养爱国主义精神、加强道德修养、增长知识见识、培养斗争精神、提高综合素质六个方面入手，这就要求我们在中国共产党的领导下，扎根中国的实际情况办学校，服务地方产业的经济发展，培养德智体美劳全面发展的中国特色社会主义事业的建设者和接班人。在我国大多数的高等职业院校中，受教育的主体是广大青年，不可否认，青年时期是一个人形成科学的世界观、人生观和价值观的关键时期。把握好职业教育中的德育环节，关系到价值观的形成，关系到祖国的繁荣，甚至关系到国家的命运。

3. 明确职业教育的发展方向

习近平总书记明确指出，职业教育应着眼于提升学生的职业能力、就业能力和创业能力。如何把握方向？习近平总书记表示，必须牢牢把握服务社会发展，促进就业方向。现代的高等职业教育是和普通本科教育相区别的高等教育类型。高等职业教育不强调学生的学科知识，而强调培养符合社会发展要求的技术或专业人才，能够在企业生产、建设、管理和服务最前线扎根的人才。高等职业教育重视培养职业能力和专业技能，革新人才培养模式，深化产业与教育的整合，加深学校与企业之间的合作，是高等职业院校培养应用人才的最佳方法。由于职业教育是一种跨界教育，我们不能只注重理论知识的讲授，而应该面向社会，把教育和生产劳动二者紧密结合起来。只有这样，我们才能培养出符合职业教育转型发展需求的职业技能人才[1]。同时，就如何把握服务发展、

---

[1] 刘军. 我国高等职业教育质量监督机制研究 [D]. 重庆：重庆师范大学，2010.

促进就业方面,习近平总书记进一步指出,我们不仅要开展体制机制革新,还需要做到两个坚持:一是坚持产学研一体化发展,学校和企业协同合作培养人才;二是坚持工学结合、理论与实践相结合,引导社会各界共同构建中国特色职业教育体系。

4. 明确职业教育的支持重点

通过学习习近平总书记关于职业教育工作的指示内容,我们了解到了职业教育的支持重点。近几年,职业教育进一步显现出为地方经济协调发展服务、促进社会就业等各方面的重大效用。教育公平是党对教育的基本要求,在职业教育方面,国家大力支持农村、民族地区和贫困地区的职业教育,努力为这些地区的每个人搭建展示真才实干、实现出彩人生的平台。通过职业教育促进均衡发展,为人民群众的生活谋福利,使受教育者获得接受教育的机会和动力,促进贫困地区的均衡发展。

5. 明确各级党委的职责

在全国职业教育工作会议上,习近平总书记强调,各级党委和政府要把现代职业教育的跨界转型发展放在职业教育工作的首要位置,加强支持和帮助职业教育跨界转型发展,加快构建现代职业教育体系。这是党中央和国务院的重大战略部署。贯彻实施创新驱动发展战略,培养更多的可分配人才,具有重要意义。要发展现代职业教育,必须充分发挥政府和市场的整体作用,发挥好政府的基本保障和促进公平的作用。加强监督检验,把职业教育发展的成果作为各地方政府工作的主要业绩评价指标,建立责任机制,促进地方政府切实履行主要责任,确保中央战略部署的贯彻落实。同时进一步增加职业教育的投资和保障,实施现代职业教育产学研结合一体化等重大项目,推进重点改革,提高学校运营水平。通过税制、优惠、补助金、奖励等指导措施,提高各界参与职业教育投资的积极性。

四、习近平有关职业教育的重要论述

习近平有关职业教育的论述不仅为我国今后的职业教育发展与改革指明了方向,还为我国的职业教育方针增添了时代色彩,推动了中国教育的现代化建设。习近平有关职业教育的论述具有丰富的理论意义和现实价值,可以归纳为以下四个方面。

(一) 为实现中国梦提供更好的人才支撑

当前，中国正处于奋力实现"两个一百年"奋斗目标和中华民族伟大复兴的关键时刻。基于新时代中国对于高素质技术技能人才的迫切需求，以及对潜在人才储备的需要，习近平总书记对中国职业教育的发展做出了一系列深刻而又全面的论述。职业教育作为国家教育体系的重要组成部分，具有不可替代的作用。我们应该认真学习、宣传和贯彻习近平总书记关于职业教育的重要指示，把现代高等职业教育的跨界转型发展放在首要的位置，加快建设现代职业教育体系，加快培养适应社会经济发展和高等职业教育跨界转型发展的高素质技术技能人才，为实现"两个一百年"奋斗目标和中华民族伟大复兴的中国梦提供强有力的人才支撑。

(二) 为"人人成才"营造更好的社会氛围

习近平总书记在继承马克思主义教育思想和马克思主义中国化教育思想的基础上，探寻中国职业教育中的实际问题，结合职业教育的实践经验和成果，形成独特论述进而为我国职业教育指引发展方向。从职业教育的大局来看，我国职业教育正处于迅速发展的良好阶段。职业教育在促进我国产业转型升级、助力经济社会发展、建设人才强国中占有重要地位。然而，职业教育促进人才成长的社会环境和氛围，还需要进一步加强。因此，要注意科学的职业教育政策支持，关注职业教育在扶贫、扶智中发挥的重要作用，解决职业教育在发展中遇到的难题，创造有利于职业教育改革和发展的必要条件，调整职业教育促进个人成长的功能定位，创造更开放、包容和多元的社会氛围和职业教育环境，促进现代职业教育的可持续健康发展。①

(三) 为教育公平创造更好的社会环境

习近平总书记关于教育公平的理念不但继承了马克思主义教育思想，还立足于中国职业教育的实践经验和理论基础。人民群众对教育的最大期望是彻底消除教育中存在的不平等现象，而教育公平则是以人为本的理念在教育领域的具体表现。因此，必须始终坚持教育以人为本的发展理念，努力营造职业教育公平的社会环境，帮助贫困地区人口脱贫致富，最终实现个人利益与社会利益的有机统一。职业教育精准扶贫要加大政策定向力度，加快精准扶贫项目进度

---

① 梁宁森，梁宇坤. 习近平关于职业教育重要论述的科学内涵与指导作用[J]. 观察与思考，2020（11）：46-51.

和提升扶贫资金使用的准确性，确保精准扶贫落实到每家每户以及每个人，党和国家向人民郑重承诺"职教一人，就业一人，脱贫一家"，充分发挥职业教育精准扶贫的社会责任。①

（四）为我国职业教育发展道路指明了方向

习近平有关职业教育的重要论述，为我国职业教育事业的顺利开展提供了有力的保障。面对国内外形势的不断变化，深入学习习近平有关职业教育的重要论述才能更好地把握时代特征。习近平总书记将教育放在优先位置，教育的调整影响着职业教育的调整方向，职业教育改革的成效势必会影响国家经济的发展。在职业教育思想方面，习近平总书记做了很多深刻的阐述。针对我国职业教育的区域发展不平衡、人们对技术技能型人才的认识不够深刻等问题，提出了将公平正义作为目标，实现区域协同发展、职业教育公平，使每一个愿意接受教育的人都能得到全面的发展。建立符合国家经济发展的职业教育体系，更好地为人民提供适合自己的教育。职业教育事业的发展不仅是范围的普及、规模的扩大，更重要的在于优化资源的调配，形成合理的格局，提高办学质量，走出一条科学的职业教育道路，提高民众的技术素质和精神文化素质。习近平有关职业教育的重要论述指引着我国职业教育事业的方向，是实现我国教育发展的根本保证，习近平有关职业教育的重要论述对促进实现社会主义职教大国建设具有积极意义，为在国际环境纷繁复杂情况下的职教事业发展提供了理论指导，引领着当下建设的方向。职业教育现代化是职业教育事业发展的必经之路，也是社会主义现代化建设的基础。职业教育担负着培养建设人才的任务，是实现民族复兴的前提。于个人而言，在于实现职教人的价值；于国家而言，在于建设职教强国。

第二节 高等职业教育经济理论

一、高等职业教育的经济价值与产品属性

马克思主义政治经济学的价值创造理论指出，复杂劳动相比于简单劳动，

---

① 梁宁森，梁宇坤. 习近平关于职业教育重要论述的科学内涵与指导作用[J]. 观察与思考，2020（11）：46-51.

在同样的劳动时间完成更多劳动,提高了劳动生产率,创造了更多的价值。职业教育的价值创造理论受到欧美经济学家的肯定和认同,形成了高等职业教育经济学研究的源泉。除此之外,人力资本理论、公共产品理论和公共选择理论等理论为研究高等职业教育中的经济现象提供了丰富的理论基础。

(一)人力资本理论

经过近300年的发展,西方经济学已经建立了一套完整的数学模型和分析工具,但仍不能解释"增长赤字"现象。20世纪中叶,舒尔茨(1960)研究发现,模型中的资本和劳动力因素不是固定的,而是能够在一定时期内得到改善的;教育活动提高了劳动生产率,增加了国民收入,并且对社会经济的增长起到了促进作用①。舒尔茨将这一发现解释为人力资本投资会促进人才培养向好的方向发展,从而对经济增长产生有利影响,对于回答当时美国经济增长中投资收益下降但工人工资不断增加的问题、巨大的财政赤字和严重的通货膨胀等经济危机问题提供了理论指导。人力资本理论进一步证明了马克思主义政治经济学理论中"人是生产力中最有活力的要素"这一观点的科学性。在劳动生产活动中,劳动者通过教育过程积累知识和锻炼技能,转化为系统化的人力资本,使得生产过程中固定资本和可变资本的比例结构随之改变,也促进了生产效率的提高和产业技术的创新。在人力资本理论的影响推动下,西方经济学认可了人力资本在经济增长中起到的决定性作用,而职业教育正是积累人力资本的有效途径之一。

(二)公共产品理论

欧美经济学将市场经济的产品分为公共产品和私人产品两类。在市场经济的基本结构中,我们把通过完全竞争生产获得的私人垄断产品称为私人产品,把没有排他性和竞争性的产品称为公共产品。Paul A. Samuelson 的公共产品理论被广泛应用于经济领域,他将市场上的产品归类为三种,分别是公共产品、准公共产品和私人产品,最后得出了纯公共支出理论。国内的公共产品理论研究刚开始是对西方公共产品理论进行解释、批判和质疑,再到补充和发展,最后与中国的实际情况相结合得出结论,高等职业教育的投资主体是多元的,各个投资主体之间是利益相关者的关系,各参与高等职业教育的主体对信息对称有着强烈的需求。袁连生教授等发现教育机会具有竞争性和排他性,由此确定了

---

① 戴国强. 我国高等职业教育的经济学分析[D]. 武汉:武汉大学,2013.

教育的准公共产品属性。我们必须完善市场机制,增强社会参与高等职业教育生产和供给的力量。①

(三) 公共选择理论

准公共物品的属性使得高等职业教育具有多重投资和利益共享的特点,在利益相关者中,市场和政府是最大的两个主体。然而市场和政府都会出现"失灵"的状况,高等职业教育之所以出现"市场失灵",是因为政府认为高等职业教育具有正外部性、企业自利性、激励机制不当和信息不对称的特点。之所以出现"政府失灵",是因为政策制定的不确定性。不管是"市场失灵"还是"政府失灵",都会导致高等职业教育资源分配不足,从而无法实现帕累托最优,因此,政府需要对高等职业教育进行适当的干涉。市场必须是高等职业教育资源分配的主体,在市场有效作用的职能领域,政府应认识和加强产业企业在高等职业教育改革中的作用。在高等职业教育中,政府作为"理性经济人"的作用和任务是制度的供给、监督和限制,政府只在市场无效的领域发挥作用。

二、经济发展对高等职业教育发展的影响

随着社会经济的不断发展,高等教育与经济的关系也在发展和变化。经济发展之所以能够对高等职业教育的发展产生影响,是因为人在其中起到的联系作用,人是经济发展的主体,而人的能力提升和素质发展则依赖于高等职业教育。因此,经济发展是影响高等职业教育发展的决定性因素。表现在以下四个方面:

(一) 经济发展是高等职业教育发展的基础

改革开放以来,我国高等职业教育伴随着经济成长相应地经历了四个历史时期的转变。第一,经济恢复发展时期(1978—1992),1978 年以来,随着经济的恢复与发展,以短期职业大学为主要形式的高等职业教育也不断发展壮大,毕业生人数逐年增加,专业设置上体现出以工为主、工农结合的特点;与第三产业相关的专业设置逐渐增加,为经济发展输送了大量的技术技能型人才。第二,经济快速发展时期(1992—2002),1992 年南方谈话以来,GDP 增加了 3.92 倍,但是在经济迅速发展的背景下,国民素质与经济发展的需求存在较大差距。1992 年,短期职业大学仅 85 所,2002 年,职业技术学院升至 548 所,同

---

① 王荣辉,幸昆仑,蒋丽华. 高职教育的经济现象及其解释[J]. 高教发展与评估,2018,34 (06): 28-40, 118.

期包括职业技术学院在内的高职（专科）院校有 767 所；高职毕业生数由 1992 年（短期职业大学毕业生数）的 20315 人升至 2002 年（高职高专毕业生数）的 277339 人，增加了 12.65 倍。由此可见，这一时期，在经济快速发展的影响及政策文件的引导下，我国高等职业教育也获得了较快的发展。第三，经济深化发展时期（2002—2012），截至 2012 年，除了资源开发与测绘大类的种数、法律大类的种数没有增加外，其他专业大类的种数与点数都有不同程度的增加，体现了高职专科的专业设置紧跟经济发展的时代脉搏，越来越注重细化的专业设置，培养经济发展所需要的技术技能型人才。第四，经济新常态时期（2012 年至今），在经济新常态的背景下，在政府前所未有的重视下，我国的高等职业教育更是与时俱进，积极采取行动实现跨界转型发展。

（二）经济发展是高等职业教育发展的保障

经济发展水平制约了职业教育发展的规模和速度。中国于 1978 年开始改革开放，至今经过了 40 多年的历程，我国社会经济发展水平快速提高，生产技术也随之不断创新，产业结构不断地调整优化，我国经济建设由追求"高速度"发展转向追求"高质量"发展。经济基础决定上层建筑，中国开始致力于高等职业教育的发展。在政府从顶层设计和政策落实等多方面的支持和保障下，高等职业教育逐渐进入品质改善和内涵建设的阶段。高等职业教育的持续发展和受教育者的培养需要大量的人力、物力和财力，总的来说，需要国家大量的资源投入。经济发展水平是高等职业教育发展的保障，直接影响着一个国家在高等职业教育上的投入力度，直接关系着高等职业教育的发展规模与速度。

（三）经济发展决定着高等职业教育的发展目标

高等职业教育的发展目的是为经济社会的发展服务，所以，高等职业教育的发展要以是否有利于经济发展为准绳。经济发展对劳动者提出的要求，最终要在高等职业教育的发展目标中得以体现。不管是转变经济发展方式，由注重发展速度向注重发展质量转变，还是调整产业结构，由粗放型产业向集约型产业调整，这些变化都会使得高等职业教育的发展目标随之相应改变，同时促进职业教育教学内容与方法的发展和改革。中国的经济发展带动了产业结构的变化，而高等职业教育又以产业和劳动为出发点和落脚点，因此，对高等职业教育的专业来说，面向市场的人才需求是必然的选择，高等职业教育的内容和指导方法必须与产业发展变化相适应，否则，培养出的人才很难被市场接受。

(四）经济发展决定着高等职业教育的发展体系

高等职业教育的发展，必须把重心放在面向当前的国民经济主导产业上，所以，高等职业院校的专业设置、课程结构、教学模式以及人才培养计划应该与国民经济主导产业密切联系，否则，可能会因为不合理的人才培养模式而造成高职毕业生与用人岗位要求不匹配，进而引起社会结构性失业。另外，在人才培养方面，一味采取"满堂灌"或者"填鸭式"的教学模式是不可取的，无法与经济社会发展相适应，很难满足经济社会发展对技术技能人才的需要，所以，经济发展又决定了产教融合、协同育人等灵活的人才培养模式，这种人才培养模式不仅有利于调整和改善高等职业院校的人才培养定位，还有利于毕业生掌握适应社会需要的技术技能，从而使高等职业教育的人才培养更有针对性，提高毕业生与就业岗位的匹配度，毕业生可以很快适应自己的工作和环境，减少大学应用型人才的培训周期，有效提高毕业生输出的质量和效率。因此，在当前劳动力市场出现人才供求脱节的状况下，高等职业教育加大力度培养高素质技术技能人才显得尤为重要。

三、高等职业教育发展对经济社会发展的影响

经济发展主要取决于四个因素：人力资源、资本、劳动生产率和科学技术。因此，高等职业教育对经济发展的贡献反映在为社会建设提供人才支持、为经济发展提供技术支撑、促进区域产业结构优化和调整等方面。

（一）高等职业教育为经济发展和社会建设提供人才支持

在世界各国经济高速发展的时代，技能型人才在促进社会开发方面发挥重要作用是当今一个重要的特征。随着经济的快速发展，各国的竞争已经拓展至经济总量和开发规模，竞争的成功和失败很大程度上取决于劳动者的质量、能力和受教育水平。

改革开放40多年来，中国经济建设取得了快速发展，产业结构优化取得了重大进展，国民经济主导产业由劳动密集型产业逐渐转变为技术密集型产业，经济社会对中高级技术技能人才产生了迫切需求。这表明，随着产业经济水平的提高，经济发展初期阶段的技能工人和初级人才的需求将被中高级人才的需求替代，这为高等职业教育的人才培养工作提出了明确的方向和要求。在中国，地区经济发展模式各有不同，这就决定了不同地区在人才需求方面有其独特性。地区经济发展的独特要求是高等职业院校办学的"市场"，这需要高等职业院校

在"市场"的指导下寻找自己的学校办学方向。因此,高等职业教育的基本任务就是面向企业、面向市场、面向生产一线,培养出成千上万的高质量应用人才。高等职业教育更适合"订单式培养",即根据当地经济发展需求培养急需的技术人才,充分发挥知识储备和技能培训的优势,努力适应经济发展的要求和人才市场的需要,及时调整高等职业教育跨界转型,实现教学与企业之间的精准对接。

(二)高等职业教育为经济发展提供技术支持

经济的发展不仅需要高技能人才,同时还需要高等职业院校提供技术技能的支持和服务。科学研究和服务社会本来就是高等职业教育的使命,高等职业院校不仅可以根据地方经济发展的需要调整自己的研究方向,还可以把地方需求作为急待解决的重要课题,参与到地方经济的发展服务中去,将自己的研究成果通过企业、市场等直接转化为生产力从而直接推动地方经济的发展。

高职学院重视学生的实践,教师也定期到企业进行培训,能帮助企业发现并解决技术技能存在的问题,加深企业和地区经济产业的紧密联系。高等职业院校利用办学和科学研究的优势,加深对企业的调查,开展突破科学技术难关、技术开发、技术普及等活动,与本地中小企业合作开展产品研发、产业技术升级等小项目。不仅可以发挥职业院校在技术、设备上的优势帮助中小企业解决实际问题,还能为企业员工提供技术技能的培训服务。

(三)高等职业教育促进区域产业升级和经济转型

从近几年我国区域经济和产业结构的发展态势来看,应用型技术技能人才匮乏、各层次专业人才水平参差不齐以及产业技术缺乏创新等问题严重影响了产业升级和经济转型,而高等职业教育与产业经济发展息息相关,联系密切,具备特有的社会性、职业性以及融合性等特征,能够较好地缓解这些矛盾。解决问题需要从以下几个方面着手:高等职业教育的专业设置和课程结构以产业经济转型发展为指引,以劳动力市场的人才要求为导向,面向社会,面向行业,面向生产一线;高等职业教育通过不断深化校企合作,鼓励科研立项,推动科研成果转化,为区域经济的发展提供智力支持和内生动力;高等职业教育的人才培养目标是使受教育者具备扎实的专业理论知识和实践操作能力,从而能够进入相关企业创造价值;高等职业教育承担着培养数以亿计的职业技术人才和研究发展产业技术的重要使命,而正是人才培养和技术发展的强大支持,才能够有效促进地方的产业升级和经济转型。高等职业教育若实现跨界转型发展,将会在很大程度上推动当前中国高等教育体系的变革，同时还会推动社会主义现代经济建设，在区域产业升级和经济转型发展中发挥重要作用。

（四）高等职业教育拉动内需以推动经济增长

高等院校是现代社会的重要信息来源，也是文化聚集的场所。另外，高等职业院校的特征是面向地方，因此，高等职业学校可以最大限度地利用各种人才、信息、技术等资源进入信息市场，为政府特别是企业和事业机构的开发计划、主要建设项目提供咨询、建议、决策，为区域经济的发展提供内部推动力，促进区域社会经济的发展。短期内，为了高等职业教育的发展，需要增加相关的投资。随着高等职业教育规模的扩大，校园建设、仪器设备和器材等相关的物质投资也越来越多。

除了经济贡献，高等职业教育也在其他方面发挥着不可小觑的作用。例如，职业教育转型发展能够支持国家消除绝对贫困，减少相对贫困，从而实现教育普及和社会公平；职业教育转型发展，可以促进劳动力结构性调整，有效缩小城乡居民收入分配差距，实现城市和农村均衡发展；职业教育转型发展还能有效地提高国家教育发展水平，促进全民综合素质的发展。[①]

第三节 类型教育理论

一、职业教育作为类型教育的理论逻辑与实践逻辑

《国家职业教育改革实施方案》（以下简称《方案》）开辟了职业教育发展的新道路，并引发类型教育讨论的高潮。但是，类似见解的研究和实践不仅发生在今天，而是在所有时间都在持续。徐国庆提出[②]，在40年的改革开放中，构建专业的职业教育制度，推动职业教育的现代化建设，是职业教育发展的中心课题和主流逻辑。

（一）职业教育作为类型教育发展的理论逻辑

类型教育的发展具有坚实的理论基础，不仅是教育类型发展方面的补充与

[①] 耿旭，张学英. 后脱贫时代职业教育在相对贫困治理中的职能定位［J］. 职业教育研究，2021（07）：17-21.

[②] 徐国庆. 从分等到分类：职业教育改革发展之路[M]. 上海：华东师范大学出版社，2018：1-3.

延伸，还是教育系统发展到一定阶段的必然结果。职业教育作为类型教育的发展，也具有坚实的理论支撑，而不是少数人毫无根据的主观想法。不少领域的研究者从不同方面的理论视角进行分析，对此进行研究和探索，这些理论视角对职业教育作为类型教育发展填补了理论上的缺口。

普通教育和职业教育作为教育系统的两大重要部分，有区别也有联系。我国学者对二者区别与联系的分析，即是对职业教育作为类型教育发展进行思考的理论逻辑。姜大源分析普通教育与职业教育的区别与联系，从"跨界""整合"和"重构"三个方面对职业教育与普通教育进行区分①，可以说此理论分析是最新探索。通过对普通教育与职业教育的对比分析，我们逐渐明确了职业教育作为一种类型教育发展的必要性和可能性，同时也把握到了职业教育类型发展的需求。职业教育作为类型教育的发展，不仅是国内学者对于职业教育发展的独立思考，也是国外职业教育实践关注的重要方面，这是从对国内职业教育发展进程以及与国外职业教育比较进行诸多分析得出来的结论。而且，这些理论思考不仅丰富了职业教育作为类型教育发展的理论基础，也在一定阶段推动了职业教育实践的发展。

（二）职业教育作为类型教育发展的实践逻辑

职业教育作为类型教育发展具有实践逻辑，并且在实践层面主要关注两个方面：一是顶层设计方面，在宏观上国家有何制度性设计、机构性保障以保证类型教育的实施；二是制度设计方面，即国家在保证作为类型教育的职业教育发展方面，进行何种制度性供给。需要说明的是，在我国基本政治制度和体制机制框架下，教育范围内的实践具有很强的政策指向性。基于此，分别从整体政策背景和未来时间要求两方面分析职业教育作为类型教育发展的实践逻辑。

从我国整体的政策背景进行分析，如今，我国的职业教育体系规模巨大，尽管相关制度还需要不断完善，体系完整性需要逐渐提升，但我国的职业教育发展的良好趋势是不置可否的。以时序为主轴分析可以发现，我国在确保职业教育这种特殊类型教育的发展方面颁布了各类法制法规。1996年颁行的《中华人民共和国职业教育法》（以下简称《职业教育法》）要求我们建立完善的职业教育体系，实行育训结合，促使职业教育与其他教育相互交流、协同发展。2018年修订的《中华人民共和国劳动法》要求，促进劳动就业，发展职业教育。基于我国的国情，我国的职业教育积极响应国家颁布的劳动法，为促进就

---

① 姜大源. 为什么强调职教是一种教育类型［N］. 光明日报，2019-03-12（04）.

业扩大了招生人数,增强了校企合作等。

面向未来的实践也具有逻辑体系,从面向未来的角度来反思职业教育的发展路线问题,也可以得出这样一个基本结论:在新的时代,不仅要将职业教育作为一种类型教育进行发展,而且这种发展还必须具有新的样态、达到新的水平、满足新的要求、完成新的使命、实现新的发展。在新的时代背景下,我国经济社会发展对职业教育作为类型教育进行大力发展具有独特的时代要求和紧迫性,一方面,国家经济结构的调整和优化需要人力资源的保证,培养高质量的人才是职业院校当下的任务;另一方面,在人工智能发展迅速,人类进入5G时代的机遇下,对职业教育也提出了新的要求,职业院校面临新的挑战,需要培养出具有创新理念的人才。

二、职业教育的类型教育定位的必然性

类型教育的新定位,是新时代党和国家对职业教育改革发展做出的一个极其重要的论断,为职业教育发展成与职业和经济社会发展联系最为紧密、横跨产业界与教育界的教育类型奠定逻辑基础和框架基础。

(一) 更好地服务经济社会发展和促进高质量就业的迫切需要

职业教育是一种与经济社会发展联系密切的教育类型,这就决定了职业教育必须与经济社会发展共商共讨、同频同振。职业教育的类型教育定位是外部需求变化的必然要求。

首先,随着中国经济结构调整和产业转型升级,许多新产业、新职业和新技术出现了,随之而来也增加了对高品质技术和人才的需求。类型教育的新定位有助于提高职业教育人才的培养质量。并且,促进职业教育的技能人才培养模式从传统的供给导向向需求导向转换,从根本上减轻了人才培养和经济社会开发的结构矛盾。在水平方向上,通过人才链与产业链之间的高效衔接,培养了许多高质量技术技能人才,不仅能覆盖多个产业链的岗位要求,而且还能满足产业结构转型升级对高质量人才的多样化需求。在垂直方向上,可以形成层层递进的内部层次结构,可以通过提高职业能力来引导建立学士和硕士学位的培训系统,建立专业人才的成长渠道,满足产业发展对于不同层次人才的需要。

其次,职业教育有了新的定位,使得职业教育能够更好地在培养人才、创新技术、服务社会和传承文化上发挥重要效用,提升服务国家重大战略的站位和能力。我们要实现"两个一百年"奋斗目标,需要职业教育提供人才储备和人才保障，需要精准扶贫政策、服务"一带一路"倡议、创新驱动发展战略等一系列国家战略的贯彻落实，更需要一大批高素质技术技能型人才。同时我们也需要依靠职业院校和企业共同建造的载体，开展应用技术研究和新产品、新服务的开发，解决生产实践中的关键问题①。

最后，就业是民生之本、财富之源，高质量就业是社会稳定和谐的本质要求，党和国家长期坚持把稳就业摆在更加突出的位置。职业教育有了新定位，促进了职业院校形成学校与企业跨界合作的结构形式，为打造双主体协调共同培养人才的办学格局奠定了坚实基础②。一方面，有利于缓解劳动力市场上由于转变经济增长方式、调整产业结构等社会变革带来的就业压力，提高职业教育的人才培养质量，培养出符合经济社会发展要求的人才；另一方面，有利于提高职业技能培训能力，满足信息化、工业化、城镇化过程中各类群体提高就业创业能力和职业成长的需要。

（二）适应社会主要矛盾转变和构建终身教育体系的必然要求

教育是一种培养人的社会活动，教育的根本任务是针对不同智力水平和心智阶段的学生提供契合的发展模式，通过充分发掘人的潜能、促进人的个性发展和全面发展，培养综合发展的人才。职业教育的教育功能实现，既要职业教育供给和受教育者发展需求相对应，满足受教育者在职业能力、专业素养以及终身学习方面的需求；还要使职业教育的发展与时俱进，适应社会不同受教育群体的个性、潜能发展，并应满足建立全民终身教育体系的迫切要求。教育是经济社会发展的重要子系统，质量更高、更公平的教育是人们日益增长的对美好生活需要的重要部分。

类型教育的定位能够增加职业教育的包容性，促进人才培养的可持续发展和终身学习社会的构建。终身学习是经济产业转型升级和为社会提供坚实的人才保障的必要要求，符合人才、技术以及社会的发展规律，基于此，我国提出构建服务全民终身学习的教育体系。一方面，类型教育定位的要求下，职业教育和普通教育相衔接，上下打通，并且还有继续教育做补充，形成了完整的现代教育体系。另一方面，职业教育不再是僵化的学校，而是社会多元主体参与，

---

① 王兴. 职业教育类型发展：现实必然、价值取向与强化路径[J]. 中国职业技术教育，2020（16）：43-48.

② 王兴. 职业教育类型发展：现实必然、价值取向与强化路径[J]. 中国职业技术教育，2020（16）：43-48.

产教学研四位一体相结合，使得终身学习有了体制保障。再一方面，在类型教育的要求下，职业教育实施1+X证书制度为核心的人才评价体系改革，保障了终身学习体系的构建。类型教育的定位能够促进职业教育充分彰显其独具特色的类型特征，遵循自身发展的规律，与普通教育形成互补，共同为人民群众提供适合的教育，促进学生个性化发展、综合素养提升和终身职业成长，关注每个受教育者的身心发展需求，让每个人都有实现人生价值的机会。

三、职业教育作为类型教育的基本特征

（一）职业教育的功能定位和社会地位决定的特征

第一，社会性。职业教育在价值取向上具有明确的社会性，《方案》明确了职业教育的功能，即为了构建现代经济体制以及实现更高质量、更充分的就业而服务，同时明确地指出，如果没有职业教育的现代化，就没有教育现代化。这些结论表明，国家将职业教育置于与现代经济建设发展、实现教育的现代化和提高国民竞争力相关的战略地位。同时，职业教育包含理论教育与职业培训，因此，职业教育不仅是培养人才的重要途径，还是促进实体经济发展、改善和提高国民生活水平的重要措施，并且是实现更公正、更高质量的教育的重要方法和手段。发展职业教育不是简单的教育课题，它与经济社会发展息息相关，具有明确的社会性。

第二，区域性。职业教育是与经济社会发展最密切相关的教育类型。它肩负着促进地方经济转型发展以及产业结构转换升级的重要使命，《方案》提出职业教育应准确定位地方经济发展的服务需求，培养有助于地方产业发展的高质量技术技能人才。因此，职业教育的专业设置必须与区域经济的主导产业要求相契合，不能与区域产业分离，培养优质对口的技术技能人才。中国高等教育学的学科创立者潘懋元明确指出，高等职业教育是高等教育本土化的主要力量。每个地区（市、州、盟）原则上至少建设一所中等职业学校，从而满足当地经济社会发展对技术人才的需要，充分说明了职业教育为地方经济做出贡献的区域性特征。

第三，大众性。职业教育是面向人人的教育。《方案》指出，职业教育要为经济发展做出贡献，促进全民就业和创业，助力构建学习型社会，营造人人都能充分发挥才能，人人都能出彩的良好环境，探究建立"学分银行"制度等。首先，职业教育是一种国民普及的教育，教育目的是促进国民发展，使各类受教育者都可以接受职业教育。其次，职业教育需要面向大众，注重每个人的均

衡发展，注重发掘人们的"潜能"，发展人们的个性，人人都能通过职业教育展示他们的才能；最后，职业教育面向个人需求进行针对性的教学和培养，例如，现代学徒制，通过因材施教培养个性化人才。

（二）职业院校的办学定位和培养目标决定的特征

第一，职业性。职业教育的职业性是职业教育作为类型教育的特性，它决定了职业教育有与其他教育不同的教学逻辑和育人方式，也决定了职业教育必须根据就业市场对技术技能人才的需求变化，及时调整教育和教学战略，因此具有灵活性和开放性。《方案》强调职业教育必须把职业作为标准，课程内容必须与职业标准相结合，技能评价应与职业技能水平标准有关。职业教育的课程内容不是来自学科内容，而是来自就业岗位要求，职业教育的培养目标必须指向专业性知识实践的行动能力，而不是理论知识的记忆存储。教育内容的职业属性是职业教育区别其他教育最重要的特征。

第二，双重需求性。职业教育的双重需求反映在两个方面。一方面，以实施职业教育为目的，职业教育不但包括职业学校教育，还包括职业培训，作为独立的职业教育机构，职业教育学校的办学目标是让培养出来的职业人才，能够适应学校教育和职业培训这两大社会需求。另一方面，出于职业教育的目的，职业教育不仅要满足社会在产业经济发展上的需求，创造物质财富，还要满足个人自身综合素质发展的需求，丰富精神素养。也就是说，职业教育既要满足社会对职业人才的需求，也要满足学习者的个体需求。

第三，融合性。作为一种教育类型，职业教育具有具体性和普遍性。但是，职业教育不仅具有教育的特质，还具有与产业、经济密切相关的人才属性，这种跨界不同于普通教育，职业教育不能作为普通教育来对待。根据《方案》要强调产业和职业教育的统合、学校和企业的合作、教育和培训的组合，建立产教合一的企业，推进产教融合、校企合作、共同育人的深度发展。世界职业教育实践证明，学校与企业深度整合，协同改革与发展，可以使职业教育实现健康的跨界转型和发展。因此融合性是现代职业教育的一种重要特征。

（三）职业教育的培养途径和行为模式决定的特征

第一，实践性。职业教育通过安排学生顶岗实习、职前培训，促使学生在实践中学习专业知识，提升学生的专业水平和操作能力。同时，也安排教师带领学生实习，参与企业的相关科研项目，在实践中开展教学。工作场所和训练实践基地是教学的主要地点，在原则上，职业院校关于实践性教学的课程时间应该占整体课时的一半以上。同时，"双师型"教师要占教师总数的一半以上，"双师型"教师兼具丰富的专业理论知识和高效的实践教学能力，有利于改善职业学校的教务管理现状，提高职业院校的教学实践能力。结合实践性教学、社会性训练、企业真实生产和社会技术服务于一体，建设多个高水平的职业教育培训基地，是职业教育实践性的最佳诠释。

第二，灵活性。职业教育的灵活性主要反映在学校的办学方式、专业设置、课程内容、指导过程、学习方法、课程评价等方面。例如，《方案》提出，职业院校根据专业目录可以灵活、独立地设定主要课程，根据职业的实际需求灵活地决定教育或训练内容，提倡使用工作手册式的教材；关于在校学生和社会人员的职业训练，可以使用育训结合、内外结合、长短结合的培养方法；在教学模式的选择上，可以根据教育内容和指导内容灵活选择各种指导形式和指导手段，不受固定模式的限制。不断革新教育管理系统，实施人性化的管理。根据需要，可以打破传统的学期制度和寒暑假制度，满足高等职业教育跨界转型发展的要求，满足学习者和企业的多元需求。

第三，个性化。个性化主要反映在三个方面。一是为了满足学习者个人的专业需求，我们在研究中把现代学徒制和企业新学徒制的试点经验进行总结归纳，全面了解了现代学徒制的目的和要求。教师有必要因材施教，根据学习者的学习背景和知识特性进行差别化的指导，学习者可以接受适合自己需要和特点的学习，通过职业教育发挥潜在的能力，展示自己的天赋。现代学徒制是强调"以学习者为中心"的个别化教学，为了帮助个人进步，根据学习者的个人条件，制订相应的学习计划。二是可以针对不同群体制订各种各样的培训和管理计划，比如，根据退役军人、解雇工人和返乡工人等群体的实际情况打造适合的教学方式和管理计划。三是可以为了满足企业的个性化需求，适当调整人才培训的目标、内容和方法，以适应企业的个性化工作需求。

四、职业教育作为类型教育跨界发展的体系结构

（一）职业教育结构系统完整

具有完整的结构系统是职业教育作为类型教育最基本的特征。从层次结构来看，中国的职业教育体系可以分为初等教育阶段的初等职业教育、中等职业教育以及高等教育阶段的高等职业教育。从学校办学主体来看，包含政府办学、企业办学和社会办学等。现在，职业教育制度的构建还在继续进行，以职业教

育、进修为内容，完善不同层次水平的职业教育实践形式，推进现代职业教育制度的完整性和一体性。

（二）以开放性与闭合性明确职业教育边界

不同水平的职业教育与普通教育之间的贯通和连接，通过闭合性与开放性明确了职业教育作为类型教育的边界。第一，通过中高职业教育衔接、高等职业教育和本科衔接、中职教育与本科衔接等多条路径，构筑职业院校学生的成长道路。第二，普通教育与职业教育以开放融合的方式构建类型边界，并通过建立职业性、综合性整合机制来构建二者之间的联系。在普通的高等学校，可以招募职业学校的毕业生，并和职业院校合作培养高层次、高水平的应用人才。第三，通过育训结合，实现职业教育与人才市场的精准对接。中国现代职业教育的发展需要同时促进学校职业教育和职业训练的共同发展，为一线劳动者继续深造打通道路。通过1+X证书系统，国家加强了学术性证书和职业技术水平证书的衔接，同等注重学历教育和职业培训。通过不断完善职业教育的内外部连接机制，建立合理的现代职业教育制度，为中国职业教育服务的发展提供了独特的实践路径①。

（三）实行"文化素质+职业技能"职教高考制度

职业教育的高考制度充分反映和巩固了职业教育的类型特性，谁都能成为人才，谁都能发挥自己的才能，这样的职业教育，要求构建丰富多元的人才成长通道。厘清职业教育连接中等职业教育、高等职业教育和应用型本科教育的路径极为关键。2019年，国务院印发《方案》，明确表示要建立职业教育院校入学考试制度，并改善"文化素质+职业技能"的审查和登记方法。职业教育高考制度有效地解决了教育评价导向的问题，实现了高考制度的进一步差别化。另外，根据高等职业院校和普通本科院校之间的考试内容和生源群体的不同，明确了二者类型的差异。

五、职业教育作为类型教育的功能范畴

职业教育作为一种类型教育，不仅能够进行学历教育，还能够进行职业培训，学历教育和职业培训联系紧密，为构建学习型社会和全民终身教育体系服务，也为提高劳动生产力和实现劳动者的人生价值服务。

---

① 万达，杜怡萍，吴晶，等．试论职业教育作为类型教育的基本特征［J］．中国职业技术教育，2019（28）：11-15.

（一）在学历教育和职业培训领域同时发挥作用

完善学历教育和职业培训制度是新时代职业教育改革的重中之重，同时学历教育和职业培训并驾齐驱也是《职业教育法》的必然要求[①]。在职业教育体系中，除了传统的学历教育，即教授学生专业理论知识和技能要求，职业培训也是职业教育的重要课题，帮助学生在理论知识和实践工作之间建立联系，使得所学专业技能与未来职业快速对接。职业教育要兼顾受教育者的学历教育和职业培训以最大化地利用学校办学的基础设施优势，还要充分发挥教师资源优势，更要走出学校，面向社会、行业和企业，不断延伸职业培训的领域，丰富职业培训的种类，及时满足社会发展对于高素质技术技能人才的迫切需要，为社会发展提供坚实的人才保障。

（二）完善职业教育和培训体系，服务终身教育

党的十九大报告明确提出，要更加注重职业技能培训的作用，进一步完善职业教育和培训体制。人的生存和发展是终身的事情，终身学习也是时代的大势所趋。终身职业培训制度的构建是国家人才培养战略的重要内容。职业教育有助于满足中国现代化建设进程中劳动者个人的终身学习和培训需求，需要建立健全国家"学分银行"制度，将学习者的学习经历和成果用信用银行记录，进而建立终身学习和训练的制度保障[②]。因此，职业教育承担着学历教育和职业培训的双重功能，在国家资格框架的确立和"学分银行"的建设中发挥着不可缺少的作用。

第四节　高等职业教育跨界转型发展的理论、实践依据

一、高等职业教育跨界转型发展的理论依据

（一）高等职业院校的跨界转型是国家政策之导向

当今中国特色社会主义进入一个新时代。实现高等职业教育跨界转型发展，

[①] 万达，杜怡萍，吴晶，等．试论职业教育作为类型教育的基本特征[J]．中国职业技术教育，2019（28）：11-15．

[②] 万达，杜怡萍，吴晶，等．试论职业教育作为类型教育的基本特征[J]．中国职业技术教育，2019（28）：11-15．

要求深化产教结合，紧密校企合作，致力于工学结合，知行合一，完善发展职业教育的人才培训体系，同时，国家迫切需要培养一批技能型人才，这些在一系列政策中都有所体现。2018年，教育部等部门发布文件，指出了职业学校促进校企合作的工作办法，提议将学校企业合作作为职业学校的评价指标，这些政策为高等职业院校的跨界转型发展提供了政策依据。

（二）《关于加强新时代教育科学研究工作的意见》对新时代高等职业院校教育科学研究提出新要求

《关于加强新时代教育科学研究工作的意见》（以下简称《意见》）对新时代高等职业教育科学研究提出了确切要求和改革课题，要求围绕科研主责、加强制度建设、激发科学研究活力、激发创新活力、鼓励学术多元发展、强化科研诚信意识等方面下功夫，这必将推动我国教育科学研究达到一个全新的高度。高等职业教育科学研究要适应新时代教育科学研究的新需求，必须实现跨界转型发展。

1. 研究人员和研究组织的转型

高等职业教育的科学研究者应该具有坚定的信念、渊博的知识、敢于创新的勇气和追求真理的信心，即能够运用马克思主义理论的立场、结论、方法来引导教育科学研究；能够从多个视角来研究和解决问题；善于运用新的技术和方法实施研究，革新教育理论；专心致力研究，遵循研究规律。对研究组织来说，《意见》提出了将重点放在构筑新的教育智囊团、高水准教育教学研究机构和高质量创新的科学研究团队上。高等职业教育的科学研究要着眼于建立高等职业教育智囊团和实现组织形式的变革，从单一学科和个性化的科学研究组织形态转变为跨学科的、有组织的协调创新模式。

2. 研究范式转变和研究方法创新

《意见》反映了国家对教育改革的文化自信。高等职业教育理论研究应遵循马克思主义的理论指导，加强长期的系统的纵向研究，学习国际高等职业教育研究的先进理论，与外国高等职业教育研究机构开展联合研究，积极推广中国高等职业教育成功经验，以加强国际影响力。同时，人工智能、大数据、移动互联网、区块链等新技术的开发，必将重新塑造高等职业教育生态。高等职业教育研究必须充分利用新兴学科和创新技术的最新成果和研究方法，促进高等职业教育研究方法的转型升级，依靠智库进行科学决策，提高服务决策的能力。

3. 研究内容和研究成果的转型

科学研究始于发现问题，并以问题为导向开展研究，以解决问题为动力推动研究。高等职业教育科学研究应以客观实际问题为着力点,响应国家的号召和时代的呼唤,与国家决策需求紧密对接,找准研究进程的切入点,研究成果才有针对性和实效性。高等职业教育科学研究应基于高职的类型特征,以《中国教育现代化 2035》为指引方向,以"人""职业""技术""教育""社会"五要素为关注重点,打破传统职业教育的界定和藩篱,紧扣人才培养进行教育教学研究,为构建中国特色高等职业教育提供前沿性的理论基础。同时,对研究成果来讲,当前高等职业教育科学研究工作应向政策咨询类、舆论引导类、实践应用类研究转型。高等职业院校开展研究是为地方经济发展提供人才和智力支持,因此,我们应当提高高等职业教育科研成果转化意识,发挥专业引领作用,增强高职社会认同感。

4. 评价机制的转型

要改革高等职业教育科研的评估方式,根据不同研究种类,制定科学分类的评估标准,避免产生"一刀切"的不良后果,着重建立由创新质量和实际贡献为标准的评价机制。以五"破"五"立"的措施作为扭转教育的指挥棒,通过建立科学的评价体系引领教育的现代化。党和政府、学校、教师、学生和社会五个主要群体要把破立结合贯彻落实到实处,改革和完善各级党委员会和政府对教育工作的评价机制,严格履行自身责任,落实政策要求。改革和完善学校的评价机制,打破只注重成绩,忽视综合素质的评价标准,要求学校全面培养受教育者的综合素质。改革和完善教师评价机制,消除只关注科研、忽视教学的错误观念,鼓励以学生为主、教师为辅的互动教学。改革和完善学生评价机制,改变给学生贴标签的不适当的评价行为,为培养德智体美劳全面发展的人才奠定必要基础。打破文凭至上、学术资格至上的不合理用人观念,建立以能力和道德素质为基础的用才机制,以此改革和完善就业评价机制。

(三)新时代高等职业教育跨界转型的类型特征

《方案》站在国家政策的高度,基于顶层设计肯定了中国职业教育的类型属性与特征,制定了职业教育类型化改革的实践纲领。新时代高等职业教育科学研究必须基于高等职业教育类型属性特征而发展。

1. 跨界性

跨界性是职业教育的基本特征之一。跨界性是指职业教育没有固定的界限,也没有封闭的办学教育,而是跨越教育与产业的界限、学校与企业的界限、工作与学习的界限以及理论与实践的界限,是开放包容的、多元互动的教育,跨界是职业教育最独具特色的一个方面,使之明显与其他教育相区别。我们必须对职业教育跨界性进行探究和思考,姜大源教授指出,职业教育中的学习和工作、学校和企业之间存在的界限都可以跨越。崔永华把职业教育中的跨界分为三个层次,分别是物理层面、社会层面、心理层面。校园与一线工作场所在空间上的跨界归为物理层面,政府、企业、院校之间的协同和交流归为社会层面,除此之外,"劳心者治人,劳力者治于人"这种思维和心理上的跨界归为心理层面。

2. 应用性

应用性是职业教育具备的典型特征,不同于普通教育的学科性和理论性特征。高等职业教育的办学目标是为社会培养应用型人才,高等职业教育科学研究应建立一个决策咨询平台,集政产学研于一体,推动高等职业院校本土化研究,为区域经济社会发展提供服务,进行技术运用与研究成果推广的服务研究,科学技术人才培养理论的研究,构建协同研究的平台,促进教师的科学研究成果应用与转化于实际的教学实践,促进研发成果对教学产生反哺效果,提升技术技能人才的培训质量,促进教育链、人才链、产业链和创新链之间的有机连接。

3. 高等性

高等性等其他特性是从跨界性和应用性等特性派生出来的。一方面,高等职业院校的主体进行深度的产教融合,这是高等职业院校"高等性"的外部表象特征,产教融合是高等职业教育进行高质量发展的主线。高等职业教育科学研究,为了促进学校和企业之间的协同育人改革,推动高等职业院校的人才培养与企业对接、与行业契合、与园区联结,构建产业科学研究创新、成果转换、信息对接和教育服务的平台。另一方面,应用型教学是高等职业教育"高等性"的内部规定体现,理论出发点扎根于产业、职业发展,致力于更好地适应产业的复杂性。因此,高等职业教育科学研究必须加强对产业、行业和职业发展的研究。

4. 多样性

2020年政府工作报告中再度指出要高等职业院校进行扩招,随着我国高等职业教育连续3年实行百万扩招政策,生源规模逐年上涨,生源质量却参差不齐,毕业生就业需求不断增加,促使高等职业院校在办学定位和服务职能等方面发生根本性的变化,从而引发多样性的高等职业院校改革:根据市场需求调整科学技术开发动向;遵循国家稳定企业和确保就业的综合目标确定教学模式;

有效配置教育资源，合理进行课程安排以及教师分配，实现教育资源利用的最优化；牢牢把握人才培养目标，合理设置专业和调整课程结构。持续的扩招为高等职业教育发展带来一系列挑战，要求加快多样性改革，凸显类型教育内涵与特征。诸多问题需要高等职业院校做出更加敏锐的反应，需要高等职业教育科研工作具有较强的问题意识和敏锐的研究视角，加强线上线下教育模式、办学与培养模式、课程体系等相关环节研究，促进高等职业教育进行有质量的扩招。

二、高等职业教育跨界转型发展的实践依据

（一）高等职业教育跨界转型发展的有益探索

1. 校企合作：我国高等职业教育转型发展之灵魂

高等职业教育通过强化主要课题，创新体制机制的特点，重视学校质量的提高，深化校企合作、教育合作、就业合作、开发合作。深入推进教育教学改革，创新引领职业教育科学发展。加强协调中等教育和高等职业教育，系统培养熟练人才，构建具有中国特色、世界标准的更高水平的职业教育，对构建现代职业教育制度具有重大作用。校企合作是中国职业教育跨界转型发展的主线和灵魂，在改革和发展的过程中，高等职业教育应以其目的和原则为指导方向，遵循就业趋势和潮流，开拓生产、学习、研究结合的发展路径，集中于提高人才素质，促进职业教育改革。在人才培训模式下，我们必须实施工作与学习结合、学校与企业合作的人才培养方法，对于职业教育基本能力的构建，应该加强"双师型"教师队伍的构建和训练基础的牢固。教育部文件可以说是在促进高等职业教育的改革和革新方面强调了职业教育的跨界性。教育部制定了高等职业教育学校的教师评选标准，其中一项指标强调教师的"企业经验和产业影响"，评价分数占综合分数的15%。

2. 跨界与融合：高等职业教育跨界转型之新趋向

跨界和融合为高等职业教育跨界转型发展打通了一条革新的路径，它不单单为理论创新奠定基础，也为实践创新建立了一个崭新的平台。从职业教育的学校运营方法来看，它是校企合作协同育人、工学结合、育训结合的跨界与融合；从师资队伍建设的特性来看，它是理论知识与实践能力兼备的"双师型"教师的跨界与融合；从专业建设与发展的角度出发，它是与工业、与职业密切相关的专业合成、交叉和综合的跨界与融合；从课程特征的角度来看，它需要任务引领、项目驱动、工学交替，而且，它实际上就是工作内容与课程、项目与课程的跨界与融合。从职业教育系统的构建来看，中等职业教育与高等职业教育的结合以及在高等教育系统的连接与改善，也是一种多边整合和优化连接的跨界与融合；从学习和参考的角度来看，国际先进职业教育经验的本地化也是寻求符合国际标准的跨界和融合。从这个特定的角度来看，研究高等职业教育，有广阔的空间、众多的话题和无限的创造性，那是一座值得开采的富饶矿山。如果高等职业教育能按照跨界与融合的思考框架进行研究和实践，它就可以形成自己的理论，发展自己的特点，开辟自己的世界，迎来高等职业教育转型发展的春天。

（二）高等职业教育跨界转型的发展挑战

1. 校企合作中企业未承担足够的社会责任

高等职业院校想要跨界转型发展成功，不能忽视掉社会多元主体力量的参与，特别是企业。当今我国职业教育进行不断改革和发展的重点就是深化校企合作，但是，在改革和发展过程中，我们发现很多企业并没有正确认识并承担起足够的社会责任，参与高等职业院校办学合作的积极性不高，尤其在高等职业教育的办学过程中，企业作为其中一个办学主体，没有正确认识到他们的公益性。在校企合作中，对于人才培养的工作方面，企业除了要承担社会责任之外，也是要承担一定的公益责任的。校企合作中存在权责不明确的现象，学校与企业之间的权力与责任难以区分，提高校企合作中企业的责任意识是高等职业院校跨界转型发展迫切需要解决的问题。

2. 部分专业设置不合理

合理的专业设置可以使高等职业院校的发展活力更高。从宏观角度来看，专业设置是高等职业教育服务社会发展、适应经济结构的出发点和目的地。从微观角度看，专业设置是教育直接就业的平台，是高等职业教育活动的主要基础和教育工作的逻辑出发点。从理论与实践的角度出发，部分高等职业院校的专业设置不合理，缺少足够的"应用性"专业，或者与地方行业经济主导产业不一致，与当前社会劳动力市场的就业情况相错位，与社会发展需要相脱节，使学习内容失去了职业性、应用性，无法满足企业对学生的需求。在这样的培养方案下，造成学生专业与职业的脱节，学生所学习的内容毕业后无法运用到实际的工作中。由此可见，科学合理的专业设置，有利于促进学生由潜在劳动力转化为实际劳动力，让学生实现专业技能与岗位要求的对口就业。

3. 课程建设工学难结合

工学结合是高等职业教育实现跨界转型的重要路径，但是要跨越工作和学习的界限，让学生在院校学习的同时提升自身实践能力，这对学生提出很高的要求。部分高等职业院校为学生增添实践课程，但是学校教师为学生指导的实践往往更偏向理论基础，在未来工作岗位上不一定适用，学生在实际面临困难的时候不知道怎么解决。一些高等职业院校的课程安排缺乏实践教学，偏重理论课程，这就导致高等职业院校的学生在学习的过程中理论与实践相分离，找不到所学理论与就业工作之间的联系，也就无法把在课堂上学到的专业理论知识运用到实际工作中。同时，部分民办高等职业院校由于专业设置不合理、课程结构不完善、"双师型"教师队伍力量水平不高等原因，导致了课程建设的工学难融合。因此，完善高等职业教育的课程建设，使之与工学相结合，是促进高等职业教育跨界转型的重难点。

4. 缺少"双师型"教师，同时教师流动性大

教师是高等职业教育办学的第一资源，被其视为最重要的三大资源之一，与教育经费和教学物资设备的地位同等重要。大部分高等职业院校的师资力量比较薄弱，学校为了提高师资队伍的教学科研水平，招聘大量的硕士研究生和博士生任教，这类教师的学术理论水平过硬，具备良好的课堂教学能力和总结反馈能力，但存在着一个严重问题是，这类教师缺乏丰富的实际教学经验，又缺乏在企业工作的实践经验，因此，这类教师很难培养出具有很强的应用型、可以直接将专业知识运用于实践操作的技术技能人才。虽然很多高等职业院校能够认识到教师到企业实践锻炼的必要性和重要性，但实际上因为时间、经费等一些客观因素，高职教师去企业学习呈现出碎片式的特点，同时，企业在校兼职教师的数量也很少。高等职业教育跨界转型成功的前提条件是拥有能够从事科学研究，开展"理论"与"实践"教学的"双师型"教师队伍。此外，大部分民办高等职业院校教师流动性一般比较大，这些教师将在高等职业院校工作的经历当作一个跳板，当有足够的工作经验之后，就会选择到更好的地方。由此可见，不仅要培养"双师型"教师，还要留住教师，这是我国高等职业教育跨界转型一个亟须解决的问题。

三、高等职业教育跨界转型发展的有利条件

（一）"两个一百年"的奋斗目标和中国梦为高等职业跨界转型发展提供重要发展期

以习近平总书记为核心的党中央明确表示了实现"两个一百年"伟大目标是凝聚所有中国人殷切期盼与美好愿望的伟大梦想。实现中国梦，需要坚实的人才保障和技术开发成果作为发展的杠杆和支撑，才能促使我们坚定不移地走中国道路，大力弘扬中国精神，聚集中国力量。职业教育是国家教育体系的重要组成部分，也是人力资源培养的重要环节。它承担着培养大批的高质量工人和技术熟练人才的重要工作。在全面建设小康社会的伟大实践中，其主要任务是为各个行业、各个领域提供专业化人才和职业化人才，为全面建设小康社会提供坚实的人才储备。坚实的人才保障的重点是保障，关键是坚实。坚实的人才保障就要求我们必须着力发展、加速发展高等职业教育，保持定量的稳定性和增长率，保持专业的结构优化，保持区域和范围的延伸。国家增加对高等职业教育的经费投资，改善高等职业教育的学校运营条件，强化高等职业教育的学校运营保障是非常重要的。

（二）构建四合机制引导高等职业教育跨界转型发展

为了更好地发展高等职业教育，高等职业教育应适应产业发展变化趋势，学习专业设置和人才培训，研究课程设计、教学内容和教学方法；学校和企业的合作成为整个社会和职业院校的共识，事实上，产业和教育的合并具体化了，产教融合具有基本性，学校与企业合作具体实施人才培养方法，建立广泛有效的协同育人体系和机制，教育与社会生产实践发展相结合有了可靠条件。在工作和学习结合的指引下，我们必须注重教师的教学与实践，注重学生的学习与实践。知识和实践的统一是人才培养的质量要求，知识与实践的融合，是产教融合、校企合作、工学结合的实现形态，也是高等职业教育发展的立足点，这正是高等职业教育跨界转型发展中必须支持和传承的宝贵经验。

（三）地方本科院校转型发展为高等职业教育转型发展带来机遇

地方本科院校的转型和发展，不仅可以满足经济和社会对高级技术和熟练人才的迫切需求，巩固职业教育的地位，提高和增强职业教育的社会竞争力，还可以促进高等职业院校的转型和发展。地方本科院校的变革和发展，不仅限于职业教育的最终水平，还处于中等职业教育阶段和高等职业教育的中间阶段，高等职业教育承担重要的承前启后的责任。高等专科学校和应用型本科的合作，慢慢将地方应用型本科向高等教育本科转型发展，可以促进高等教育体制的改革和高等教育水平的提高，并满足社会经济变化的实际需求。

第二章

新时代我国高等职业教育跨界转型发展的内外环境、制度选择与运行机制

从新时代我国高等职业教育所面临的机遇与挑战出发，揭示高等职业教育存在的外部发展环境和内部治理结构，针对如何解决高等职业院校办学定位不明确、专业设置不合理、人才培养模式单一、理论教学与实践教学脱节、校企合作不深入、双师型教师队伍缺乏、内部治理结构不健全等一系列问题展开对新时代我国高等职业教育跨界转型发展机理的分析，论证建设高等职业教育强国，必须基于职业技能是在职业实践中形成，高等职业教育跨界发展必须跨越教育事业边界在实体产业内部实现的基本命题，进而从高等职业教育跨界转型发展的宏观、中观和微观层面全面论证新时代我国高等职业教育跨界转型发展的运行机制及其制度选择。

第一节　新时代我国高等职业教育跨界转型发展的外部环境

一、新时代我国高等职业教育跨界转型发展的政策环境

良好的政策环境有利于推动中国高等职业教育的跨界转型发展，而产生良好的政策环境则需要遵循现代化方向的主线。另外，高等职业教育跨界转型发展需要实行政府和大学、市场协同并进的基本方法，制定形式多样的政策，以发布文件和举行会议为手段，按部就班地进行贯彻落实，体现政策环境的连续性。

（一）高等职业教育政策发布形式多样化

在中国高等职业教育的政策发展过程中，政策的制定与执行，其一，主要

是通过领导人指导、演讲、出席相关活动、检查、调查、研究、批示等诸如此类的活动，将国家的意志转化为具体要求来实施。其代表性例子为习近平总书记在2014年6月23日对职业教育做出了重要指示。其二，包括中央政府和地方自治地区政府在内制定的政府决策和实施，主要反映在教育开发计划、综合计划、特别企划中。例如，李克强在2014年2月26日召开国务院常务会议，安排加快现代职业教育发展。其三，中国人大的立法和执法检查。1996年《职业教育法》颁布和实施后，全国人大常务委员会于2015年开始对执法机关进行检查。同时，全国人大常委会委任浙江省和河南省的地方人大委员会常务委员会实施了执法的特别检查。其四，管理系统的渠道。2007年，国务院建立了教育部主导的职业教育工作部际联席会议制度，以此贯彻落实政策。其五，嘉奖职业教育先进单位和个人。例如，2014年国家为职业教育设立了国家教育成就奖，这一方式通常对高等职业院校有更大的激励价值。另外，中国职业教育学会主办的活动等也是政策普及的手段。

（二）高等职业教育政策多以计划方式推进

改革开放以来，中国高等教育结构发生了显著变化，高等职业教育因其拓展了职业性与技术性学习，具有鲜明的类型性特征和一定的创造性，而得到政府和社会各界的日益关注。伴随着这些变化，全国高等职业教育学校建设计划、公办骨干高等职业教育学校建设计划、高等职业教育的革新和发展的行动计划、具有中国特色的高等专门学校和专门小组的建设计划等各种各样的计划，这些计划带来的自上而下政策，给人一种紧迫感和责任感。创建项目列表，包括与相应投资和支持相关联的工作任务、责任单位、时间安排和其他因素，这些计划在高等职业教育的发展过程中，充分执行了国家的教育政策，有效促进了高等职业教育发展。

（三）高等职业教育政策发布载体多为会议和文件

由于管理范围有限，会议和文件已成为适合公民更快更好地获知政策的载体。一般来说，会议传播范围更广，而文件传达的政策主题更准确。从国家改革开放到现在，我国已经召开了六次全国职业教育工作会议。在每一次国家职业教育委员会召开时，国家领导人都会出席会议，并就当前的教育现状与教育形势做出工作指示。如1986年召开第一届职业技术教育大会，时任国家教委主任李鹏同志出席闭幕式并发表重要讲话，在这种情况下，会议成为高等职业教育政策颁布并要求实施最重要的方式。在进入新世纪的全国职业教育工作会议中，全国职业教育会议文件以国家会议的名义发布，例如2014年，全国会议决定加快发展现代职业教育，高等职业教育由地方政府管理，之后，所有行政区（中央政府直属的自治机构）颁布相应的教育政策都要符合地方政府的规定。此外，以文书的形式制定中央政府条例和地方自治条例，这一系列政策文件便构成了一个巨大的政策载体，促进了高等职业教育的可持续发展。

（四）高等职业教育政策的政府主导逻辑具有很强连续性

具有中国特色的社会主义进入新时代。高等职业教育正处于不断推进高质量发展的大背景下，制定具有中国特色的高等职业教育发展政策，正确判断教育所处的发展阶段是摆在我们面前的一大重要任务。公正、透明、慎重地面对和引导社会性舆论和公共心理、寻找解决职业教育发展难题的合理方式，然后，构筑现代职业教育发展的制度基础，懂得利用机会把握最迫切的制度要求与最兼容的制度供给和奖励。2019年以后，中共中央委员会和国务院发行了《中国教育现代化2035》等主要的教育政策，推进了职业教育新的政策供给。在职业教育"下一盘大棋"的背景下，持续的政策供给需要高水平的职业教育通过强调其类型特性和时代贡献作为反馈。从这个意义上讲，扎根中国，实施符合中国特点的高等职业教育，继续促进高等职业教育高质量发展是发布政策的题中应有之意。

二、新时代我国高等职业教育跨界转型发展的经济环境

（一）经济新常态为高等职业教育跨界转型发展带来机遇和挑战

中国的经济增长，从高速增长到中高速增长，从不合理的结构到结构优化，由要素驱动到创新驱动。追溯到过去30年经济发展呈现两位数的高速增长，我们国家要告别这种粗放增长的经济增长模式，不再以投资等要素促进经济发展，而是推动经济发展新常态，促进经济以中高速、优结构和新动力的新标准实现增长。

1. 经济增长的中高速要求高等职业教育跨界转型发展的中高速

这对高等职业教育的提质增效无疑是一个莫大的机遇。长期以来，高等职业院校的办学规模随经济增长大幅增加，但院校办学质量并没有相应地提高。新常态已成为经济发展的大环境，高等职业院校若能尽快适应经济新常态，提质增效，则将实现内涵式发展。反之，若不主动适应经济发展新常态，大幅度增加院校数量及与市场相关度不高的专业，而没有专注质量提升工作，那么高

等职业教育就难以实现跨界转型发展。

2. 经济增长的优结构要求高等职业教育跨界转型发展的优结构

一方面,从院校结构上看,高等职业教育若面向经济主战场,并根据院校结构合理定位、专注发展,那么建设世界一流的高等职业院校也将从可能变为现实。反之,"眉毛胡子一把抓",高等职业教育就很难实现跨界转型发展。另一方面,从专业课程体系上看,若能适应经济新常态,设置与经济发展、与市场、与就业息息相关的专业课程,实现专业课程体系的优结构,将有助于实现人力资源与市场的良性对接,进而有助于吸引更多的学生选择高等职业教育。当然,高等职业教育需要一定的时间与空间来适应经济发展的新常态,时间的长短、空间的大小将给高等职业教育的发展带来不确定性,从而使其面临发展的障碍与挑战。此外,教师的职业素养、应用型人才实践能力的培养、瞬息万变的市场需求等都是高等职业教育发展过程中亟待考虑的问题。

3. 经济增长的新动力要求高等职业教育创新发展

新常态下,新的消费形态即个性化、多样化消费将成为趋势,这就需要设计出更多的多样化产品;新的产品需求要求高新技术成果转化为新型商业业态,新的产业出现迫切要求大批符合岗位要求的人才,这一直接的就业机会为高等职业院校毕业生带来了很大的机遇;随着新兴产业、服务业、小微企业不断出现,生产技术含量不断增加,生产组织智能化和专业化发展,这也给高等职业教育的发展带来明显的机遇。创新驱动也意味着高等职业教育要改变过去将资金主要用于设备建设的模式,更多地用于人力资源素质的提高上,注重加强教育和提升人力资本素质,包括加大对教师培养、对学生培养的投入,以此来提高教师的研发能力及科研成果转化率,提高学生的自主创新能力,从而形成"创新—就业—生源"的良性循环。而高等职业院校若没有走出投资驱动、要素驱动的藩篱,则很难成为创新型的大学,也就很难培养出有创新能力的教师与学生,这将进一步制约高等职业教育的发展。

(二)产业结构调整为高等职业教育跨界转型发展带来机遇和挑战

我国当前的产业结构调整是现代服务业比例不断加大、三大产业结构持续优化、新兴产业与先进产业持续涌现、传统产业不断革新改造、落后产业不断淘汰的过程。产业结构的转型升级为我国高等职业教育的跨界转型发展带来机遇和挑战。

1. 产业结构调整为高职学生就业带来了新的机遇与挑战

在所有类型的教育中,职业教育与产业有着最直接和密切的关系。一方面,改革开放以来，整体经济迅速发展，另一方面，地方经济发展的主导产业由第一、第二产业逐渐转换为服务产业，因此，地方经济的产业结构发生了巨大变化。同时，第三产业比率的增加在劳动力市场上产生了更多的就业机会，这对职业教育人才培养是一个很好的发展机会。近年来，中国各地方的区域经济产业结构明显优化，最显著的变化是第一产业比重大幅下降，第三产业比重大幅上升。各区域经济中第三产业对国民经济生产总值的年均贡献率最高，并呈现出逐年增长的趋势。未来的产业结构调整中，"中国制造"要向高品质制造方向努力，为了彰显中国服务产业发展的优势，大力提升实体经济的实力和竞争力，我们必须高度有效推进实施创新主导发展战略，这无疑会在就业岗位和人才要求上增加科学技术的含量。因此，产业结构调整在给高职学生带来机遇的同时也提出更大的挑战。

2. 产业结构调整给高职人才培养带来了新的机遇与挑战

随着社会经济不断高质量发展，产业结构不断优化，产业技术也随之不断创新，社会劳动力市场对于人才的需求、观念和定义也不再是固有的状态，中等职业技术人才已经不能符合劳动力市场要求。推进职业培训从中等教育水平提高到高等教育领域，推进职业技术教育的高水平高质量发展。改革开放以来，中国社会主义经济发展的科学技术水平迅速提高，职业技术人才的需求模式也发生了变化。企业对从事机械劳动的工人的需求大幅减少，而对掌握丰富的专业理论知识和熟练的实践操作能力的高级工人需求正在迅速增加，然而传统的单一类型的高等教育和低水平的中等职业教育无法培养出来这样的高水平技术技能人才，因此，要积极开展更高水平的高等职业教育，为了满足生产和开发的需要，就必须培养人才。同时，提高国民素质，特别是熟练工人的再训练也依赖于高等职业教育。而且，中国也面临着巨大的就业压力，为了从根本上减轻就业压力，必须积极发展职业技术教育，通过职业技术教育提高工人质量，发挥人力资本的优势。高等职业教育不仅为生产提供高素质的专业人员，还通过延长教育时间来减轻就业压力。产业结构由传统落后产业向新兴先进产业的转型升级必然要求劳动者的科学文化素质不断提高，职业技能不断提升，即人才结构不断优化，从而倒逼高等职业教育不断调整、升级其人才培养结构与模式，使高等职业教育的发展充满活力。当然，高等职业教育也面临着人才培养模式的升级滞后于产业结构调整，从而使其发展相对缓慢的风险。

（三）经济全球化为高等职业教育跨界转型发展带来机遇和挑战

经济全球化下，整个世界的联系更加紧密，生产、流通等环节常常是由各国合作完成的，这种紧密的联系同时也意味着产业分工，而我国在产业分工中处于世界价值链的底端，这说明高等职业教育人才在产品附加值的提升上大有可为，说明高等职业教育大有可为。此外，经济全球化还意味着高等职业教育本身的国际化，如何将"走出去"与"引进来"有机结合，如何在全球化下建设世界一流的高等职业院校，是需要政府、高等职业院校、高等职业教育者等长期思考的问题。

1. 我国产业分工从价值链的底端向中高端转移

当前全球化愈演愈烈，我国也顺应全球化的趋势，加入全球产业分工，但我国在全球产业分工中仍然处于产业链的底端，这主要是由于我国缺乏创新和高层次应用型人才，缺乏具有国际竞争力的品牌，要想在全球化竞争中脱颖而出，获得持续性的发展，我们需要大量的研发设计人才、零部件生产与设计人才、销售服务人才、管理人才、品牌建立与推广人才。高等职业教育在这些人才的培养方面也必须大有作为，应适应全球化的要求，设置产品研发、销售服务、生产设计等高端专业，培养创造高附加值的各个领域或行业的专业性人才。只有高素质的专业性人才才能创造产业的高附加值，也只有实现产业的高附加值，高素质的专业性人才才有其施展创造、创意、设计和生产的空间。二者是一种长期互动的良性循环关系。当然，由于我国产业长期处于价值链的底端，受制于这种制度惯性与路径依赖，很难在短时间内实现低附加值到高附加值的转变，高等职业院校也会因为这样的路径依赖而使得高等职业教育跨界转型困难重重。

2. 高等职业教育趋向国际化

全球化意味着资源配置的国际化，如此一来，优质教育资源在世界范围内流动，国际化成为高等职业教育发展的大势所趋。在当前的时代潮流下，我国高等职业教育有望成功实现跨界转型发展。第一，高等职业教育的国际化可促进异国异校办学模式上的互相学习，特别是我国向他国的学习。我们可借鉴发达国家的办学理念与办学模式，促进高等职业教育的发展。第二，高等职业教育国际化是资本、人员、技术等要素引进来与走出去的过程。我们可借助国际化的平台进行高等职业教育的师资引进、教师培训、联合办学等实现教育资源的引进。高等职业教育要抓住全球化的历史机遇，吸引国际一流师资、一流学生，为一流高等职业院校的建设注入一流的资源。第三，为了适应全球化、国际化的要求，高等职业教育必须主动自觉地开展对外合作，在较短的时间内培养出具有国际化视野与较强专业技能的人才，这无形中有利于高等职业教育的进步与发展。当然，在高等职业教育国际化进程中，面临着西方国家文化渗透的风险与挑战。高等职业院校在此过程中，务必要保持清醒的头脑，把握高等职业教育国际化进程中教育的主动性。我国高等职业教育整体国际化还面临一些发展难题，例如，高等职业教育院校的专业设置与国际化要求不契合、国际化师资队伍建设水平低、大部分高等职业院校缺乏与国际交流合作的积极性，存在与外国合作办学质量不高等问题。因此，我国高等职业教育国际化的进程应遵循科学合理、循序渐进的发展规律。

三、新时代我国高等职业教育跨界转型发展的社会环境

（一）法制环境是高等职业教育跨界转型发展的根本保证

高等职业教育的发展不仅需要良好的市场环境，与此同时，还需要建立健全法律环境。从世界职业教育发展的实践经验来看，教育立法是支撑教育发展的基本保证。中国共产党中央委员会1985年发布的《中共中央关于教育制度改革的决定》，指出要积极发展高等职业教育院校，优先招募和服务中等职业教育院校的毕业生。这是有关发展高等职业教育的最早、最高标准的文件。2002年9月24日，国家决定积极推进职业教育改革和发展，旨在解决职业教育改革和发展面临的各种问题。有关会议提出，高度重视职业教育在国家教育体系中的首要发展地位，牢牢把握职业教育改革和发展的社会主义导向，着力推进职业教育体制改革和职业院校办学制度改革；严格遵循用人单位人才准入要求，为满足社会和企业需求，促进职业教育和社会经济建设发展紧密对接，加强职业教育与劳动就业的联系；加快深化教育改革，大力支持农村地区的职业教育发展，通过多渠道筹集高等职业教育经费投入，有效改善高等职业教育院校的硬件设施和办学条件；加强党和政府对高等职业教育跨界转型发展的领导能力，促进职业教育可持续健康发展。还强调了在推进社会主义现代化中积极宣传职业教育和高质量劳动者的重要作用，形成了全社会支持职业教育的强大氛围，这些都将有助于中国的职业教育逐步走上合法化的轨道，因此，高等职业教育要求不断改善法律环境以保障成功的跨界转型发展。

（二）社会心理环境是高等职业教育跨界转型发展不可或缺的重要变量

通过对中国高等职业教育的发展过程的观察发现，高等职业教育的跨界转型发展仍然是一个很大的障碍。当前我们最迫切的工作要求就是改善高等职业教育的操作环境，如果要改善高等职业教育的操作环境，必须改变人们重视学

术轻视技术、重视应试教育轻视素质教育的陈旧观念,有助于形成助推高等职业教育跨界转型发展的概念性环境。但是,改变传统的人才评判标准和评价办法并不容易。在这个转型发展过渡期内,高等职业教育正处于明知传统观念不可取却不得已而为之的进退两难的困境,也会受到社会对于高等职业教育不正当的评价。中国的教育体制在长期规划的经济框架下运行,学校在行政机关和教育行政机关的管理下缺乏前进的动力和灵活性,高等职业教育被分离出来,与社会的需求相违背。由于职业教育固有的不足,职业院校在与市场和社会的对接过程中缺乏足够的自治权力,缺乏发展活力,不能够依靠市场来优化教育资源,更做不到自我控制和自我调整。由于高等职业教育发展受到资金不足的限制,学校办学的基本条件有很大的阻碍,特别是教师队伍建设还处于落后的状态。必须转变高等职业教育的内部活动,提升高等职业教育的教学质量,建立完整的课程系统,改革教学和实习的方法,牢固树立高等职业教育适应社会经济发展的人才培养目标。

(三) 可持续发展环境是高等职业教育跨界转型发展必须正视的要素

1. 建立适应改革和发展的市场环境

产业结构和产品结构的调整、人才使用机制和工资制度的变化等一系列市场经济带来的变化,促进高等职业教育一改以往被动式的封闭发展,开始转变为积极主动开放式的发展。高等职业院校以劳动力市场需求作为培养人才的基础。教育不仅要注意与实际生产率发展水平一致的明确需求,也要注意凌驾于实际生产率之上,表现出未来生产率的潜在需求。因此,高等职业院校必须适应市场需求,组织面向市场的教育和指导活动。在确保学校基本投资的前提下,政府逐步推动学校进入市场,为社会和企业提供收费服务,提高学校自我"造血"的能力。尽快建立高等院校、政府和企业的中间组织,通过这个组织,加强学校与社会的关系,提出关于学校专业、课程开发、人才培养的要求和建议,为将来的工作提供一个适合的实习场所。

2. 建立多元化的办学主体环境

鼓励和扶持多元主体办学,实现高等职业院校办学主体的社会化,有利于促进高等职业院校的跨界转型发展。随着中国经济和科技的发展,社会对高等教育特别是高等职业教育的需求迅速增加,但政府对教育不管是经费还是资源方面的投资,并不能满足社会如此快速的增长需求。据此,党和政府决定,全面深化教育改革,根据中国的教育发展现状,加强民办高等职业院校的基本建设和管理，这就意味着，只要企业团体符合国家对高等职业教育院校的规定，就可以参与到高等职业教育办学中。由于民办高等职业院校的经济力量薄弱，因此，国家鼓励和支持民办高等职业院校的逐步发展，民办高等职业学校享受在社会公用事业方面的优惠政策。在享有权利和履行义务方面，民办高等职业学校的教师和学生应当与公立高等职业学校的教师和学生平等对待。

3. 建立产学研合作的办学机制环境

今天，随着高等教育的普及，我们必须形成高等教育改革和发展方向的特色。我们必须培养、尊重和保护学生的个性，为学生潜能的完全发掘创造一个宽松的环境，并克服人才培养"一个模式"的倾向，在培养更多更好的优秀人才的同时，也为职业技术岗位培养更多的专业人才。高等职业教育为培养多种规范和水平的人才，应该根据社会经济发展的各种需求，制定切实可行的人才训练目标。高等职业教育要比其他类型的教育更注重产学研相结合。我们完全可以借鉴外国的先进实践经验。例如，学校为提高师资水平，从机关和企业雇佣兼具专业理论和实践经验的管理和工程技术人员；大学接受企业委托，为企业输送职业人才和研究成果，从企业那里获得技术转让费和人才培训费用；企业和学校共享资源信息，提高教育、科研、生产设备、机器、设备的利用率，弥补彼此的缺点。在产学研一体化的教育和训练之后，学生才能掌握先进技术，为企业创造利益。另外，通过教师指导和实践基地实习，学生可以加深对今后就业的理解，从基本知识、专业技能、个人心理学的观点出发，做好就业准备，尽快适应社会需要。

第二节　新时代我国高等职业教育跨界转型发展的内部环境

对新时代我国高等职教育跨界转型发展的内部环境进行分析，主要是分析我国高等职业院校的内部治理。本节将从内部治理的主体结构、权力结构和利益结构进行分析。

一、新时代我国高等职业院校内部治理主体结构分析

（一）治理主体特征分析

高等职业院校治理是各个治理主体之间求同存异，协调利益冲突，联合采取合理办法管理高等职业院校行政教学事务的持续过程，各治理主体之间的关系是矛盾统一的关系。

1. 权力分析

目前，高等职业学校的管理主体包括五方面。一是高等职业学校的校长负责制和相应的下属机构组成的行政组织；二是高等职业学校中以教授领头的教师组成的学术委员会等学术组织；三是所有级别的政府和能够代表政府治理高等职业院校的行政管理部门；四是学生以及学生的家长；五是社会，即包括产业协会、企业、理事会、毕业生在内的高等职业学校的其他利益相关者，各大管理主体之间有相互影响和相互作用的关系，存在特定的体系联系。大学的行政权力分为党委的政治权力和校长的法律权力两部分，在实施的过程中，两个权力是互补的、交叉的。党委和行政构成了大学的完整管理体系。高等职业学校的学生学术权力比较弱，在学术形式的决策中，学生主要是通过参加学生会行使权力，形式上是参加了学校的民主管理，但缺乏实质性作用。社会就像职业教育的旁观者，只有企业对人才有需要时才和学校有比较近的接触，但缺少双向接触。

2. 资源投入分析

在高等职业教育所有的治理主体中，政府、学校和学生都属于高度相关的主体类别。在高等职业教育的跨界转型发展过程中，学校部门是学校最大的资源投资者。发起人的投资主要分为三个部分，包含财政为每个学生支出的经费以及为学校团体批准的工资，还有根据学校发展项目可用的资源。高校学术投资主要是人力资本投资，体现在人力资源开发和智力资源方面，资源投入主要集中在教育和培训方面。学生投资主要是指学生支付和家长支付的学费和杂费，学校管理和社会属于低投入范畴，学校是一个公共利益组织，主要体现在学校的管理上。学校管理者在管理过程中的作用包括管理、服务和协调，社会投资主要包括社会、工商界和学术界朋友的捐赠。

3. 责任分析

在高等职业院校内部治理主体中，学校管理和学校学术是最大的责任承担主体。办学和学校学术在治理公立高等职业学校过程中承担着最重要的责任，在管理高等职业学校的过程中，所有内部的管理情况和一些外部情况都必须由学校来调整。政府主要指导制定政策和规章制度以引导高等职业学校的前进方向，影响高等专门学校的审定、批准的治理流程，审计和评价高等专门学校的治理结果。学生和社会承担了比较少的责任，学生的责任主要是努力学习职业理论知识，锻炼实践操作能力，完善自身综合素质发展，成长为满足社会和市场需求的高质量熟练人才，毕业后通过参加工作实现并创造人生价值。除此之外，学生对学校管理方面有建议权和发言权。社会的责任是通过参加学校审议会（董事会）对学校的管理提出意见和建议，通过扩大就业市场和制定人才标准，从而对学校的人才培养产生影响，这两个主体责任对治理体制几乎没有影响。

（二）治理主体结构问题分析

社会生态理论认为，如果系统之间有比较强而且是积极的联系，就可以实现最优化发展。同样，在高等职业学校的管理体制中，只有各主体的权利和责任相对均衡的情况下，才能形成稳定、平衡的发展状态，从而优化管理过程，产生最佳的治理结果。一般来说，不论是政府影响力强、社会影响力弱、服务意识缺乏，还是领导能力和合作不一致都会影响高等职业院校的内部治理。政府的主要作用是大力支持学校依法有效的自主办学，为学校的发展创造好的学校运营条件和环境。但是，在现在的学校办学过程中，有太多密集的政府管理问题，不能完全发挥学校的自治权。社会主体影响力的弱化反映在产业和企业缺乏参与高等职业院校治理的动机上，导致学校在整个学校教育制度中承担很多的责任。

（三）三维主体结构：高等职业院校内部治理主体的协同机制

结合我国现有高等职业教育治理的实际情境，职业教育治理共同体主要包括政府机构、高等职业院校、行业与企业、社会组织、公众等利益相关者组成的多元治理主体，其建构于共同的治理信仰和价值追求。其中，地方政府机构、行业与企业、职业院校构成治理主体中的三元核心主体，亦是职业教育的主要参与者和治理变革的关键推动者。

职业教育治理共同体将治理主体间的追求与意志相融合，产生基于共同追求的治理外显行为，通过建立高效的对话与谈判、沟通与协作等集体行为路径，共构共享、开放、互惠的职业教育治理格局，达成协同治理的教育治理目标。因此，高等职业院校治理主体的协同是发挥当代职业教育治理模式功能的必然路径。

1. 地方政府主体：高等职业教育治理的主导者

中国现代职业教育治理体制现代化的主要目的是逐步建立分层管理的现代职业教育管理体制，实现地方自治体的贯彻落实、政府的总体规划和领导、社会组织的有效参与，逐步促进政府机关和高等职业学校形成基于合作治理的新社会关系，促进职业教育管理、经营、评价的分离。实现政府职能转变，建立高效操作、标准化、系统性和综合性的现代高等职业教育治理系统，提高高职学校的办学效率与内部治理能力，构建社会各界明确履行职责与义务的现代高等职业教育治理模式。

面对地方政府大刀阔斧的行政管理体制改革以及国家教育行政管理部门对于管理高等职业教育范式的变革，省域教育行政管理机构与高等职业教育机构的关系模式也不断发生变化。所有高等职业院校的管辖权都在省级政府统筹，在教育外部环境不断更迭，教育资源争夺不断加剧的环境下，政府的功能发挥尤为重要，政府通过建立有效的宏观治理环境，有助于实现社会整体效益最大化的发展目标，政府通过共享、融合，选择科学合理的发展战略，并协调市场融入机制，能有效调动市场参与职业教育的互动，促使职业教育办学方向与经济发展方向保持良性互动。因此，政府需要逐步建立权力分配清单，规范各级各类政府机构的权责范围，同时，又需注意不同权力类型的局限性；亦需强化权力监管，以防止权力在教育治理过程中被不当使用。大力建设高等职业教育现代化，是社会现代化建设不可或缺的一部分，也是区域经济为社会整体发展提供服务的迫切需要。职业教育和普通教育的最大差异，在于职业教育是以实用主义为价值导向的教育类型，其与社会经济发展的互动和个人职业生涯的联系更为密切。现代职业教育具有二重属性，一方面具有教育本质的公共属性部分，另一方面又存在教育利益相关者的私人属性部分，这呈现在政府的管理行为中，则是职教治理机构涉及政府多元化管理部门。政府能够在整体上统筹规划区域职业教育体系的现代化建设，而高等职业教育的发展引领着职业教育体系的发展，具有领头羊的作用。

2. 社会组织主体：高等职业教育治理的参与者

随着高等职业教育的社会地位不断提升，社会各界参与高等职业教育内外部治理的范围和深度也在逐渐发生变化，并呈现出新的特征。高等职业教育治理的参与面日渐广阔，社会参与高等职业教育治理的呼声高涨，公众日益认识到高等职业教育治理对于国家经济发展、社会文化繁荣和国际竞争力提升具有重要作用，对于国家行政管理体制变革更是具有直接推动作用。扩大高等职业教育治理参与，实现教育治理的多元主体格局，乃中国高等职业教育善治的前提条件，而这需要政府、高校和社会各界协同为之奋斗。

从社会组织来看，首先，政府予以政策激励使行业企业参与到高等职业教育治理中来，职业教育人才培养规格需要适应市场岗位需求，行业企业是人才标准的制定者和检验者，政府需要给予制度支持；其次，政府需要委托社会第三方机构开展职业教育治理评价活动，促进职业教育发展的监督评价机制形成；最后，政府需要激励广大民众参与到职业教育治理中，塑造职业教育推进人的持续发展和终身教育的理念，实现职业教育的可持续发展。

根据高等职业教育利益相关者角度分析，社会组织的主体主要包括行业协会、企业、第三方机构、民众等。王名等学者认为，行业协会应该是代表行业成员意见的协调机构，具有非营利性的特征，行业协会也是行业成员利益代表及利益维护者，对于行业成员具有权力代表性。因此，行业协会是连接国家、市场、社会的一种治理机构。行业协会参与公共治理，成为解决治理失灵问题的有效形式与治理机制。

企业则具有明显的市场性，作为经济主体，其行为主要为以盈利为目的的市场行为。高等职业教育治理中，调动企业参与、资源配备、人员关注等，需要政府协调不同利益主体的需求。如德国是通过国家立法，要求企业参与职业教育实践，同时，对于参与职业教育的企业，授予教育企业称谓，在政府税收上给予支持，形成政府、企业、学校互动的制度机制。

3. 高等职业院校主体：高等职业院校治理的责任者

高等职业院校是高等职业教育的具体教育活动执行机构，一方面，需要通过地方政府提供教育教学所需的各种资源，服从政府公共服务的要求；另一方面，需要协调校内外利益相关者，通过利益均衡，提供职业教育服务供给。

褚宏启（2013）认为，教育的行政权力配比和运行包括两个方面：从上下层级关系来看，省区市各级地方教育行政部门，具有教育政策、教育规划、教育执行、教育监督、教育评价等归属管理关系[①]，同时，高等职业院校也是受到所属教育部门的业务管理；从平行层级关系来看，高等职业院校受到所在地方政府的多个行政职能部门的直接或者间接管理，如财政部门的资金预算、资金使用、资金决算等，教育局的教育教学过程监督、教育质量评价等，组织人事部门对于干部人事安排、薪酬体系、考核评价等。地方政府主导高等职业教育治理，协调各治理主体的关系结构，才能充分发挥各自的资源调配能力，促进高等职业教育治理从制度结构上推动持续发展。

---

① 褚宏启. 教育行政权力的优化配置：合理扩张与严格制约［J］. 北京大学教育评论，2013，11（03）：160-170.

二、新时代我国高等职业院校内部治理利益结构分析

（一）高等职业院校的利益相关者治理结构

高等职业学校的利益相关者是影响组织目的实现的个人或团体，因此，高等职业学校的利益相关者应该包括学校、教师、产业企业和学校以外的毕业生。高等职业院校的人才培养和技术革新工作主要依靠教师。在高等职业学校，学生不仅是知识和技术的建设者和继承者，也是教育的消费者，消费者进行"生产性"活动可以继承知识和技能。教育消费者的存在是大学生存和发展的前提，高等职业教育的全部变化都是为了学生的变化而改变的。高等职业学校技术人才的培养和技术革新的研究与外部的社会组织有很大的联系，行政事务比其他大学更复杂、任务更重。因此，教师、学生、管理者的热情和创造性是实现学校教学目标的基本力量，此外，教师、学生、管理者的生存和发展与学校的发展密切相关，学校的兴亡影响着他们的命运和将来，只有在学校发展的时候才能为他们提供平台和个人发展的机会。

（二）高等职业院校内部治理利益结构间冲突

高等职业院校是由利益相关者组成的非常具有特色的组织，不同的利益相关者有不同的利益诉求，也不排除会产生冲突。高等职业院校办学模式的改革，必须全面考虑高等职业教育中许多利益相关者的共同利益需求，包括管理者、教师、学生、政府、用人单位等。高等职业院校管理者与利益相关者之间的互动是直接的、简单的，但实践难度要大得多，因为不同的利益相关者对高等职业院校有不同的利益需求，容易发生矛盾。要调和这种利益冲突，就需要调整高等职业院校改革的定位与目标，使得这种改革符合大多数利益相关者的根本利益，能够把不同利益群体凝聚为一个整体合力发展。在高等职业院校内部治理结构中，把利益相关者理论融入实践是一个非常艰难的过程，存在着诸多复杂矛盾关系。大概体现在：第一，不同的利益相关者思考问题所站的立场不同，对于不同的问题，他们的重视和参与程度也不同；第二，不同利益相关者的目标和需求往往不同；第三，有时利益相关者可能有竞争目标。例如，学校通常希望提高学费，而家长和学生则希望降低学费。显然，如何平衡利益相关者的利益需求将是高职办学模式改革所面临的必然问题。

（三）利益相关者参与高等职业教育行为动机分析

高等职业教育的利益相关者之间存在着利益冲突，因为每一个利益相关者

在参与高等职业教育的过程中,都是以索取最大化的正当权益为动机的,当这种索取的要求得不到满足时,他们就会向高等职业教育办学者施压。

1. 政府参与高等职业教育的行为动机

一般来说,个人或企业是投资行为的主体,都具有特定的行动动机。但是,作为社会公益的代表,政府的行动动机与个人和企业的行动动机不同。例如,个人和企业投资,主要是为了追求自己在经济上的收益,满足他们个人或综合性的利益,而政府投资则是为了满足社会上所有公民或大多数人或特定的公益需求。政府为了满足社会和国民的需求而进行投资是客观的和不可避免的。在社会主义市场经济体制下,高等职业教育中政府投资的动机主要反映在以下方面:

第一,作为社会公益的代表,政府发挥着满足社会公众对教育的一般需求的作用。社会一般需求不同于个人和团体的个别化需求,是社会成员共同的需求,这种需求主要也是通过公共产品来满足的,而且,市民可以免费享受国家集中提供的公共产品,不需要支付任何费用。社会一般需求的满足程度是社会、经济发展程度的反映。随着社会进步和经济发展,满足社会和公众需求的内容也随之增加。第二,政府充分发挥投资的主体作用,补偿个人、家庭和企业在教育上的投资不足。在市场经济体制下,个人、企业、政府一般都有自己特定的投资领域和范围,但因为教育的性质和特性,根据市场经济的内部要求,在教育投资过程中,原则上,个人和企业在教育投资中应起到积极作用。第三,政府作为公共力量,要发挥公共标准的作用,保证教育与经济和社会发展之间的协调与平衡。中国的教育制度无论怎么改革,都必须确保教育与经济和社会发展之间的协调与平衡。作为公共权力的代表,政府立足于大多数人的利益调整教育、经济的运营。随着市场的持续发展和教育的社会需求的变化,政府作为公共性的代表,调整教育与经济的关系是很重要的。当然,在新的经济体制下,政府作为公共权力的代表,不能直接通过直接计划和从属关系对教育进行宏观控制,但要通过宏观政策来调整教育的发展。因此,政府在教育方面的宏观控制功能主要体现在建立教育发展战略焦点上,调整教育开发的规模、速度和学校结构。

2. 学生个人参与高等职业教育的行为动机

一般而言,个人从事社会活动的很多不是为了暂时的快乐,而是为了将来各种经济或非经济利益的满足。总之,个人是否投资活动,至少取决于以下两个方面:一是个人收入水平、投资回报率、投资风险等因素;二是个人投资一项活动的所得利益是否高于其他活动投资的收入效益，同时其投资的收益是否大于其投资成本。学生个人对教育的投资，作为整个个人投资活动的重要组成部分，也符合个人一般投资的行为动机和目的。个人是否投资或参与高等职业教育，也由成本——收益分析决定。

当然，学生个人投资教育的行为动机是多方面的。就学生本人而言，他们付费接受教育，可能是为了满足收获知识的需求，以充实其精神生活，也可能是为了获取某种知识和技能，为将来的就业做准备，认为能够接受较高层次的教育，在社会上具有更好的竞争条件，可以改善自己的生活状态，也可能认为较高的职位，必须由较高的学历与专门的学识才能胜任。从家庭来讲，有些学生的家庭，可能受父母影响，父母期望子女们能够继承既有的成就与社会地位，或者个人家庭是富裕的，如果子女能够接受较好的教育，一方面可以继承父母的事业、家庭的社会地位，另一方面也可以加强服务社会的能力，因而愿意投资教育，而对另外一些处于社会底层的贫困家庭而言，虽然其家庭的社会地位不高，但他们希望子女通过教育这个途径，从社会的底层进入社会的高层，实现所谓社会阶层的跨越，因而也会尽其可能投资教育。

总之，学生个人和家庭在教育上的投资，主要出于以下两个动机和目的：第一是为了获得接受教育带来的精神财富；第二是为了完成劳动力的再生产，最终获得一定的社会地位，获得一定的经济利益和满足。随着社会地位的提高和经济利益的增加，这种精神上、心理上的满足是个人从教育投资中获得的所有预期的利益或满足，同时个人教育投资和其他投资也有着明显的区别。

3. 企业参与高等职业教育的行为动机

作为参与社会和经济投资的重要组成部分，企业参与高等职业教育也应出于对内部利益的追求，因此，他们的投资行为也应该符合"利益最大化"的基本准则。那么，根据"利益"最大化的基本标准，企业参加投资高等职业教育，原则上至少需要满足以下两个基本条件。第一，企业在教育上的投资收益应该高于他的投资成本，即存在盈利；第二，企业在教育上的投资预期收益率应高于企业在其他方面投资的收益率。以上两个条件是企业投资教育的基本基准，也就是说，企业将采用有效的教育投资来实施。

在市场经济下，企业对投资收益的追求，根据企业对教育投资动机的早期分析，企业可能为了追求在经济或者商业方面的利益，也可能为了参与到高等职业教育获得的精神上的满足或者心理上的享受。在现代市场经济状况下，企业的教育投资范围一般集中在几个方面，一是高等职业教育的技术人才培养，这和企业活动联系密切，可以给企业直接带来经济利益；二是为了获得社会评价的公共活动，包括对基本教育的投资和对教育机关的免费捐赠，可以给企业树立良好的企业形象和社会荣誉。发达国家职业教育基金的主要来源是教育机构的研究合同和研修合同中企业支付的费用，在中国，这个系统和机制正在慢慢形成。

第三节 新时代我国高等职业教育跨界转型发展的制度选择

一、健全行业企业等多元主体参与治理的制度选择

（一）推动行业企业参与治理

治理、改革和发展行业企业在高等职业教育管理中起着非常重要的作用。行业企业的参与对高等职业教育的治理、改革和发展具有至关重要的作用。

1. 提高行业企业对参与高等职业教育治理重要性的认识

在知识经济的时代大背景下，知识的创新和应用促使行业企业参与高等职业教育治理成为必然。创造知识和培养高技术人才的高等职业教育院校，应该与应用知识和需要高技术人才的企业建立密切的合作关系，只有这样，高等职业院校才能把科研成果成功转化为应用技术，才能真正履行高等职业教育的职责，发挥社会服务功能。高等职业院校作为准公共产品，不仅需要政府主导，还需要引入市场、社会、企业等多元主体共同参与治理，高等职业院校治理主体的多元化使得行业企业参与高等职业院校治理成为不可逆转的趋势。高等职业院校作为一个利益相关者的组织系统，其可持续发展需要利益相关者的管理与支持，行业企业便是它外部的利益相关者，在高等职业院校治理方面集中于产教融合上，对高等职业院校的干涉力度不大，为了促进行业企业参与高等职业教育的管理，行业企业、高等职业院校和政府都应以平等的社会地位参与治理。

2. 推动行业企业参与高等职业教育治理的基本前提

建立以服务为导向的政府，以转变职能为核心，正确定位政府为高等职业教育服务的角色和地位是促进行业企业参与高等职业教育治理的基本前提。如果政府采用传统的治理方法,那么行政制度的整体结构僵化不变,是不符合多元主体参与高等职业院校治理的公共治理原则理念的,会导致高等职业院校发展停滞不前,必须促进行业企业参与高等职业教育治理。在以服务为导向的政府建设中,应该正确定位政府以服务高等职业院校治理为核心的作用和功能。政府为行业企业参与高等职业院校治理提供健全的法制保障、有力的政策指导以及科学的宏观调控,充分发挥"无形的手"的服务功能,为行业企业参与高等职业院校治理提供良好的政策环境。在以公共服务为中心的政府主导的前提下,引入一种市场机制,使高等职业教育的公共服务转移到市场,充分发挥市场作用。服务型政府应承担保护高等职业教育的利益最大化的责任,从高等职业教育治理的观点出发,明确政府问责机制。

3. 推动行业企业参与高等职业教育治理的关键

依靠法律和规章制度,明确行业企业在高等职业教育治理中的地位,指出行业企业应尽到的职责和义务,从顶层设计的层面使得行业企业与高等职业院校、政府拥有平等的社会地位参与高等职业教育治理,这是促进产业企业参加高等职业教育治理的关键。政府认识到行业企业加入高等职业教育治理的重要性,重视行业企业在高等职业院校治理中的参与度,为行业企业参与高等职业院校治理增加话语权,有利于高等职业院校科技成果的产业化和创新人才的培养,有利于行业企业的结构转型升级和技术改革创新。但由于相关法令的严重不足,我们必须加强相关的立法研究,充分发挥产业界在高等职业教育治理中的作用,正确认识政府、产业界、高等职业学校在高等职业教育治理方面的责任和义务,完善企业行业在高等职业教育治理中的形态和结构。所有级别的政府部门都必须设立负责调整行业企业和高等职业院校关系的机构,给予行业企业以组织性和制度性的保证,以便更好地参与高等职业教育的治理。

(二) 多元主体参与治理

多元主体共同参与治理强调多元主体的多层治理,强调合作、互动与服务,更加关注教育的公共性。在治理理念的指导下,教育公共治理能够充分体现各治理主体的利益诉求,有效实现公共利益的最大化,这种教育治理的理念和机制能够应对职业教育中多利益主体参与的复杂形势。

1. 革新治理理念

所有参与职业教育治理的主体都必须认识到,教育公共治理是多个社会参与者之间相互作用和谈判的过程。在这个理念的指导下,制定和执行高等职业教育的重要方针，必须是多个参与者通过协调、对话、谈判和妥协来追求共识的过程。并且，为了达到劳动市场的供求平衡、社会稳定性以及经济的协调可持续发展，通过各种利益相关者的对话、调整和共同努力，高等职业教育可以帮助受教育者获得就业能力和资格，为企业培养符合岗位需求的劳动者，为社会发展提供坚实的人才保障。职业教育各利益主体同样应该认识到职业教育治理本身的复杂性，因为职业教育涉及了学习者职业资格的获得、就业以及产品的生产或服务的提供，它与商品及劳动力市场紧密联系，而全球竞争、对劳动者技能不断变化的要求也增加了职业教育治理的复杂性。

2. 创新治理机制

实现职业教育治理应建立起能够在现实中切实有效运作的治理机制。良好的职业教育治理需要整合各利益主体参与职业教育的优势，并通过取长补短规避其潜在的消极影响，因此，在当前多元主体参与办学的高等职业教育治理体制中，照顾到各个主体对于自身利益的追求，实现不同主体之间利益的平衡和协调，得到社会公众的广泛认同，是创新高等职业教育治理机制的关键性环节。由于各参与主体利益诉求之间的多元性，利益协调自然成为职业教育治理的题中之义。职业教育的现代化就内在地包含了利益与权利的均衡，在不同参与主体利益协调和对话的过程中，处于政府和市场之间的社会组织起到了至关重要的中介作用。要激发社会组织活力，重点培养发展行业类社会组织，这样的改革方向为职业教育治理的改革创新创造了空间和机会，对于治愈我国职业教育的痼疾，如学校学习与生产经营实践脱节、学校和企业缺乏长期有效的合作机制等有着重要意义。利益协调是保障多元主体基本利益诉求的途径，而权力均衡则是实现利益协调、多方共赢局面的制度基础。通过充分保障各利益主体参与职业教育全过程的自主权力，保障其在制定教育标准和目标、选择课程内容及形式、确定能力评价等环节中的话语权和参与权，才能充分反映各主体的利益诉求，最大化地实现他们的利益，提高职业教育发展水平。

二、双师型教师队伍建设的制度选择

"双高计划"的提出，要求高等职业院校加强双师型教师队伍建设，提升培养人才的技能技巧，通过创新的形式来适应产业的实际需求，这样的队伍建设能凝练出更多的成果，推动教育教学改革的深入，有助于高等职业院校提升综合竞争力，让"双高计划"完美落地。

(一) 高等职业院校双师型教师队伍建设制度选择价值

1. 适应产业需求，提升人才培养质量

我国要想实现中国特色高水平高职学校的建设目标，就必须对新时代高等职业院校发展提出更高质量的要求，现代化经济建设要求高等职业院校提供更多的高素质技术型人才，推动中国产业走向国际舞台。由于社会经济快速发展，高新技术产业蓬勃发展，对高技术技能人才需求十分迫切，所以在高技能人才领域，仍然有着较大的缺口，需要进行补充。我国传统产业的转型升级和高新技术产业的快速发展为我国的经济发展与国际经济态势带来了重要的势能和动能，并且需要数以亿计的高技术技能人才作为发展支撑，基于当前的时代背景，加强高等职业院校教师队伍建设迫在眉睫，不仅要求提高职业教育培训质量，还要重视建设双师型教师队伍。当前产业的发展十分迅速，需求也更加多样化，教师需要提升自身的专业知识能力，适应多样化的需求，建立一批具有高素质、高水平的双师型教师队伍，培养出更多的技术技能人才，这是一种最直接也最有效的方式。这就需要教师之间达到协同发展的配合，通过同行之间不同水平的互相合作交流等形式，打破教学环节之间的壁垒，实现教学资源共享，共同进行教育教学科研，提升整体和个人的教学能力。这种协同性不仅仅适用于高等职业院校内部的"双师型"教师队伍建设，还适用于参与国际合作办学和与其他高等职业院校交流合作的过程中。建设双师型的高等职业院校教师队伍，让高等职业教育系统向着协同和创新的方向不断发展和转变。

2. 展示建设成果，引导教学改革

当前高等职业院校双师型教师队伍的建设，尚停留在初期探索阶段，我国的高等职业教育发展起步比较晚，当前很多方面发展还不够成熟和完善，还需要不断地摸索和变革。高等职业院校教师队伍建设探寻过程的核心问题是，如何把双师型教师队伍建设模式推广到全国的高等职业院校建设中，从而形成具有中国特色的高水平职业教育模式。虽然我们一直在强调教学模式的改革，但是在实际的教育过程中，高等职业院校在实践教学方面还存在着明显的缺失，需要我们发挥学生的主体性，让教师成为教学的引导者。教师不仅是教学活动中教学相长的主体，还是教学改革的主导力量，因此，教学改革的成功与否，和教师的专业水平和职业素养息息相关，要求教师在理论知识层面和实践能力层面都能游刃有余。专业水平不高的高职教师对教书育人和教学科研仅仅停留在表面，教育教学改革对他们来说就是很大的挑战。此外，教育教学改革并没

有给教师带来直接的利益，导致大多数教师没有足够的积极性和主动性。所以，在教育教学改革的过程中，选择一批具有一定基础的优秀教师建设双师型教师队伍，将教师在队伍建设过程中的表现情况和他们的工资和职称挂钩，这样教师在教育教学改革的过程中，也能更加地积极主动。整合丰富、优质的教学资源，不断探索教师队伍建设，利用信息技术带来的巨大优势，进行教育教学的创新，实现教育教学的突破。通过团队合作和分工的形式，让教师参与到教育教学方案和专业建设的过程中来，在这个过程中发挥教师特有的优势，建设具有个人风格的教学模式和内容。引导教学改革，有利于拓展和延伸技术技能人才培养的途径，提升高等职业院校教师队伍建设的质量，为其他高等职业院校提供先行性的借鉴经验，探索更高水平的高等职业教育教学模式，带动高等职业教育整体跨界转型发展。

3. 贯彻"双高计划"，提升高等职业院校竞争力

国家对高等职业院校教师队伍建设大力提供政策扶持，我国高等职业教育新发展阶段的顶层设计与教育战略部署已经逐渐完善。基于当前高等职业院校的教育教学现状，在充分开展研究和实践的前提下，我国政府也提出了"双高计划"的改革措施，推动高等职业教育的内部和外部建设，让高等职业教育的改革能更加深入。与"双高计划"有着目的上的一致性，建设双师型教师队伍，也是当前国家职业教育战略的主要内容，两者息息相关。而双师型教师队伍以及"双高计划"的贯彻实施过程中，设立合理的项目管理组织与实施团队是关键，应当是我们主要的探究部分。所以，高等职业院校建设双师型教师队伍，从根本上分析就是在为"双高计划"的推进和贯彻做好辅助。高等职业院校想要成功入围"双高计划"，就需要提升自身的核心竞争力，教师作为高等职业院校核心竞争力的重要部分，迫切要求高等职业院校构建双师型队伍。在教师的专业发展过程中，对教师评优评先、职称晋升、薪酬奖励等情况进行相关规定，促进教师专业自我规范发展，这样才能更好地引领教师队伍。将双师型教师队伍的建设与"双高计划"的遴选挂钩，对教师的人才培养、产教融合等都做出相应要求。对高等职业院校来讲，想要贯彻"双高计划"，就必须重视双师型教师队伍的建设，为高等职业院校提供更多的竞争优势，推动高等职业院校的建设和发展。

（二）双师型教师队伍建设途径

1. 做好建设规划，打造高水平教师队伍

"双高计划"是一个长期进行的计划，以每五年为一个周期，达到一个周期

的建设成果之后,就会进入下一周期的建设中。高等职业院校结合本校的实际情况,将"双高计划"合理地贯彻落实,设计出本校的双师型教师队伍建设发展规划。第一,牢牢把握建设高水平高等职业院校的目标,加强高素质的教师队伍建设,构建合理的专业设置,推动高等职业院校教师队伍的高水平发展。根据高等职业院校的办学方向和专业设置,加强双师型教师队伍的建设与规划,让"双高计划"在高等职业院校实践中彰显出新特色。第二,双师型教师队伍的建设,应当结合校本课程特色和学校实际办学情况,选择合适的建设方式,而不应该罔顾客观实际进行盲目的发展。综合考虑高等职业院校自身存在的优势和不足,开展合理有效的教师队伍建设,让教师积极投身"双高计划",提升自身的素质能力。第三,双师型教师队伍的建设,也应当有长期计划和短期计划。制订长期的发展规划,并且结合实际情况,建设半年到一年的短期规划,用短期规划取得的成果来推动长期规划的进行。根据每年的实际成果,对短期规划做出合理的调整,这样才能完成长期的发展目标,将"双高计划"贯彻到高等职业院校的双师型教师队伍建设中。

在实际的建设过程中,大多数高等职业院校以专业为基础,这样的方式的确能发挥一定的作用,但对于资源的整合会造成阻碍。通过专业群的形式,将多个相近专业的教师集合在一起,共享教学和教师资源,高等职业院校通过这样的形式,能有效提升资源的利用率。通过双师型教师的建设,将授课范围扩大,教师的实践能力也会逐渐提升,向着双师型教师的目标不断前行。

2. 构建分层分类的评价标准及教师培养体系

在建设双师型教师队伍的过程中,会对教师进行评价,而开展评价应当构建一个分层分类的标准。首先,构建双师型教师的资格准入机制。在资格证上,要将双师型教师和普通教师区分开来;其次,双师型教师也应当分为初级、中级、高级等不同的层级。对不同层级的双师型教师,要有一定的评价指标,结合教师的专业能力开展合理的评价;再次,对双师型教师开展评价要做好分类。对于企业兼职教师,他们应当有特定的评价指标,并且为他们提供职称晋升的方式。有部分教师的实践教学能力较强,对于这些教师,可以适当放宽标准,让兼职教师不再受学历的限制,有更广阔的发展空间,这样也能提升高等职业院校的吸引力,让更多优秀的企业人才投入高等职业院校的教育中;最后,要对双师型教师提供一定的便利和优惠政策,让双师型教师有更多的提升空间和途径,鼓励更多的教师努力成为双师型教师队伍的一份子。

高职学校需要结合实际情况,构建一个完善的双师型教师培养体系。首先,让双师型教师在帮助学生提升专业技能的同时，也能满足自身的实际需求，提升自身的专业能力，构建完善的培训计划。双师型教师队伍的建设，教师专业素质的提升，固然是为了贯彻"双高计划"，但更多是为了提升教育的质量，帮助学生更好地学习专业知识，获得更广阔的发展空间；其次，对不同专业和层级的双师型教师，也应当有不同的培训和发展计划。个性化的培训方式更加适应教师的实际需求，根据教师的考核结果，还可以对培训计划进行合理的调整，也可以将是否参与双师型教师培训，当作教师职称晋升的一个参考标准；最后，在教师不同的发展时期，需要根据教师的实际情况，制订出不同的培训计划。结合教师的实际情况，对教师的专业技能进行培训，而对那些企业兼职教师来讲，就应当重视教育理论知识和教学能力的培训。

三、专业建设的制度选择

近年来，高等职业教育不断改革体制机制，调整教育结构，高等职业学校之间的竞争力也不断增加。专业建设是高等职业学校的主要工作，是高等职业教育发展的核心任务，是一个任重而道远的过程。专业建设的情况基本反映和体现了高等职业学校的办学水平、校本特色和核心竞争力。把科学、实用、创新的精神贯穿到专业建设的过程，坚实高等职业学校发展的基础，促进高等职业教育跨界转型发展。

（一）专业建设是高等职业院校内涵与质量建设的核心内容

1. 首要问题——专业设置的研究

基于社会需求进行专业设置是由高等职业教育专业的本质特征决定的。一方面，高等职业教育的专业设置需要有一定的合理性，与区域经济发展要求联系密切，专业布局与地方的产业结构相关，专业规模符合地方产业发展需求。良好的专业设置和布局不仅需要高等职业院校，还需要政府机关和行业企业来发挥主要作用。另一方面，除了来自外部的影响因素之外，高等职业教育专业的设定，还基于高等职业学校专业设置的地域性或者行业性定位，根据学校专业的建设条件和开发理念，专业人员的设定是为了提高高等职业教育的适应性和有效性，提高高等职业学校的核心竞争力和综合实力。关于专业设置的研究是高等职业教育理论基础和实践领域的主要课题。

2. 核心问题——专业评价的研究

作为高等教育的质量保证活动，所谓专业评价，是指专家的评价，是指可以按照一定的评价目的和标准，使用有效的评价方法，对大学专业进行价值判断的过程，不仅仅是对高等职业院校综合教育质量的评价，也是对高等职业院校水平评价的重要部分。专业评价包括评价对象、评价标准以及评价方法等，高等职业教育专业评价的目的是总结高等职业学校的经验，明确问题重点，促进学校办学水平的提高，促进高等职业教育的持续发展。制订专业职业训练计划、实施专业建设和教学计划改革、检验学校专业建设和教学质量的效果等都需要高等职业教育专业评价作为标准。高等职业教育的本质特征决定了专业评价标准的内涵，职业训练的目的必须与人才市场和个人需求相适应，人才培训的质量必须符合专业培训的要求，毕业生的就业质量必须符合社会需求。专业评估研究是有关专业建设过程、方法、质量和标准的研究，是高等职业教育专业中的中心课题。

3. 发展问题——专业管理的研究

专业管理是针对专业设置、建设与评价，使用科学手段对其计划、组织、领导和调控的活动和过程，以便实现专业领域的培养目标。所谓科学手段是专门管理的体制机制，在高等职业学校办学体制中占据重要的地位，是高等职业教育跨界和持续发展的基础。当前的高等职业教育不能满足经济和社会发展的需要，这是因为，高等职业学校的专业设定不适应地区的经济社会发展。而市场导向的办学机制并没有完全形成与产业、企业建立密切相关的机制，为此，我们就满足地区经济、社会、产业、企业发展需求的区域合作机制的确立和提高、学校与产业团体的合作机制、政府部门之间的长期对话机制进行了研究。校企合作是高等职业教育专业管理研究的重点，也是实施高等职业教育的专业意义和重要特征。

（二）以"教材选编"为突破口，努力培养应用技能型人才

在高等职业教育教学的全过程中，教材在其中起着保驾护航的基础作用，而教材要依据教学计划教学大纲为标准制定和选编。当下，全国高等职业教育教材存在的问题已经深深影响高等职业教育办学目标的实现。高职教材版本繁杂多样、内容知识重点与市场和学生就业实际需要不一致、教材统编与自编没有明确的标准等诸多问题，都在一定程度上影响着高等职业院校的教育教学质量的提升。如教育部对高等职业院校开设的思想政治课就没有明确的规定，而专业课程的开设则由各院校自行设定，这样就很难合理安排高等职业院校的学

科和专业建设①。

1. 根据市场需求，制订高等职业教育教材建设中短期规划

高等职业院校的人才培养目标就是培养出满足社会发展需要的人才资源。因而，高等职业教育教材作为教学工作的工具，应该根据劳动力市场需求，制订出一套完整的高等职业教育教材中短期规划，及时修正教材内容出现的问题，与时俱进地对教材版本进行更新换代，与专业设置和课程结构有效衔接。对于跨学科的教材，更要遵循开放包容和实事求是的原则，对教材进行补充与完善。同时，也要面向高职教师、学生与行业企业，在教材开发和编写过程中积极采纳各个高等职业教育参与主体的意见，共同探讨教材工作的规划与建设。教育主管部门如果能够对教材版本的选择起到牵头组织的作用，高等职业院校在此基础上积极配合，行业企业多方主体协同参与，那么，选购出的教材不仅能够符合高职学生的实际需求，还能帮助高等职业院校培养优秀的职业技术人才。此外，要明确目前高等职业院校已有的各学科专业教材的统编与自编、必修与选修的比例。在教育部和上级教育主管部门对此没有做出明确要求的情况下，高等职业院校应积极主动考虑做出明确的相关规定，对各自的教材进行选编并明确要求，高等职业院校的专业教材应该以统一编定为主、自主编定为辅，必修课与选修课的比例可按 7∶3 或 8∶2 来安排。

2. 根据学校的长远规划，组织力量开展高等职业教育教材工作

高等职业院校作为高等职业教育的办学主体，不能目光短浅，只局限于眼前的既得利益，而应根据自身发展进行长远规划。高等职业院校有责任和义务参与高等职业教育教学教材的相关工作，积极组织力量开展高等职业教育教材的编写立项、审定编写工作，除此之外，高等职业院校要努力与出版部门联系，为教材的编写质量和出版效率进行最后工作的把关，这一系列工作为高等职业教育教材编纂开创了独具特色的新局面。与此同时，积极组织那些暂时无课或课少的专任教师编写新教材②，一些高等职业院校已经把这些想法和要求融入探索的实践过程中，并取得了一定的成果和经验。这不仅为教师的自我专业发展和教学科研能力提升提供了很好的平台，也有利于高等职业院校校本特色的形成。

---

① 赵绚丽. 基于高职院校的学科和专业建设研究[J]. 湖南工程学院学报（社会科学版），2010，20（03）：109-111.

② 赵绚丽. 基于高职院校的学科和专业建设研究[J]. 湖南工程学院学报（社会科学版），2010，20（03）：109-111.

3. 全面规划各专业所开设课程，制定课程标准

编好教材的关键问题是编好各专业的课程标准。高等职业院校根据学校的办学目标和校本特色，组织各方力量全面规划各专业所开设的所有课程，并对课程的建设提出其应有的标准，尤其对于辅助性的教材如习题集、思考题辅导书或其他除基本教材以外的学习资料等，在内容和编写上应贯彻同步运作的原则，真正制定好公共基础课程、专业基础课程和专业课程的各类标准，特别是对必修课与选修课的比例安排。同时，要加大实践课的教学与指导，并适当加以规范。目前，一些高等职业院校的教务部门正在积极组织人员重新修订教学计划和教学方案，严格遵循教材改革新要求，在此基础上，再进一步对教学大纲进行修正和拓展。除了专业知识的精编之外，还可以尽量多涉及一些新兴专业学科知识或者专业素养教育知识，深刻掌握经济社会发展进程出现的新技术和新业态，以及时补充和调整高职教材内容的缺陷和不足。

四、产教融合与人才培养模式改革的制度选择

产教融合，简单说来就是产业与教育的融合，它有着多样化的表现形式，例如，育训结合、校企合作等。产教融合在实践过程中，更有着复杂的利益关系与运行方式。如今政府强调深化发展产教融合，不仅是国家对新时代国家经济形势与教育发展的准确判断，也是政府对教育强国战略的顶层设计的一个方面。

（一）产教融合人才培养模式的重要作用

随着经济的发展和产业结构的调整，社会对高质量应用型人才的需求增加，高等职业院校应该把为经济社会发展提供人才支持和服务作为人才培养目标，不仅缓解了高等职业院校毕业生就业难的问题，还充分考虑到了未来产业的发展。高等职业院校和企业应该相互转换双方的优势资源，形成一个相互支撑的整体，全面提高教育质量。产教融合的人才培养模式能够改变高校的人才培养定位，使毕业生掌握的技术技能适应企业需要，使人才培养更具有针对性，提高匹配度，使毕业生能够快速适应工作岗位和环境，缩减高校应用型人才培养周期，提高人才输出的质量和效率等。在当前高等职业院校人才供给和社会劳动力市场人才需求严重脱节错位的背景下，加大力度培养符合社会就业岗位要求的应用型人才这一工作成为当务之急。在此，我们应清醒地认识到实施产教融合、协同育人的应用型人才培养模式对于高等职业院校的人才培养方面的重

（二）产教融合人才培养机制的创新路径

1. 丰富合作方式、深化合作内容

为了使产教融合的人才培养模式更好地发展，学校和企业双方要不断拓展合作的领域，深化合作的内容，创造多样化的合作方式，丰富双方的合作内涵，努力寻找产教学研结合为一体的新逻辑和新方法，提高人才培养的质量和效率，打造校企命运共同体，构建共同分享利益、共同承担责任、实现互利共赢的合作模式。校企双方合作内容包括但不限于定向人才培养、合作办学、科研项目合作、学术交流、举办创新大赛等方面，随着合作的加深和需要，可拓展更深层次的合作领域。

2. 结合企业需求共建实践教学体系、共同开发教学课程

从培养应用型、复合型人才的角度出发，政府、企业和高校多方合力共建多元化的实践教学体系，形成覆盖大学全周期的实践教学体系。主要流程涵盖以下四个环节，专业认知：学生对专业的认知实践；专业实训：与专业课配合的专业实训、综合实训实验课程；综合仿真：以多个专业为核心的综合能力培养课程；校外实践基地建设：结合就业方向，合作企业针对学生开展岗前培训，并为学生提供企业实习和搭建就业通道。理论与实践并重，既丰富学生的专业理论知识，又提升学生的实践操作能力，满足企业对毕业生的能力要求。根据社会和企业的用人需求，对高校现有的课程体系进行改造，将企业的实践经验和管理案例嵌入高校的课程体系中，与学校共同开发更有针对性的教学课程，打造包括真实情景模拟、实践基地培训、企业实习实践等多种方式结合的特色化实践课程，并把企业的项目加入课程资料作为研究课题，实现高校实践教学活动与企业实际操作的无缝对接，有利于培养应用能力较强的学生，以适应社会的人才需求。

3. 多样化建设"双师型"教师队伍，提升应用型师资水平

在产教融合的高等职业教育发展要求下，应用型高校可以通过以下多样化的方式进行"双师型"教师队伍的建设。第一，高职教师将重点放在实现教师和企业零距离连接的企业实践学习上。为了提高教师的热情，高等职业院校可以制定带薪学习等奖励政策，设立提高教师学习质量的评价机制。通过实践学习，教师可以有效地将教学计划、教学内容、教学方法结合企业的人才需求进行改革。第二，坚持双向教师的培训模式。一方面，高等职业院校可以聘请知

名企业的优秀人才来学校为学生提供实用的指导；另一方面，学校可以选择具有较强学习能力的教师进入企业学习企业项目，参加企业技术人员培训，进行产业交流和科研互助，提高大学教师对实际工作的理解，推进理论教育的发展；第三，开展多种教育活动，促进教师的专业发展。高等职业院校建立教师间的实践教学能力竞争机制，促进教师创新实践教学水平的提高，满足产教融合对师资队伍建设水平的要求，这种师资培养模式能够使学生对理论课程有更好的理解和应用，为区域经济的发展输送能力强、上手快的应用型人才。

4. 逐渐完善产教融合运行及过程考核评价机制

为了使"产教融合、协同育人"人才培养模式能够长效稳定运行、给学生提供一个良好的"产教融合、协同育人"环境，需要校企双方形成一系列关于双方职责、对学生的管理考核和评价制度、经费管理制度等方面的机制。首先，从多个角度全方位评价在企业参加实习的学生，例如，专业知识、实践能力、职业素养、创新思维能力等；其次，引入企业考核机制，对学生参与的企业项目、实习等环节给予客观真实的评价，通过设置的考核机制能够真实反映学生、校内教师、企业每个参与主体的过程及成果，实现真正的"产教融合、协同育人"；最后，为了使产教融合项目能够长效有序地运行，高校要加大对产教融合应用型人才培养模式建设的经费投入，并对经费使用进行科学管理和有效监督，积极吸引社会资本投入，拓宽经费来源渠道，争取社会更多力量的支持。在产教融合运行过程中校企双方也要对考核评价制度进行及时的完善与调整，实现动态考评。

第四节 新时代我国高等职业教育跨界转型发展的运行机制

一、新时代我国高等职业教育跨界转型发展的权力配置机制

高等职业学校的内部管理模式和普通大学不同，与一般的中等职业学校也不同，它是一种新的管理模式。为了推进我国职业教育跨界转型的发展，需要与社会主义市场经济一致、适应劳动力市场需要的高等职业教育发展机制。

（一）政府宏观调控机制

政府通过高等职业教育法制、资金分配、行政等手段调节高等职业教育，确立高等职业教育政策和发展方向，调整整体规模、发展速度和学校结构。随着市场经济体制的确立，高等职业学校适当向社会开放，高等职业教育有了结构优化和推进的余地。地方政府要及时公布高等职业学校的招生、教师、学生就业信息等社会相关信息，需要活用各种新闻媒体及最新信息网络系统。另外，需要建立有效的监督机构，确保高等职业学校不以利益为目标，而是把学校运营条件、教学质量、毕业生对社会经济发展的贡献等因素作为学校品质的指标。

（二）市场调节机制

高等职业学校重视培养毕业生获取和分析就业市场相关信息的能力，为了在毕业生就业市场的激烈竞争中取胜，自身需要采取适当调整专业设置和招生规模的方法。在高等职业学校毕业生就业市场中，职业的社会地位和发展前景直接影响高等职业学校学生的选择。另外，现在是知识经济时代，高等职业学校和企业的关系越来越紧密，因此，高等职业学校应当积极成立科研队伍，面对经济建设，为社会做贡献，在科技服务市场中积极发挥作用，提高为科技服务的能力。

（三）学校自主发展机制

高等职业学校的独立发展机制是其按照高等职业教育的规律，努力探索学校发展特色以积极适应社会需求和内部需要。目前，高等职业学校的办学体制僵硬，教务管理与教学功能不完整，为社会服务的效用欠佳，大学的独立发展机制需要进一步改进。高等职业学校必须牢牢树立先进的教育理念，树立正确的高等职业教育人才培养目标和办学特色，招收优质生源，面向就业市场培养学生的专业知识和实践能力。协调与均衡高等职业学校的行政权力和学术权力，建立健全高等职业院校的独立经营体制、教学评价机制以及监督咨询机制。

二、新时代我国高等职业教育跨界转型发展的利益平衡机制

高等职业教育跨界转型发展改革就是一种利益冲突的协调机制，这种机制通过整合分析学校内部和外界的资源，实施多样化的方法和手段，以达到学校多种利益相关者之间的协调一致。为此，需要厘清利益平衡机制的功能、存在的矛盾关系以及完善方法。

（一）高等职业教育跨界转型发展利益平衡机制的功能

高等职业院校内部治理结构的本质，就是不同利益主体间的权力分配和协调关系。高等职业院校内部治理权力大致可以划分为党委权力、行政组织权力

和学术权力三部分,各大权力之间存在着此起彼伏的竞争和博弈。同时,教师和学生作为学院的两大利益主体,他们之间存在着权力冲突。建立健全高等职业教育跨界转型发展利益平衡机制尤为重要,能够合理有效地调和各种权力冲突。如果这些权力冲突没有解决好,势必会影响院校的发展,因此,只有协调好各利益主体的权力,才能让不同的利益主体在权责上形成相互平衡、相互制约的利益共同体。

(二) 高等职业教育跨界转型发展利益平衡机制中的矛盾

1. 高等职业教育的劳动力供给与企业需求的利益冲突

我国的高等职业教育供给不断增加,但高等职业教育的供给并不能充分满足劳动力市场的需求,因此高等职业教育供给与社会就业单位需求之间存在着不平衡。原因在于,高等职业教育的规模不断扩大,大量毕业生涌入劳动力市场,学生对于就业工作的总需求量增加,然而存在一部分毕业生不能满足就业岗位要求的状况。虽然不能武断地说我国就业市场出现了饱和,但是我国劳动力就业市场发展不平衡的状态已经明显表现出来,毕业生与用人单位需求之间的失衡成为客观事实。失衡状态主要表现为:一些企业的求职者过剩,另一些企业得不到急需的人才;一部分专业人才缺乏,另一部分专业人才浪费;一部分地区人才充足,另一部分地区人才匮乏。此外,高等职业教育和劳动力市场之间之所以存在利益不平衡,还因为专业设置不合理和教学的专业性弱导致的结构失衡。通过比较不同领域间就业率的差异,我们发现市场开发前景不佳的传统产业被一些新兴产业取代,这些现象反映在毕业生的就业率上。一方面产业结构发生了变化,另一方面,与之对应的人事机关也进行了改革,毕业生的需求主要集中在生产部门。毕业生需要有符合岗位要求的技术,从基层出发,不断积累工作经验,不适合劳动市场要求的毕业生则会被淘汰。有的高等职业学校更新改造专业的进程比较缓慢,人才培养赶不上产业发展的需要,这必然会导致高等职业教育人才培养和劳动力市场供求不平衡。

2. 地方经济需求与高职办学定位的利益冲突

高等职业教育和地区经济发展之间存在相互影响的关系。高等职业教育可以提高地区技术人才的质量,为地区经济发展提供坚实的人才保障;为区域经济发展提供职业技术上的支持,推进科技变革,实现科学生产和经济管理;为地区居民提供继续教育的机会,提升职业道德修养和综合素质。另外,区域经济发展水平决定了高等职业教育发展的规模和速度,在一定程度上对高等职业教育的办学目的、课程结构、教学内容有所制约，更重要的是，经济发展水平直接影响着高等职业院校毕业生的就业状况和职业前景。高等职业教育和地区经济的整合关系是矛盾统一的辩证关系，双方可以不断从对方的发展中开拓各自的发展空间，但凡忽视了任何一边，无视两者的协调关系而进行片面发展，就会出现发展的偏差。

3. 高职学生需求与社会就业需要之间的矛盾

随着产业结构不断进行优化升级和调整，劳动力市场对高质量高水平人才的需求越来越迫切。在这样的大背景下，社会对高等职业学校毕业生的要求呈现出不断提高的趋势。社会用人单位的整体发展决定了社会对高等职业院校毕业生的需求，但是，基于对学生就业的考量，学生就业还是取决于企业，企业的目标是追求经济利益的最大化，因此，在人力资源的需求和利用方面，追求低成本和高效率，想要以低成本获得高质量人才的企业选择和社会整体的需求相背离。所以，现在的问题是，社会有需要，但营造适应这种需要的氛围不够；企业个体有需要，但创造满足这种需要的条件不够。如果企业不能减少对人才的门槛限制，高等职业学校就业问题就难以解决，企业可以科学地设立岗位，根据实际需要合理录用人才，在考虑到自身利益追求的同时充分提高人才利用效率。

三、新时代我国高等职业教育跨界转型发展的咨询监督机制

监督机制是任何一个完整的工作体系都应包含在内的重要组成部分。高等职业教育跨界转型发展也不例外，只有建立科学的咨询监督体制机制，才能为高等职业教育跨界转型发展提供全局性的有效监督，尤其是全方位、全过程的监督。

（一）高等职业教育监督体制的基本含义

建立教育质量监督体制，通过严格监督教学事务的管理过程，使其以科学为导向合理发展，从而有效保障教育的办学质量。而建立高等职业教育质量监督体系，就是在多元化的教育质量观的指导下围绕内部和外部的双重质量标准，保证高等职业教育转型发展工作的顺利开展，为教育质量评价活动提供坚实的体系保障。在此倡导建立的高等职业教育质量监督体系和当前运行的由政府主导进行的一元化监督模式不同，其鼓励多元主体参与到对教育质量监督的工作中。多元主体参与高等职业教育质量监督体制，那么评价方式也会随之多元化，

如政府监督、行业企业监督、学校内部自我监督等,这样的高等职业教育质量监督体制能够有效改善高等职业教育监督工作的运行环境,避免工作过程中出现不必要的问题,更有利于保障我国高等职业教育质量评价与监督的有序进行。当然,多元化高等职业教育质量监督制度的建立还面临着一些其他的难题,例如,如何确定多元评价主体对高等职业教育质量评价的权重等。逐步建立健全我国高等职业教育质量监督体制将有效促进高等职业教育跨界转型发展①。

(二) 高等职业教育监督体制存在的不足

由于高等职业教育具备不同于普通高等教育的独立特征,所以高等职业教育质量监督体制与普通高等教育质量监督体制有一定的差异。尽管当前我国教育系统中存在高等职业教育质量监督与保障体系,但总体来说效果难以令人满意,存在着体制不够健全,监督力度不够,工作难以落实而容易流于形式等大大小小的问题。主要集中反映在以下方面。

1. 质量监督体系有待进一步完善

目前,尽管国家开始全面启动对高等职业教育质量的评估与监督工作,但由于大规模的高等职业教育质量评估基本同步或落后于普通高等教育评估,因此在高等职业教育质量的评估模式和体系等方面,并没有摆脱固有的僵化模式,仍然和普通高等教育评估模式相差无几,甚至直接把质量监督体系生搬硬套过来,并没有考虑到是否符合高等职业教育的特点,更没有探索如何建立独具特色的高等职业教育质量监督体系。尤其是对高等职业教育实践环节的内容、评价方法以及教学单位、实习单位的权力实施等方面缺乏明确规定和监督体系②。

2. 质量监督主体应更加丰富

按照现行的高等职业教育质量评价体系和模式要求,评价既是政府对高等职业院校的评价,同时也是对高等职业学校的教学质量评价。在评价过程中,重视学生的评价、同行人员的评价和监督体系的评价,这些评价是内部质量的评价,局限于院校内部系统的自我评价。这个评价过程无视社会化外部品质的评价,几乎不重视社会产业部门或企业人员的参加,质量监督主体过于单一,使得评价的结果缺乏科学性和客观性。

3. 教学过程监督需进一步平衡

教学过程监督的主要问题是过于注重课堂教学,忽略其他教学环节和管理

---

① 刘军. 我国高等职业教育质量监督机制研究 [D]. 重庆:重庆师范大学,2010.
② 刘军. 我国高等职业教育质量监督机制研究 [D]. 重庆:重庆师范大学,2010.

过程；过于重视理论教育，忽略在实践教育上的指导评价；过于注重教师的理论教学质量，忽略教师的实践活动能力培养，"双师型"教师数量严重不足。与普通高等教育不同，高等职业教育的重要特征之一是在职业训练中拥有明确的职业地位。但是，在许多高等职业学校，特别是本科大学的实际活动中，由于学校的历史基础以及办学经费投入和教学设施条件等多方面的限制，其直接套用普通高等教育的监督体制，因此使得整个高等职业教育质量监督过程缺乏整体性和全面性。

（三）高等职业教育咨询监督机制展望分析

1. 创新高等职业院校管理机制

第一，创新目标管理。目标管理是管理工作的出发点和落脚点。它作为先进的现代科学管理方法，其制度化、规范化是一个重要特征。构建全面、科学的自主管理目标体系，是高等职业院校科学发展的保证。高职教师应实施目标管理，提高教师的自我监督意识和工作积极性。目标管理要求把整体目标分解成一个一个的小目标，通过岗位责任制度落实到每一个人身上，使每位教职工都能获得与他人平等竞争的机会，使其能够充分发挥主观能动性。第二，加强过程管理。过程管理是管理工作的关键环节。学校不仅要注重对治理端的管理，也要重视加强对各项工作过程的监督与检查，牢牢把握工作进展进度，及时发现教育工作中出现的问题并做出相应的调整和修正，使管理工作能够有条不紊地开展。高等职业院校还应该组织建立教学督导小组，对于不同院系，采取旁听公开课的方式对教师教学进行不定时的抽查，采取个性化的形式对学生期中试卷进行教学检查，只有持之以恒地对过程管理进行加强和完善，才能够切实地提高高等职业教育的教学质量。

2. 创新高等职业教育监督机制

用权力制约权力才会避免出现极端发展的情况，权力之间才能达到均衡状态。用管理学理论的视角来看，高等职业院校需要有一个独立整套的管理运行机制，即以决策结果为工作出发点，经过机制主体协同执行，再进行监督和反馈工作，这就是完成运行的全过程。第一，实行教学督导制度。设立教学督导组，由高等职业院校聘请的校外名师、专家组成，对高等职业院校教师的授课工作进行定期的检查、评价。此制度不仅可以有效地督促教师认真教书育人，还可以规范院校教学管理工作的开展和提高学校的办学水平。此外，教务处的教学管理工作还需要学院的各个教学质量监控部门和学术委员会的全面支持。

第二，实行院系事务公开制度。为保障高职院系工作在阳光下进行，加强对院务工作的监督，关于院系教研工作的重大决策、教师的晋级考核标准、教务工作的奖惩条例、教师的津贴发放等方面的办法、流程、结果必须提前公示，公开向全院师生征求意见，有力保障每位教职工的合法权益，进而激励全体教职工更好地为高职学院及其学生服务。

3. 完善高等职业教育问责机制

完善高等职业教育问责机制，能够强化高等职业院校管理人员的责任意识，在管理工作中势在必行。不管是教学还是食品卫生等其他方面，可以帮助减少意外事故的发生。要完善问责机制，必须着力做好以下两个方面的工作。第一，高等职业院校要紧跟高等职业教育跨界转型发展趋势，对学校现有规定不断地改革创新和完善发展，以增强其适用性。第二，要通过完善和实施各种管理制度，规定学校与院系之间相对明确的管理权限、管理要求及管理目标，以更好地推进问责机制的落实。第三，高等职业院校要实行依法治校和依法治教。切实推进学校的制度建设与时俱进，明确学校职能机关和职务的责任和义务，形成执行各自职务的工作形式，遵守法律，尽自己的责任，综合推进学校的运营。第四，解决责任机制的适当规定和派生问题，有效保证所有问责规则的适用性和可实施性。

第三章

新时代我国高等职业教育跨界转型发展的实证研究

围绕高等职业教育发展体制机制问题、高等职业教育跨界发展的主体问题、高等职业教育体系建设主体不对称的问题、产教融合和校企合作的主导地位和作用的归属问题、高等职业教育横向衔接与纵向发展的模式问题、高等职业教育人才培养定位的问题、高等职业教育体制开放发展问题、新时期高等职业教育课程体系建设问题等，编制调查问卷，对高等职业院校有关人员进行抽样调查，通过调查进一步厘清我国高等职业教育发展的瓶颈。

第一节 研究设计

一、实证研究进展

在 20 世纪中后期科学技术快速发展的推动下，西方国家实现经济快速发展和产业结构优化升级，同时大力创新生产技术，促进产学研结合。随之受影响的还有高等职业院校和高等职业教育，它们成为连接生产发展和科研进步的重要环节。

国外的高等职业院校转型发展已经取得了阶段性的成果，不同国家在职业教育体系和高等职业院校发展模式上都具有自身的特色，但是共同之处是都具备周期短、收效快、效果显著的特点，同时都有产学研结合的缩影。美国斯坦福大学创办的斯坦福工业园，具有人才培养、科技研发、产业经营一体化的特点，体现了产教融合的理念；新加坡创办的南洋理工学院，着眼于为国家和企业的产业发展培养专业技术人才；德国的高等职业院校旨在培养高端技术技能型人才，为德国产业发展提供人才支持。

过去发达国家倾向于摸索高等职业教育的发展方向和道路，在高等职业教育体系和教学模式初具雏形的今天，发达国家更趋向于研究高等职业院校的内涵式发展及人才培养路径。为培养适应时代发展的高素质技术人才，发达国家把亟待解决的重难点问题放在如何面向学生合理地安排学科与课程，如何制订符合高等职业教育特色的教学模式和人才培养方案，如何有效加强高等职业院校的双师型教师队伍建设，如何建立科学合理的高等职业教育教学质量评价机制等具体问题上。国外有关高等职业院校转型的探索和研究主要集中在以下四个方面。

一是高等教育与经济增长的关系研究，在这个研究方向上，比较有权威性的学者是美国经济学家舒尔茨，他通过研究教育投资与人力资本的关系，分析调整产业升级和促进经济发展的关系[1]，提出了内生经济理论。内生经济理论的兴起，进一步阐明了高等教育与经济增长之间不可分割的关系，教育作为经济内生增长的一条重要路径被纳入分析框架，相关研究表明，高等教育对经济发展具有一定的贡献值。

二是从职业技术教育、职业人才培训和高等职业教育三者的功能定位以及他们之间的相互作用关系进行研究分析。在2001年，Camp对高等职业院校的办学目标、教学理念和教育模式等方面提出了要求，坚持职业教育发展的应用型培养目标，构建高等职业教育特色研究框架，他指出，高等职业院校不能一成不变，而应该与时俱进不断转型升级，以适应经济和社会不断发展的过程[2]。

三是研究高等职业院校激励机制的改革，促进高等职业院校转型发展。西方一些经济发达的国家通过在高等职业院校建立教师激励制度，在一定程度上来提升高等职业院校教师的能力和素质。不同国家采用不同的制度或聘用方式留住高校优秀教师，如加拿大高校对教师采用年薪制，日本高等职业院校对合格教师采用终身聘任制，德国大学教师在地位和待遇上与国家公务员平等等，虽然采用的方式不同，但是最终目的都是加强师资队伍建设，提高师资质量。

四是在校企合作上，强化校企合作的内涵，深化校企双方之间的合作。世

---

[1] MCCLANAHAN M K. Perceptions of senior and mid-level leaders involved in the mergers of vocational technical institutes and institutions of higher education in Arkansas since 2003 [J]. Dissertations & Theses - Gradworks, 2011.

[2] CAMP W G. Formulating and Evaluating Theoretical Frameworks for Career and Technical Education Research [J]. Journal of Vocational Education Research, 2001, 26 (01): 4-25.

界合作教育协会（MCE）倡导以学习为实践做前沿指导，以实践巩固反馈学习效果。美国、加拿大、德国等西方国家强调产学结合的培养模式，工业、企业等实践基地与学校协作为学生提供实践经历，增强学生的职业技能素养和实践操作能力。

在我国，现代高等职业教育起步比较晚，高等职业院校的建设发展也相对滞后，所以高等职业院校相关的研究也较片面。长时间以来，国内学者对高等职业教育相关的研究和讨论都偏重于理论方面，伴随着我国高等职业院校的加快发展，其他方面的相关研究也逐渐丰富起来。自20世纪90年代以来，国家在政策和制度上大力支持高等职业教育的发展，一批办学条件优良、校本特色鲜明的高等职业院校应运而生，一部分的优秀院校在发展过程中成功实现了跨界转型发展，在人才培养上也探索出了创新发展路径。

在研究方法上，国内学者主要采用三种方法对高职院校转型进行研究：一是从国家相关政策入手进行研究的方法，主要从高等职业教育在整个教育系统中的战略地位和自身的发展方向、高等职业院校转型发展的相关政策制度等角度入手研究，对当前高等职业教育体系的政策体制进行研究和探讨。二是案例分析法，主要就高等职业院校转型的相关案例进行经验分析，探讨高等职业院校未来转型方向。三是问卷调查法，该方法的核心是设置调查问卷，分析调查结果，了解真实情况，找到存在的问题，探讨其本质，从而预测发展的方向，提出可借鉴的策略。

在研究内容上，我国学者对高等职业教育的研究大致可以分为三个方面：一是对外的交流和学习，借鉴西方发达国家的应用型本科大学和高等职业院校（机构）的方法和经验，为我国高等职业院校的转型发展提供指导方向[1]。二是对内的改进与应用，对不同领域的高等职业院校转型发展实践进行调研分析，指出阻碍高等职业院校优化改革进度的因素和问题，并据此提出有利于高等职业教育转型发展的对策和建议[2]。三是分解与修正，深入探究不同区域、不同领域的职业教育体系方向，对实践教学层面的教学目标、教学方法和评价体系进行改进。确切而言，纵观目前国内关于这方面的研究，学术界的关注点在于以高等职业院校的内涵建设作为出发点，探究如何促进产学研一体化并控制其

---

[1] 杨群祥. 引进国外先进教育模式 推动高职教育教学改革——基于中英职业教育合作项目的研究与实践[J]. 高教探索, 2008（06）: 112-117.
[2] 孙琳, 李里. 职业教育的本质属性与发展模式选择[J]. 中国职业技术教育, 2006（04）: 13-15.

发展规模、如何实现不同领域的校企资源共享、如何变革教学内容和教学方法等①。

课题组在知网上以"高等职业院校转型"作为关键词进行检索,可以检索到从2003年至2021年期间1066篇相关主题的期刊论文,研究重点大概有以下几个方面:

一是对中职教育转型升级的动因分析和趋势展望。徐绪卿(2010)根据《纲要》颁布实施下的政策方向,分析了新时代背景下我国高等职业院校的发展趋势②。王涛涛(2011)对台湾地区的职业技术教育体系进行了研究,他指出今后的中职学校将会向高等职业院校升级发展,并成为很长时间内的发展趋势③。张天波(2014)基于物联网视角,研究分析高等职业院校转型的动因,他认为物联网的广泛普及对人类的生产、生活方式以及思想观念都产生了潜移默化的影响,同时也对高等职业院校的发展产生了推动作用,为高等职业院校进行深刻变革提供强大的动力,进而成功实现转型④。

二是分析高等职业院校对人力资本发挥的主要作用。由于高等职业院校对社会经济具有推进作用以及知识经济社会的发展,发挥高等教育的经济功能,促进经济增长,这是很多国家地区高等教育研究领域和研究课题的一个重要关注点。

三是研究高等职业院校某一领域的转型方向和方式。如张艳红(2016)指出,在当前我国大力发展职业教育的社会环境中,高等职业院校在教学科研和应用转型方面应调整好功能定位,实现教学相长,完善教学和学术团队⑤。郭蓉菊、张华(2016)结合经济产业转型升级的时代背景,研究分析了湖南高等职业院校的专业设置和课程结构并指出存在的问题,并依据对湖南经济产业结

---

① 雷久相. 湖南高职教育服务"两型"社会建设的现状与对策[J]. 河南科技学院学报,2013(12):20-23.
② 徐绪卿. 我国民办高校发展趋势分析——《国家中长期教育改革与发展规划纲要(2010—2020年)》颁布后的思考[J]. 教育发展研究,2010,30(18):1-5.
③ 王涛涛. 我国台湾地区技专校院和科技大学评估机制研究[J]. 职业教育研究,2011(12):173-175.
④ 张天波. 高职院校转型的动因探析——基于物联网的角度[J]. 大学教育,2014(13):1-4.
⑤ 张艳红. 高职院校科研服务转型的探索与实践——以湖南环境生物职业技术学院为例[J]. 高教学刊,2016(06):202-203.

构的分析提出了相应的调整对策①。李菲（2016）指出，高等职业院校要牢牢把握国家高度重视、加快发展高等职业教育的首要地位，全面落实国家关于高等职业教育的发展战略，树立与新时代发展要求相适应的发展理念，有效推进高等职业院校的质量发展和内涵发展②。高澜（2014）重点分析了在加快构建现代职业教育体系背景下，我国高等职业院校不断向跨界转型的发展趋势，并提出应该以内涵建设为生命线，以提高人才培养质量为办学目标，深化校企合作、工学结合和教学做一体③。尚慧文、高鹏（2015）对高等职业院校转型的原因和发展趋势进行了深入分析，指出可以通过接轨市场，改变单一的办学方式，转向教学方式多元化④。刘苍（2016）运用SWOT分析法，从协同创新的视角提出转型升级的发展路径⑤。朱厚望（2016）在建设制造强国和产业升级的背景下分析了当前高等职业院校发展进程中存在的问题，并相应地提出校企合作的转型路径，实现产教融合和育训结合的人才培养模式⑥。

综观现有的实证研究，既有微观层面的研究，也有中观乃至宏观层面的研究，相关成果为本课题的研究提供了很好的借鉴。同时为了使研究成果更好地接近高等职业院校跨界转型发展的事实情况，本课题将学生群体和教师纳入调查对象之中，结合研究需要设计系列调查问卷。

二、调研工具和调研过程

基于上述分析，本文所调查的广州、上海及天津在高等职业院校转型发展方面存在差异，因此本文在进行问卷设计时根据调研地区的现实情况对部分题项进行了相应调整。

（一）调研工具：问卷的编制与说明

为了设计出适合的调查问卷，课题组在问卷设计前参考了大量国内外相关

---

① 郭蓉菊，张华．产业转型升级背景下湖南高职院校的专业设置[J]．文学教育（下），2016（07）：90-91．
② 李菲．关于高职院校转型发展的思考[J]．襄阳职业技术学院学报，2016，15（02）：1-4．
③ 高澜．现代职业教育体系下高职院校转型发展的思考[J]．广西教育，2014（47）：91-92，129．
④ 尚慧文，高鹏．新形势下高职院校转型发展的思考[J]．教育与职业，2015（30）：25-27．
⑤ 刘苍．协同创新背景下的高职教育转型升级发展[J]．教育与职业，2016（19）：30-33．
⑥ 朱厚望，刘阳，龚添妙．湖南高职院校专业与产业对接机理及路径研究[J]．高等职业教育（天津职业大学学报），2016，25（05）：3-6．

研究的文献，结合研究主题编制了《高等职业院校跨界转型现状调查问卷》。问卷编制根据研究对象分为学生卷和教师卷两种。人才培养、科学研究、社会服务、文化传承创新是我国新时期高等教育的四大功能[①]。2019年1月，国务院印发的《方案》明确指出职业教育与普通教育是两种不同的教育类型，具有同等重要的地位，并要求职业教育办学要"由参照普通教育办学模式向企业社会参与、专业特色鲜明的类型教育转变"。由此，课题组从高等教育的功能出发，重点从高等职业院校的人才培养、社会服务、科学研究和文化传承四个维度调查高等职业院校跨界转型的相关情况，设计高职学生和高职教师的调查问卷。

（二）问卷的结构

1. 高职学生调查问卷

本问卷分成两部分。第一部分是填答者的基本资料，共5题；第二部分是调查问卷的主要内容，主要是调查高等职业院校跨界转型发展下人才培养的现状和文化传承的现状，设计题项共88题，采取无记名勾选方式，让被试者勾选。详情见附录1。

"高等职业院校跨界转型发展下人才培养的现状"调查问卷分为学习动机、专业认同、立德树人三个维度。其中学习动机问卷主要参考池丽萍、辛自强[②]（2006）对Amabile的量表进行本土化处理后修订出的《学习动机量表》，将学习动机分为内生动机和外生动机两个维度。

专业认同问卷借鉴了加藤厚1983年编制、经过张日昇教授修订的自我认同量表。国内学者关于专业认同结构的研究较少，但就职业认同方面的研究较多，主要有：薄艳玲（2008）等认为职业认同可以划分为六个维度，分别是职业认知、职业情感、职业意志、职业期望、职业价值观和职业行为[③-④]。基于此观点，课题组进行修改重整后，认为职业认知、职业价值观、职业期望三者之间存在关联，职业情感、职业意志之间存在关联，导致职业认同各组成界线模糊，为此我们将一些关联部分进行重整。课题组认为职业认同结构由职业认知、职

---

① 严春燕，庄勤早. 高校文化传承与创新功能解读[J].西南民族大学学报（人文社会科学版），2012, 33（05）：222-224.
② 池丽萍，辛自强. 大学生学习动机的测量及其与自我效能感的关系[J]. 心理发展与教育，2006, 22（06）：64-70.
③ 薄艳玲. 高师生教师职业认同研究——以广西师范大学思想政治教育专业为例[D]. 桂林：广西师范大学，2008.
④ 魏淑华. 教师职业认同研究[D]. 重庆：西南大学，2008.

业情感与职业行为倾向三个方面构成；专业认同是由专业认知、专业情感以及专业行为三个方面构成。

"高等职业院校跨界转型发展下文化传承的现状"调查问卷分为职业认同、身份认同和影响学生自我认同的因素。职业认同问卷结构的制定借鉴了加藤厚1983年编制、经过张日昇教授修订的自我认同量表。分析过程同专业认同一致。

表3-1 高职学生调查问卷说明

问卷结构	问卷内容		问卷题号
学生基本情况	年级，院，系，专业，性别，是否独生		1—5
高等职业院校跨界转型发展下人才培养的现状	学习动机	内生动机	6—10
		外生动机	11—15
	专业认同	专业认知	16
		专业情感	17—18
		专业行为	19—21
	立德树人	中国特色社会主义道路的认识	22，36，37，38，39
		人生观	23，24，25
		金钱观	26，40
		价值观	27，41
		思想道德	28，29，30，31，32，33，34，35，42
		授课形式	43—45
		授课效果	46—48
高等职业院校跨界转型发展下文化传承的现状	职业认同	职业认知	49—50
		职业情感	51
		职业行为	52—56
	身份认同	身份认知	57—58
		身份情感	59—63
		身份行为	64—67
	影响学生自我认同的因素	企业化管理	68—72
		课程设置	73—77
		学校支持	78—82
		社会舆论	83—88
		父母影响	89—93

2. 高职教师调查问卷

本问卷分成两个部分。第一部分是填答者的基本资料，共 8 题；第二部分是调查问卷的主要内容，可以分成两个层面：一是"管理制度体系"层面，设计题项共 29 题；二是"双师型教师培养体系"层面，设计题项共 27 题，采取无记名勾选方式，让被试者勾选。

第一层面"高职教学与管理跨界转型发展现状"问卷设计是课题组在阅读与主题相关的文献后，参考刘艳秀（2011）所编制的信效度适中的问卷的基础上设计而来。调查问卷为半封闭式，包括 35 道封闭性题目和 2 道开放性题目。题目的设计本着从管理到实施的原则，以高等职业院校教学管理为主要内容，分别从教学管理制度、专业建设、课程建设、实践教学、教学质量监控几个方面调查了解学院教学管理现状[①]。

第二层面"师资队伍建设现状"问卷设计是课题组在阅读与主题相关的文献之后，参照《中等职业学校教师专业标准（试行）》的基础之上，同时借鉴了杨晓敏（2020）所编制的信效度适中的《天津高职院校机械类和电子信息类专业教师培训研究》量表[②]后制定的，将"师资队伍建设现状"分为"双师型"教师队伍发展状况、教师培训现状和教师培训需求三个方面，其中"双师型"教师队伍发展现状主要调查"双师型"教师素质，教师培训现状以培训前中后的思路设置为主，包括参与培训情况、教师专业能力、培训中存在的问题、培训考核评价方式以及培训价值，教师培训需求部分包括教师对培训的认知、希望得到的培训内容（此处与培训现状中所设置的教师专业能力相对应）以及期望得到的激励。

表 3-2　高职教师调查问卷说明

问卷结构	问卷内容	问卷题号
教师基本情况	授课类型、性别、年龄、教龄、学历、职称、职业技能等级、是否有企业实践经历	1—8

---

① 刘秀艳．基于工学结合的高职教学管理研究［D］．石家庄：河北师范大学，2011．
② 杨晓敏．高等职业院校"双师型"教师培训研究［D］．天津：天津职业技术师范大学，2020．

续表

问卷结构	问卷内容		问卷题号
高职教学与管理跨界转型发展现状	专业设置及课程体系构建	专业设置	9
		专业人才培养计划的制订和修订	10，11
		课程设置	12，13
	课程建设	课程标准	14
		行业企业参与情况	15
		课程内容	16
		课程使用教材、教学地点、设备、授课方式	17，18，19，20，21
	实践教学条件建设	实践教学占比	22
		实践教学地点和设备情况	23，24
		学生实习中的情况	25，26
	教学质量监控体系	二级学院教学质量监控情况	27—37
高等职业院校跨界转型发展下师资队伍建设的现状	"双师型"教师队伍发展状况	"双师型"素质调查	38，39，40，41，42，43
	教师培训现状	培训的主体结构	44，45，46，
		培训客体参与情况	47，48，49
		培训方式	50
		培训时间	51
		培训结果反馈	52—58
	教师培训需求	教师对培训的认知	59—62
		希望得到的培训内容	63
		期望得到的激励	64

（三）问卷发放

课题组通过对广州南洋理工职业学院的相关人员进行调查，以了解高等职业院校在跨界转型发展中的现状以及遇到的主要问题。问卷调查的对象为广州南洋理工职业学院44个专业的学生和教师，课题组预计抽取每个专业学号为偶数的学生，其中男女生各1980~2640人，每个年级的学生各1320~1760人。

三、调研对象选择与样本分布状况

(一) 调研对象

问卷调查的对象为广州南洋理工职业学院的学生和教师,其中学生包括广州南洋理工职业学院 44 个专业的学生。受新冠肺炎疫情的影响,课题组在 2021 年 7 月 2 日到 7 月 18 日实施问卷初测,用问卷星对广州南洋理工学院的相关学生和教师进行了线上调查,收到学生卷 86 份,教师卷 63 份,信效度较好,经过修订,课题组预计发放 3960~5280 份问卷,抽取每个专业中学号为偶数的学生,其中男女生各 1980~2640 人,每个年级的学生各 1320~1760 人。教师包括广州南洋理工职业学院 44 个专业的教师,课题组预计发放 440~704 份问卷,抽取每个专业的教师,其中男女各 220~352 人。最终,课题组在 2021 年 6 月到 2021 年 7 月回收到 425 份教师卷,6661 份学生卷。

(二) 样本分布状况

问卷对象为广州南洋理工职业学院 44 个专业的学生及教师,学生问卷发放 6661 份,有效问卷 6661 份;教师问卷发放 425 份,有效问卷 425 份。

学生来源于广州南洋理工职业学院 44 个专业的学生,他们的年级从大学一年级到大学三年级分布不等。学生基本情况见表 3-3。

表 3-3 调查对象基本信息分析 (N=6661)

属性	分类	频率	百分比 (%)
性别	男	4401	66.07%
	女	2260	33.93%
年级	大学一年级	3062	45.97%
	大学二年级	2959	44.42%
	大学三年级	640	9.61%

第二节　高等职业院校人才培养跨界转型发展的实证分析

一、人才培养调研问卷的信效度检验

（一）信度检验

信度的高低是以信度系数的大小来体现的，但是在统计估计中是采用相关系数（r）的大小来表示。信度检验主要有再测法、复本法、分半法等方法。本研究是通过分半法，即将测验题目分成对等的两部分，根据每人在这两部分测验中的得分，计算内部一致性系数，也可称为分半信度。利用克隆巴赫（Cronbach）公式计算 α 系数来估计测验的内部一致性，α 系数的意义是：个体在这一量表的测定得分与询问所有可能项目测定得分的相关系数的平方，即这一量表能获得真分数的能力。

表 3-4　学生卷初测信度检验

标度：所有变量	个案处理摘要		
		个案数	100%
个案	有效	6661	100
	排除	0	0
	总计	6661	100

（1）Cronbach α 系数

在量表的信度检验中，学生卷 α = 0.971，意味着人才培养模式指标体系测度量表只有 3.00% 的内容未曾涉及，信度较高。

表 3-5　可靠性统计

克隆巴赫	项数
0.971	88

（2）合成信度

最终问卷的同质性系数为 0.752（0.712，0.792），同质性高说明合成总分有意义。最终问卷的合成信度及 95% 可信区间为 0.965（0.961，0.969），学习

动机、专业认同、立德树人的合成信度及95%可信区间分别为：0.948（0.942，0.954）、0.909（0.896，0.922）和0.893（0.876，0.909）。

（3）重测信度

最终问卷的重测信度（r）为0.824，学习动机、专业认同、立德树人的重测信度（r）分别为：0.906、0.722和0.648。

（二）效度检验

效度分为内容效度（测验所要测量的内容和引起预期反应所达到的程度）、结构效度（测验对某一理论概念或心理特质测量的程度）和预测效度（实证效度）。效度检验的方法有两种，一是专家逻辑分析，即请相关研究的专家对测验项目的内容、方法和范围是否合理进行专业分析，作出相应的判断；二是统计分析，常用的方法大概有相关分析和因素分析，得出的数据有较强的权威性。本文采用统计分析检验高等职业教育人才培养指标体系的结构效度。

（1）结构效度

取样足够度的Kaiser-Meyer-Olkin度量为0.922，巴特利特球形度检验近似卡方为34407.388，自由度（df）为45，显著性（Sig）为0.000。由KMO和巴特利特检验结果可知，此问卷42个条目之间有共同因子存在，适合进行因子分析①。

表3-6　学习动机效度检验

	KMO和巴特利特检验	
KMO取样适切性量数		0.922
巴特利特球形度检验	近似卡方	34407.388
	自由度	45
	显著性	0.000

本问卷保留了和原先编制理论架构大致符合的条目，但为了因子在实际意义上更有适切性，仍以旋转成分矩阵为依据，对提取出来特征根大于1的3个因子重新进行命名，分别命名为学习动机、专业认同和立德树人。3个因子的方差累计贡献率为73.683%，各条目的共同度在0.624~0.824之间。因子1学习动机包括以下条目：6—15，其因子载荷分别是：0.586、0.702、0.609、0.659、

---

① 周蕾.职业院校学生在线学习自我效能感问卷的编制与效信度检验[J].湖北开放职业学院学报，2021，34（01）：32-34.

0.652、0.611、0.643、0.599、0.738、0.688。表中给出了各变量中信息分别被提出的比例，提取比例最高的是"对我而言，我所能赢得的成绩是推动我去努力的主要动力"，最低的是"我希望我所从事的工作能够提供我增加知识和技能的机会"，因此课题组认为，学生成绩是影响学习动机的最主要因素，而所从事工作提供的知识和技能对学生学习动机的影响最小，一定程度上体现出了高职学生在学习方面有较强的目的性和实用性。

表3-7 学习动机因子分析

公因子方差	初始	提取
6. 我希望我所从事的工作能够提供我增加知识和技能的机会	1.000	0.586
7. 无论我所做事情的结果如何，只要能够感觉到我得到了新的经验，我便会觉得满足	1.000	0.702
8. 只要做的是我乐于做的事，我不那么在乎分数和奖赏	1.000	0.609
9. 我乐于从事那些会使我专心得忘却一切的有兴趣的工作	1.000	0.659
10. 对我来说，最重要的是喜爱自己所从事的工作	1.000	0.652
11. 我十分清楚我的目标或目的是追求好成绩	1.000	0.611
12. 对我而言，成功意味着比别人做得更好	1.000	0.643
13. 我更关心的不是我做什么工作，而是从中得到什么回报	1.000	0.599
14. 对我而言，我所能赢得的成绩是推动我去努力的主要动力	1.000	0.738
15. 能赢得他人的肯定和赞赏是推动我去努力的主要动力	1.000	0.688

取样足够度的Kaiser-Meyer-Olkin度量为0.910，巴特利特球形度检验近似卡方为27185.744，自由度（df）为15，显著性（Sig）为0.000。各条目之间有共同因子存在，因此可以进行因子分析。

表3-8 专业认同效度检验

KMO和巴特利特检验	
KMO取样适切性量数	0.910
巴特利特球形度检验 近似卡方	27185.744
自由度	15
显著性	0.000

因子 2 专业认同包括以下条目：16—21，其因子载荷分别是：0.589、0.760、0.716、0.785、0.742、0.679。在各变量的信息分别被提取的比例中，载荷因子最高对应的因素是"我经常和同学交流讨论与专业学习有关的问题"，载荷因子最低对应的因素是"我知道外界对我所学专业的评价"，所以，与同学交流专业问题对学生专业认同的影响最大，而外界对所学专业的评价对学生专业认同的影响最小，这从反面也说明了需要从学生自身的学习中培养专业认同感。

表 3-9 专业认同因子分析

公因子方差	初始	提取
16. 我知道外界对我所学专业的评价	1.000	0.589
17. 我觉得专业学习过程给我带来了很大的乐趣	1.000	0.760
18. 如果他人问起，我很乐意告诉别人我所学的专业	1.000	0.716
19. 我经常和同学交流讨论与专业学习有关的问题	1.000	0.785
20. 我经常阅读和自己专业有关的书籍	1.000	0.742
21. 专业课上我能认真听讲	1.000	0.679

取样足够度的 Kaiser-Meyer-Olkin 度量为 0.893，巴特利特球形度检验近似卡方为 96162.932，自由度（df）为 351，显著性（Sig）为 0.000。各个条目之间有共同因子存在，因此可以进行因子分析。

表 3-10 立德树人效度检验

KMO 和巴特利特检验		
KMO 取样适切性量数		0.893
巴特利特球形度检验	近似卡方	96162.932
	自由度	351
	显著性	0.000

因子 3 立德树人包括以下条目：22—48，其因子载荷分别是：0.655、0.670、0.339、0.241、0.530、0.639、0.633、0.610、0.500、0.425、0.586、0.595、0.665、0.732、0.779、0.734、0.758、0.742、0.744、0.561、0.261、0.787、0.852、0.830、0.838、0.879、0.860。在各变量信息提取比例中，提取

比例最高的是"您对学校开设的《毛泽东思想和中国特色社会主义体系概论》课程的满意度",因此课题组可以认为,学校开设毛概课等相关课程对于培养学生立德树人的影响较大,这也体现了高等职业院校课程在人才培养中发挥的重大作用。

表 3-11 立德树人因子分析

公因子方差		
	初始	提取
22. 中国特色社会主义理论体系是马克思主义中国化的最新成果	1.000	0.655
23. 您了解中国梦的内容吗	1.000	0.670
24. 您觉得关心国家大事,对您生活重要吗	1.000	0.339
25. 您是否愿意加入中国共产党	1.000	0.241
26. 做人比做事、做学问更重要	1.000	0.530
27. 个人只有在集体中才能更好地发展	1.000	0.639
28. 在考虑利益问题时,应首先考虑国家和集体	1.000	0.633
29. 您是否认为人生只要努力,一定就会有回报	1.000	0.610
30. 金钱是衡量人生成功与否的决定因素	1.000	0.500
31. 您如何看待金钱的重要性	1.000	0.425
32. 人生的价值在于奉献	1.000	0.586
33. 您希望将来在社会上工作,能实现什么	1.000	0.595
34. 在未告知的情况下,随便用朋友的东西	1.000	0.665
35. 天下文章一大抄,用别人的文章拼凑作业	1.000	0.732
36. 利用网络发布不健康、不负责任的信息	1.000	0.779
37. 对"长明灯、长流水"的现象视而不见	1.000	0.734
38. 对于上课迟到,您怎么看	1.000	0.758
39. 对于上课期间做与课程无关的事情,您怎么看	1.000	0.742
40. 您如何看待考试作弊现象	1.000	0.744
41. 在公共场所男女同学过于亲昵	1.000	0.561
42. 您是否到企业实习过?若没有,请跳过本题。若有,请回答,在企业实习中,您意识到诚信的重要性吗	1.000	0.261
43. 贵校开设的《思想道德修养与法律基础》课程的授课形式主要为	1.000	0.787

续表

公因子方差	初始	提取
44. 贵校开设的《毛泽东思想和中国特色社会主义体系概论》课程的授课形式主要为	1.000	0.852
45. 贵校开设的《形势与政策》课程的授课形式主要为	1.000	0.830
46. 您对学校开设的《思想道德修养与法律基础》课程的满意度是	1.000	0.838
47. 您对学校开设的《毛泽东思想和中国特色社会主义体系概论》课程的满意度是	1.000	0.879
48. 您对学校开设的《形式与政策》课程的满意度是	1.000	0.860

本研究先以43个条目做单因子模型分析，然后以探索性因子分析出的3个因子为基础构建在人才培养模式的一阶三因子模型，模型的标准化因子载荷在0.747~0.884之间，3个因子间相关系数在0.549~0.733之间（p<0.001）。最后在一阶三因子的基础上继续构建二阶因子模型提取出人才培养这个高阶因子，二阶因子载荷在0.703~0.938之间（p<0.001）。从结果看，单因子模型拟合指数不理想，三因子模型和二阶因子模型拟合指数完全相同，且数据较理想，说明它们无好坏高低之分，是拟合最好的两个等同模型，其 χ^2、df、χ^2/df、CFI、TLI、SRMR、RMSEA 分别是 322.750、116、2.782、0.958、0.951、0.039、0.057。由三因子模型中3个因子相关系数均超过0.549可知因子相关较高，应有一个高阶因子模型的存在，故二阶因子模型较一阶三因子模型能更好地解释数据的合理性。

（2）校标关联度。最终问卷得分及其三个分维度学习动机、专业认同和立德树人与OLSES-AL得分、GESE得分、WMI得分均呈正相关。最终问卷及其三个分维度与OLSES-AL相关系数别为：0.635、0.473、0.658、0.655；与GESE相关系数分别为0.601、0.518、0.582、0.465；与WMI相关系数分别为：0.514、0.437、0.479、0.434。

二、各统计变量在人口学变量上的差异性分析

（一）各维度的性别差异

不同性别的高职生在学习动机、专业认同和立德树人三种人才培养维度上存在显著差异。其中，女生学习动机、专业认同均明显高于男生，不同性别的

高职生在第三种维度上差异不显著。相关数据如表 3-12 至表 3-14 所示。

表 3-12　学习动机的性别差异

	4. 您的性别是？（平均值±标准差）		F	p
	男（n=4400）	女（n=2260）		
6. 我希望我所从事的工作能够提供我增加知识和技能的机会	3.21±0.83	3.50±1.01	1.200	0.279
7. 无论我所做事情的结果如何，只要能够感觉到我得到了新的经验，我便会觉得满足	3.25±0.70	3.45±0.74	1.002	0.322
8. 只要做的是我乐于做的事，我不那么在乎分数和奖赏	3.00±0.90	3.23±0.75	0.902	0.347
15. 能赢得他人的肯定和赞赏是推动我去努力的主要动力	3.32±0.72	3.18±0.85	0.392	0.534
14. 对我而言，我所能赢得的成绩是推动我去努力的主要动力	3.36±0.73	3.23±0.75	0.379	0.541
13. 我更关心的不是我做什么工作，而是从中得到什么回报	3.21±0.69	3.18±0.85	0.022	0.882
12. 对我而言，成功意味着比别人做得更好	2.75±0.70	3.23±0.75	5.364	0.025*
9. 我乐于从事那些会使我专心得忘却一切的有兴趣的工作	3.00±0.72	3.09±0.68	0.205	0.653
11. 我十分清楚我的目标或目的是追求好成绩	3.00±0.67	3.32±0.99	1.827	0.183
10. 对我来说，最重要的是喜爱自己所从事的工作	3.25±0.70	3.27±1.08	0.008	0.929

*$p<0.05$ **$p<0.01$

表 3-13 专业认同的性别差异

	4. 您的性别是？（平均值±标准差）		F	p
	男（$n=4400$）	女（$n=2260$）		
16. 我知道外界对我所学专业的评价	2.93±0.86	3.18±0.80	1.145	0.290
17. 我觉得专业学习过程给我带来了很大的乐趣	2.96±0.69	3.18±0.66	1.258	0.268
18. 如果他人问起，我很乐意告诉别人我所学的专业	3.32±0.67	3.36±0.73	0.045	0.832
19. 我经常和同学交流讨论与专业学习有关的问题	2.93±0.77	3.18±0.66	1.509	0.225
21. 专业课上我能认真听讲	3.11±0.79	3.32±0.72	0.959	0.332
20. 我经常阅读和自己专业有关的书籍	2.82±0.82	3.23±0.61	3.750	0.059

* $p<0.05$ ** $p<0.01$

表 3-14 立德树人的性别差异

	4. 您的性别是？（平均值±标准差）		F	p
	男（$n=4400$）	女（$n=2260$）		
22. 中国特色社会主义理论体系是马克思主义中国化的最新成果	1.46±0.74	1.55±0.91	0.120	0.730
23. 您了解中国梦的内容吗	1.36±0.68	1.23±0.61	0.492	0.487
24. 您觉得关心国家大事，对您生活重要吗	2.00±0.38	2.00±0.31	0.000	1.000
30. 金钱是衡量人生成功与否的决定因素	2.71±0.81	3.09±1.06	2.020	0.162
25. 您是否愿意加入中国共产党？	3.00±1.15	1.59±1.05	19.794	0.000**
29. 您是否认为人生只要努力，一定就会有回报	2.93±0.90	3.59±0.85	6.978	0.011*
28. 在考虑利益问题时，应首先考虑国家和集体	3.54±0.96	3.64±1.05	0.125	0.726
26. 做人比做事、做学问更重要	3.36±1.22	3.36±1.18	0.000	0.985

续表

	4. 您的性别是？（平均值±标准差）		F	p
	男（n=4400）	女（n=2260）		
27. 个人只有在集体中才能更好地发展	2.89±0.74	3.27±0.94	2.583	0.115

*$p<0.05$ **$p<0.01$

（二）各维度在是否独生子女上的差异

独生子女与否的高职生在学习动机、专业认同和立德树人三种人才培养维度上存在显著差异。其中，不是独生子女的同学立德树人的明显高于独生子女，独生子女与否的高职生在前两种维度上差异不显著。相关数据如表3-15至3-17所示。

表3-15 学习动机的独生子女差异

	5. 您是否是独生子女？（平均值±标准差）		F	p
	1.0（n=1013）	2.0（n=5647）		
6. 我希望我所从事的工作能够提供给我增加知识和技能的机会	3.22±0.67	3.37±0.97	0.178	0.675
7. 无论我所做事情的结果如何，只要能够感觉到我得到了新的经验，我便会觉得满足	3.22±0.97	3.37±0.66	0.292	0.592
8. 只要做的是我乐于做的事，我不那么在乎分数和奖赏	3.33±1.12	3.05±0.77	0.846	0.362
12. 对我而言，成功意味着比别人做的更好	2.78±0.97	3.00±0.71	0.635	0.430
15. 能赢得他人的肯定和赞赏是推动我去努力的主要动力	3.56±0.88	3.20±0.75	1.606	0.211
13. 我更关心的不是我做什么工作，而是从中得到什么回报	3.44±0.73	3.15±0.76	1.151	0.289

续表

	5. 您是否是独生子女？（平均值±标准差）		F	p
	1.0(n=1013)	2.0(n=5647)		
14. 对我而言,我所能赢得的成绩是推动我去努力的主要动力	3.44±0.53	3.27±0.78	0.418	0.521
9. 我乐于从事那些会使我专心得忘却一切的有兴趣的工作	2.78±0.83	3.10±0.66	1.564	0.217
11. 我十分清楚我的目标或目的是追求好成绩	2.78±0.97	3.22±0.79	2.122	0.152
10. 对我来说,最重要的是喜爱自己所从事的工作	3.22±0.67	3.27±0.92	0.020	0.888

*$p<0.05$ **$p<0.01$

表3-16 专业认同的独生子女差异

	5. 您是否是独生子女？（平均值±标准差）		F	p
	1.0(n=1013)	2.0(n=5647)		
16. 我知道外界对我所学专业的评价	2.78±0.97	3.10±0.80	1.092	0.301
18. 如果他人问起,我很乐意告诉别人我所学的专业	3.33±0.71	3.34±0.69	0.001	0.975
19. 我经常和同学交流讨论与专业学习有关的问题	2.89±0.93	3.07±0.69	0.469	0.497
21. 专业课上我能认真听讲	2.78±0.97	3.29±0.68	3.606	0.064
20. 我经常阅读和自己专业有关的书籍	2.67±1.22	3.07±0.61	2.186	0.146
17. 我觉得专业学习过程给我带来了很大的乐趣	2.78±0.97	3.12±0.60	1.912	0.173

*$p<0.05$ **$p<0.01$

表3-17 立德树人在是否独生子女上的差异

	5. 您是否是独生子女？（平均值±标准差）		F	p
	1.0（n=1013）	2.0（n=5647）		
22. 中国特色社会主义理论体系是马克思主义中国化的最新成果	1.89±1.05	1.41±0.74	2.583	0.115
23. 您了解中国梦的内容吗？	1.44±0.88	1.27±0.59	0.542	0.465
28. 在考虑利益问题时，应首先考虑国家和集体	3.33±0.87	3.63±1.02	0.675	0.415
30. 金钱是衡量人生成功与否的决定因素	3.00±1.00	2.85±0.94	0.176	0.677
29. 您是否认为人生只要努力，一定就会有回报	3.11±0.78	3.24±0.97	0.147	0.703
24. 您觉得关心国家大事，对您生活重要吗	2.22±0.44	1.95±0.31	4.767	0.034*
27. 个人只有在集体中才能更好地发展	2.89±0.93	3.10±0.83	0.447	0.507
26. 做人比做事、做学问更重要	3.22±1.30	3.39±1.18	0.144	0.706
25. 您是否愿意加入中国共产党	3.00±1.22	2.24±1.30	2.545	0.117

* $p<0.05$ ** $p<0.01$

三、人才培养调研统计结果及其解释

（一）学习动机分析

问卷调查数据表明：当前高等职业院校的学生对于诸如"我希望我所从事的工作能够提供给我增加知识和技能的机会""只要做的是我乐于做的事，我不那么在乎分数和奖赏""我更关心的不是我做什么工作，而是从中得到什么回报"等问题都表示不同程度的赞同；在工作回报方面，大部分学生的目标都是明确的，表现出了对于工作回报的强烈渴望，将近一半的学生认同"对我而言，我所能赢得的成绩是推动我去努力的主要动力"；在工作目标方面，高职学生普遍选择"对我而言，成功意味着比别人做得更好"。总体来说，当前高等职业院校学生的学习动机是较强的。表中选项1—5分别代表"完全不赞同""比较不

赞同""一般""比较赞同""完全不赞同",以下不再赘述。

表 3-18 频率表

	选项	频率	百分比	有效百分比	累计百分比
6. 我希望我所从事的工作能够提供给我增加知识和技能的机会	1	341	5.1	5.1	5.1
	2	384	5.8	5.8	10.9
	3	2848	42.8	42.8	53.6
	4	1468	22.0	22.0	75.7
	5	1619	24.3	24.3	100.0
7. 无论我所做事情的结果如何,只要能够感觉到我得到了新的经验,我便会觉得满足	1	305	4.6	4.6	4.6
	2	763	11.5	11.5	16.0
	3	3301	49.6	49.6	65.6
	4	1482	22.3	22.3	87.9
	5	809	12.1	12.1	100.0
8. 只要做的是我乐于做的事,我不那么在乎分数和奖赏	1	438	6.6	6.6	6.6
	2	1343	20.2	20.2	26.7
	3	3033	45.5	45.5	72.3
	4	1173	17.6	17.6	89.9
	5	673	10.1	10.1	100.0
9. 我乐于从事那些会使我专心得忘却一切的有兴趣的工作	1	326	4.9	4.9	4.9
	2	895	13.4	13.4	18.3
	3	3263	49.0	49.0	67.3
	4	1254	18.8	18.8	86.2
	5	922	13.8	13.8	100.0
10. 对我来说,最重要的是喜爱自己所从事的工作	1	224	3.4	3.4	3.4
	2	445	6.7	6.7	10.0
	3	3436	51.6	51.6	61.6
	4	1407	21.1	21.1	82.8
	5	1148	17.2	17.2	100.0

续表

	选项	频率	百分比	有效百分比	累计百分比
11. 我十分清楚我的目标或目的是追求好成绩	1	262	3.9	3.9	3.9
	2	977	14.7	14.7	18.6
	3	3506	52.6	52.6	71.2
	4	1222	18.3	18.3	89.6
	5	693	10.4	10.4	100.0
12. 对我而言，成功意味着比别人做的更好	1	330	5.0	5.0	5.0
	2	1303	19.6	19.6	24.5
	3	3148	47.3	47.3	71.8
	4	1180	17.7	17.7	89.5
	5	699	10.5	10.5	100.0
13. 我更关心的不是我做什么工作，而是从中得到什么回报	1	320	4.8	4.8	4.8
	2	1244	18.7	18.7	23.5
	3	3245	48.7	48.7	72.2
	4	1126	16.9	16.9	89.1
	5	725	10.9	10.9	100.0
14. 对我而言，我所能赢得的成绩是推动我去努力的主要动力	1	224	3.4	3.4	3.4
	2	570	8.6	8.6	11.9
	3	3717	55.8	55.8	67.7
	4	1327	19.9	19.9	87.7
	5	822	12.3	12.3	100.0
15. 能赢得他人的肯定和赞赏是推动我去努力的主要动力	1	231	3.5	3.5	3.5
	2	675	10.1	10.1	13.6
	3	3686	55.3	55.3	68.9
	4	1278	19.2	19.2	88.1
	5	790	11.9	11.9	100.0
总计		6660	100.0	100.0	

（二）专业认同分析

从调研数据可知：在抽取的六千多份样本中，有超出一半的高职学生了解外界对自己所学专业的评价，并大多数学生都觉得他们的专业学习过程给他们带来了很大的乐趣。这从侧面体现出了高职学生对自己所选专业的认可程度还是较高的。同学们普遍赞同,"如果他人问起,我很乐意告诉别人我所学的专业",并且表示不仅能够做到专业课认真听讲,并且能够经常阅读专业相关书籍,和其他人交流专业有关的学习问题。总之,当前样本院校学生的专业认同度较好,也说明样本院校办学质量较高。

表 3-19 频率表

	选项	频率	百分比	有效百分比	累计百分比
16. 我知道外界对我所学专业的评价	1	260	3.9	3.9	3.9
	2	909	13.6	13.6	17.6
	3	3845	57.7	57.7	75.3
	4	1106	16.6	16.6	91.9
	5	540	8.1	8.1	100.0
17. 我觉得专业学习过程给我带来了很大的乐趣	1	267	4.0	4.0	4.0
	2	727	10.9	10.9	14.9
	3	3831	57.5	57.5	72.4
	4	1198	18.0	18.0	90.4
	5	637	9.6	9.6	100.0
18. 如果他人问起,我很乐意告诉别人我所学的专业	1	247	3.7	3.7	3.7
	2	446	6.7	6.7	10.4
	3	3903	58.6	58.6	69.0
	4	1167	17.5	17.5	86.5
	5	897	13.5	13.5	100.0
19. 我经常和同学交流讨论与专业学习有关的问题	1	281	4.2	4.2	4.2
	2	801	12.0	12.0	16.2
	3	3862	58.0	58.0	74.2
	4	1090	16.4	16.4	90.6
	5	626	9.4	9.4	100.0
20. 我经常阅读和自己专业有关的书籍	1	293	4.4	4.4	4.4
	2	929	13.9	13.9	18.3
	3	3822	57.4	57.4	75.7
	4	1034	15.5	15.5	91.3
	5	582	8.7	8.7	100.0

续表

	选项	频率	百分比	有效百分比	累计百分比
21. 专业课上我能认真听讲	1	218	3.3	3.3	3.3
	2	513	7.7	7.7	11.0
	3	3924	58.9	58.9	69.9
	4	1153	17.3	17.3	87.2
	5	852	12.8	12.8	100.0
	总计	6660	100.0	100.0	

（三）立德树人分析

从调研数据可知：对于"中国特色社会主义理论体系是马克思主义中国化的最新成果"这样的政治理论，几乎所有的学生都是认可的。并且高职学生群体普遍认为，在考虑利益问题时，应首先考虑国家和集体，这样的价值观是和社会主义核心价值观相契合的。超过一半的高职学生都认为，人生只要努力，一定就会有回报，同时他们普遍认为，关心国家大事对自己的生活很重要，比例为八成。当前，大部分高职学生都愿意加入中国共产党，体现出了较高的政治觉悟水平。在样本院校贯彻落实立德树人的工作中，要充分做到立有德之人和树有德之才的有机统一。

表3-20 频率表

	选项	频率	百分比	有效百分比	累计百分比
22. 中国特色社会主义理论体系是马克思主义中国化的最新成果	1	4846	72.8	72.8	72.8
	2	487	7.3	7.3	80.1
	3	1327	19.9	19.9	100.0
23. 您了解中国梦的内容吗	1	5182	77.8	77.8	77.8
	2	443	6.7	6.7	84.5
	3	1035	15.5	15.5	100.0
24. 您觉得关心国家大事，对您生活重要吗	1	426	6.4	6.4	6.4
	2	5805	87.2	87.2	93.6
	3	429	6.4	6.4	100.0

续表

	选项	频率	百分比	有效百分比	累计百分比
25. 您是否愿意加入中国共产党	1	2549	38.3	38.3	38.3
	2	488	7.3	7.3	45.6
	3	731	11.0	11.0	56.6
	4	2722	40.9	40.9	97.4
	5	170	2.6	2.6	100.0
26. 做人比做事、做学问更重要	1	312	4.7	4.7	4.7
	2	351	5.3	5.3	10.0
	3	3132	47.0	47.0	57.0
	4	1088	16.3	16.3	73.3
	5	1777	26.7	26.7	100.0
27. 个人只有在集体中才能更好地发展	1	320	4.8	4.8	4.8
	2	1086	16.3	16.3	21.1
	3	3452	51.8	51.8	72.9
	4	1097	16.5	16.5	89.4
	5	705	10.6	10.6	100.0
28. 在考虑利益问题时，应首先考虑国家和集体	1	196	2.9	2.9	2.9
	2	298	4.5	4.5	7.4
	3	3651	54.8	54.8	62.2
	4	1049	15.8	15.8	78.0
	5	1466	22.0	22.0	100.0
29. 您是否认为人生只要努力，一定就会有回报	1	311	4.7	4.7	4.7
	2	1013	15.2	15.2	19.9
	3	3499	52.5	52.5	72.4
	4	1067	16.0	16.0	88.4
	5	770	11.6	11.6	100.0
30. 金钱是衡量人生成功与否的决定因素	1	476	7.1	7.1	7.1
	2	1612	24.2	24.2	31.4
	3	3057	45.9	45.9	77.3
	4	929	13.9	13.9	91.2
	5	586	8.8	8.8	100.0

续表

	选项	频率	百分比	有效百分比	累计百分比
31. 您如何看待金钱的重要性	1	465	7.0	7.0	7.0
	2	5806	87.2	87.2	94.2
	3	389	5.8	5.8	100.0
32. 人生的价值在于奉献	1	250	3.8	3.8	3.8
	2	770	11.6	11.6	15.3
	3	3883	58.3	58.3	73.6
	4	1073	16.1	16.1	89.7
	5	684	10.3	10.3	100.0
33. 您希望将来在社会上工作，能实现什么	1	1972	29.6	29.6	29.6
	2	2167	32.5	32.5	62.1
	3	1611	24.2	24.2	86.3
	4	910	13.7	13.7	100.0
34. 在未告知的情况下，随便用朋友的东西	1	3352	50.3	50.3	50.3
	2	1587	23.8	23.8	74.2
	3	1211	18.2	18.2	92.3
	4	283	4.2	4.2	96.6
	5	227	3.4	3.4	100.0
35. 天下文章一大抄，用别人的文章拼凑作业	1	2371	35.6	35.6	35.6
	2	2516	37.8	37.8	73.4
	3	1301	19.5	19.5	92.9
	4	265	4.0	4.0	96.9
	5	207	3.1	3.1	100.0
36. 利用网络发布不健康、不负责任的信息	1	3987	59.9	59.9	59.9
	2	1123	16.9	16.9	76.7
	3	1084	16.3	16.3	93.0
	4	262	3.9	3.9	96.9
	5	204	3.1	3.1	100.0

续表

	选项	频率	百分比	有效百分比	累计百分比
37. 对"长明灯、长流水"的现象视而不见	1	2700	40.5	40.5	40.5
	2	2189	32.9	32.9	73.4
	3	1325	19.9	19.9	93.3
	4	254	3.8	3.8	97.1
	5	192	2.9	2.9	100.0
38. 对于上课迟到，您怎么看	1	2702	40.6	40.6	40.6
	2	2488	37.4	37.4	77.9
	3	1060	15.9	15.9	93.8
	4	227	3.4	3.4	97.3
	5	183	2.7	2.7	100.0
	总计	6660	100.0	100.0	
39. 对于上课期间做与课程无关的事情，您怎么看	1	2302	34.6	34.6	34.6
	2	2749	41.3	41.3	75.8
	3	1171	17.6	17.6	93.4
	4	253	3.8	3.8	97.2
	5	185	2.8	2.8	100.0
40. 您如何看待考试作弊现象	1	3364	50.5	50.5	50.5
	2	1870	28.1	28.1	78.6
	3	1025	15.4	15.4	94.0
	4	221	3.3	3.3	97.3
	5	180	2.7	2.7	100.0
41. 在公共场所男女同学过于亲昵	1	2244	33.7	33.7	33.7
	2	2560	38.4	38.4	72.1
	3	1320	19.8	19.8	92.0
	4	284	4.3	4.3	96.2
	5	252	3.8	3.8	100.0
42. 您是否到企业实习过	-2	2868	43.1	43.1	43.1
	1	2713	40.7	40.7	83.8
	2	476	7.1	7.1	90.9
	3	603	9.1	9.1	100.0

续表

	选项	频率	百分比	有效百分比	累计百分比
43. 贵校开设的《思想道德修养与法律基础》课程的授课形式主要为	1	740	11.1	11.1	11.1
	2	3006	45.1	45.1	56.2
	3	1274	19.1	19.1	75.4
	4	1640	24.6	24.6	100.0
44. 贵校开设的《毛泽东思想和中国特色社会主义体系概论》课程的授课形式主要为	1	776	11.7	11.7	11.7
	2	3074	46.2	46.2	57.8
	3	1221	18.3	18.3	76.1
	4	1589	23.9	23.9	100.0
45. 贵校开设的《形势与政策》课程的授课形式主要为	1	792	11.9	11.9	11.9
	2	3040	45.6	45.6	57.5
	3	1271	19.1	19.1	76.6
	4	1557	23.4	23.4	100.0
46. 您对学校开设的《思想道德修养与法律基础》课程的满意度是	1	258	3.9	3.9	3.9
	2	367	5.5	5.5	9.4
	3	2546	38.2	38.2	47.6
	4	2320	34.8	34.8	82.4
	5	1169	17.6	17.6	100.0
47. 您对学校开设的《毛泽东思想和中国特色社会主义体系概论》课程的满意度是	1	246	3.7	3.7	3.7
	2	315	4.7	4.7	8.4
	3	2682	40.3	40.3	48.7
	4	2280	34.2	34.2	82.9
	5	1137	17.1	17.1	100.0
48. 您对学校开设的《形式与政策》课程的满意度是	1	276	4.1	4.1	4.1
	2	313	4.7	4.7	8.8
	3	2777	41.7	41.7	50.5
	4	2203	33.1	33.1	83.6
	5	1091	16.4	16.4	100.0
	总计	6660	100.0	100.0	

四、高等职业院校人才培养跨界转型发展的现状分析

（一）高职学生学习动机的现状分析

从性别因素来看，性别是对高职生学习动机影响比较大的一个因素，突出表现在学生的求知进取、职业取向和学习自主三种学习动机上。女生在求知进取和职业取向上的动机要明显高于男生，根据实际分析发现这种现象可能和现代社会女性社会地位的提高和渴望经济独立的意识增强有关。因此，高职女生的求知进取和职业取向动机就表现得相对比较突出。就学习动机而言，女生的学习自主动机也高于男生，原因可能是高等职业院校中的有些男生对自己所选的专业内容不感兴趣、对就业前景感到迷茫，从而使其职业取向和学习动机受到一定程度的影响。

从年级因素分析，不同年级的高职生在求知进取、职业取向两种动机水平上差异显著。大一学生在求知进取和职业取向上的学习动机显著高于大二学生。一方面可能由于大一学生刚进大学校门，还保留着高中的学习习惯，另一方面可能对大学生活充满热情和向往，希望在学习上充实自己。但是随着学生步入大二年级，学生在求知进取和职业取向、动机强度上逐渐下滑，一方面可能因为专业知识难度加深而使学习兴趣降低，另一方面可能因为学生参加了不同的社团活动，或对自己的未来职业有了新的选择或方向，导致职业取向、动机强度呈现随年级的增长呈现降低的趋势。

从专业因素可看出，不同专业背景下理科生的外界期望动机显著高于文科生。一方面由于社会对不同专业的文理科学生的取向和认同度不同，认为文科类知识不利于就业，而更注重实践技能和专业知识的理工科就业前景更好；另一方面，社会认为理工科学生靠着本事和一技之长就业，而文科生则是"嘴上功夫"。导致在获取外界期望动机上要比文科生显得容易。

从是否独生子女可看出，首先，在学习动机总分上，高职生是否为独生子女不存在显著差异。其次，在职业取向、求知进取两个维度上，独生、非独生高职生存在显著差异。非独生高职生在这两个维度上得分均高于独生高职生，表现出更强的学习动机，原因大致可以分为两方面，一方面非独生高职生相比较来说更希望获得他人认可，另一方面非独生高职生更关注未来的就业前景和实现自身的人生价值。

（二）高职学生专业认同的现状分析

在认知性方面，男生对专业学习内容的了解程度要相应地比女生高。随着年级的升高，整体学生都会进一步提高对专业的深层认识，例如学习方向、就业前景以及职业待遇等方面。基于自身的实际情况和发展需求，自主择业的学生需要准确把握社会的就业方向和态势，对专业的认知了解更多一些；升学深造的学生需要在自己选择的专业领域进一步学习和研究，对专业的认知程度也比较高；所谓隔行如隔山，调剂专业的学生对专业了解最少。

在情感性方面，女生对专业的喜好和接受程度要比男生高；随着年级的升高，整体高职学生对专业的接受程度会随着深入的学习逐渐提高；自主选择专业的学生对专业的喜好程度和接受程度更高一些，被调剂进专业的学生的喜好程度和接受程度较弱。

在行为性方面，从性别上分析，女生在专业理论学习和实践操作中的表现要优于男生。从年级上分析，大一学生行为表现最好，大二可能由于稍有松懈导致实践和专业的学习热情降低，到大三时为了将来工作需要同时经历了大二一年更加能静下心学习因此又略有提高；从是否主动选择专业分析，自主选择专业的学生在专业学习和实践中表现最好，调剂专业的学生表现稍逊色。

在适切性方面，从性别分析，女生的专业能力和综合素养方面普遍优于男生，与社会职业需求的匹配程度也要高于男生；从年级分析，大一学生的匹配程度最好，大二学生在学习方面的松懈和在生活上的享乐导致其匹配程度最差；从是否主动选择专业分析，自主选择专业的学生匹配程度最好，调剂专业的学生匹配程度最低。

从调查数据可知，总的来说，样本院校学生的专业认同感普遍不高，尤其是在与普通高等院校学生的专业认同感进行横向对比时，高职学生专业认同感显著较低。一方面，可能由于部分高职学生在初高中阶段并未养成良好的学习习惯，这也使得学生刚步入高职阶段时对所学专业需要较多的时间消化和认识。另一方面，心理学认为，个体学生的专业认同状况会对其他学生产生传导影响，因此，我们从这个角度可以分析出，样本院校学生专业认同感普遍较低可能因为在他们所处的群体和环境中，大部分学生对专业认同程度较低，出现了传导效应。值得注意的是，很多学生并未关注到专业认同感本身的重要性，其对于专业认同感提升的意义也缺乏完整认知。

（三）高职学生立德树人的现状分析

首先，大部分学生对中国特色社会主义理论体系和中国梦有一定程度的了解，认同立德树人及其内涵，体现了新时代大学生的精神风貌。在立德树人的教育背景下，大学生处于新的历史发展方位，因此在教育中把握其对于立德树人的态度、情感、需求等，是开展研究的重要环节。但是也有部分学生对中国特色社会主义有较少的了解，新时代大学生的社会角色、知识结构以及价值选择层面决定着我们国家的未来，因此需要加强这部分学生的价值思考，彰显时代精神。

其次，在金钱观、价值观的问题中，大部分学生还是把金钱作为一个成功与否的判断因素。在"金钱是否为衡量人生成功与否的决定因素"中，有78%的学生表示赞同，只有极少数的学生选择了完全不赞同。由此可见，学生在情感上还是会受社会上金钱观的影响。

最后，在国家荣誉感的问题上，大部分学生显露出有以国家利益感和集体利益感为先的情感。60%至70%的学生在考虑利益问题时，认为应首先考虑国家和集体的利益，但是90%以上的学生认为国家大事对生活不太重要。由此可以看出，虽然样本院校学生对国家利益和集体利益有情感，但是缺乏了解国家大事的主动性。

第三节 高等职业院校教学管理跨界转型发展的实证分析

一、教学管理调研问卷的信效度检验

（一）信度检验

以调研中样本院校的425名教师的有效调查问卷为个案摘要，即将教师个案摘要按照所选的分组变量进行分组分析并显示分析结果。其中，有效个案摘要数量为425，排除缺失值后有效率能达到100%。如图表3-21所示。

表3-21 教师卷初测信度检验

标度：所有变量	个案处理摘要		
		个案数	100%
个案	有效	425	100
	排除	0	0
	总计	425	100

在量表的信度检验中，教师卷 α＝0.672，意味着高等职业院校教学与管理指标体系测度量表尚有33.00%的内容未曾涉及，信度较高。

表3-22　可靠性统计

克隆巴赫系数 α	项数
0.672	127

（二）效度检验

在专业设置及课程体系构建这一维度，取样足够度的Kaiser-Meyer-Olkin度量为0.772，巴特利特球形度检验近似卡方为537.192，自由度（df）为28，显著性（Sig）为0.000。各条目之间有共同因子存在，因此可以进行因子分析。

表3-23　专业设置及课程体系构建效度检验

KMO 和巴特利特检验		
KMO 取样适切性量数		0.772
巴特利特球形度检验	近似卡方	537.192
	自由度	28
	显著性	0.000

由KMO和巴特利特检验结果可知，此问卷42个条目之间有共同因子存在，适合进行因子分析。本问卷和学生卷一样保留了和原先编制理论架构大致符合的条目，仍以旋转成分矩阵为依据，对提取出来特征根大于1的4个因子重新进行命名，分别命名为专业设置及课程体系构建、课程建设、实践教学条件和教学质量监控体系。因子1专业设置及课程体系构建包括以下条目：9—12，其因子载荷分别是：0.587、0.556、0.660、0.096，提取比例最高的问题是，"有没有行业（企业）人员参与专业人才培养计划的制订"，最低的问题是"专业课程体系的设置是否符合职业岗位（群）需求"，由此可见高校制定专业人才培养计划时行业（企业）人员的参与度对专业三个值及课程体系建构的影响较大，而职业岗位的需求度影响较小，这也体现了多元主体参与高等职业院校教学管理工作的必要性。

表3-24　专业设置及课程体系构建因子分析

公因子方差		
	初始	提取
9. 您所在系专业设置时是否进行了市场调研	1.000	0.587
10. 您是否参与专业人才培养计划的制订或修订	1.000	0.556
11. 有没有行业（企业）人员参与专业人才培养计划的制订	1.000	0.660
12. 专业课程体系的设置是否符合职业岗位（群）需求	1.000	0.096

在课程建设这一维度，取样足够度的 Kaiser-Meyer-Olkin 度量为 0.671，巴特利特球形度检验近似卡方为 1620.239，自由度（df）为 253，显著性（Sig）为 0.000。

表3-25　课程建设效度检验

KMO 和巴特利特检验		
KMO 取样适切性量数		0.671
巴特利特球形度检验	近似卡方	1620.239
	自由度	253
	显著性	0.000

因子 2 课程建设包括以下条目：14—17，其因子载荷分别是：0.624、0.327、0.521、0.321、0.637、0.561。在各变量信息提取比例中，提取比例最高的是"教育部精品教材"，提取比例最低的是"教育部规划教材"，由此我们可以认为，教育部精品教材对于课程建设的影响较大，而教育部规划教材对于课程建设的影响最小。

表3-26　课程建设因子分析

公因子方差		
	初始	提取
14. 您所任课程是否制定了课程标准	1.000	0.624
15. 有没有行业企业人员参与课程教学设计	1.000	0.327
16. 您是否对课程内容依据职业岗位工作要求进行优化整合	1.000	0.521
17（教育部规划教材）	1.000	0.321

续表

	公因子方差	
	初始	提取
17（教育部精品教材）	1.000	0.637
17（行业部委统编教材）	1.000	0.561

在实践教学条件这一维度，取样足够度的 Kaiser-Meyer-Olkin 度量为 0.586，巴特利特球形度检验近似卡方为 541.375，自由度（df）为 55，显著性（Sig）为 0.000。他们之间有共同因素存在，因此可以进行因子分析。

表 3-27　实践教学条件效度检验

KMO 和巴特利特检验		
KMO 取样适切性量数		0.586
巴特利特球形度检验	近似卡方	541.375
	自由度	55
	显著性	0.000

因子 3 实践教学条件包括以下条目：22—26，其因子载荷分别是：0.504、0.657、0.653、0.545、0.634、0.686、0.557、0.653、0.356、0.560、0.431。载荷最高的因子对应的问题是"校内实训基地仪器设备是否能满足实践教学需要"，载荷最低的因子对应的问题是"所任课程的实践教学由谁指导"，而其中又以"专职实验员"指导载荷最低，因此我们可以得出结论，校内实训基地仪器设备对实践教学条件的影响程度最高，而指导人员对实践教学条件的影响程度较小，样本院校完善实践教学条件的首要工作应搞好基础设施建设。

表 3-28　实践教学条件因子分析

	公因子方差	
	初始	提取
22. 您所任课程的实践教学比例为	1.000	0.504
23（普通教师）	1.000	0.657
23（校内实验室）	1.000	0.653

续表

公因子方差		
	初始	提取
23（校内实习基地）	1.000	0.545
23（校外顶岗实习基地）	1.000	0.634
24. 校内实训基地仪器设备是否能满足您实践教学需要	1.000	0.686
25 学生校外实习情况	1.000	0.557
26（自己）	1.000	0.653
26（专职实验员）	1.000	0.356
26（教学团队中其他教师）	1.000	0.560
26（校外兼职教师）	1.000	0.431

在教学质量监控体系这一维度，取样足够度的 Kaiser-Meyer-Olkin 度量为 0.852，巴特利特球形度检验近似卡方为 5971.403，自由度（df）为 136，显著性（Sig）为 0.000。各个条目之间有共同因素存在，可以进行因子分析。

表 3-29　教学质量监控体系效度检验

KMO 和巴特利特检验		
KMO 取样适切性量数		0.852
巴特利特球形度检验	近似卡方	5971.403
	自由度	136
	显著性	0.000

因子 4 教学质量监控体系包括以下条目：27—32，其因子载荷分别是：0.531、0.504、0.366、0.693、0.599、0.627、0.592、0.542、0.980、0.945、0.896、0.921、0.939、0.922。在个变量的信息被提取的比例中，提取比例最高的问题是"学院是否有专职教学督导人员"，最低的问题是"系部是否制定了教学质量监控制度"，由此我们可以看出，样本院校专职教学督导人员是否存在对教学质量监控体系的作用较大，教学质量监控制度的制定则作用较小，体现出了设置专职教学督导人员在高等职业院校教学质量监控体系中的重要性。

表 3-30 教学质量监控体系因子分析

公因子方差

	初始	提取
27. 您所在系部是否建有校外兼职教师资源库	1.000	0.531
28. 您对学院目前教学质量监控运行制度是否满意	1.000	0.504
29. 系部是否制定了教学质量监控制度	1.000	0.366
30（听课）	1.000	0.693
30（观摩课）	1.000	0.599
30（同行评教）	1.000	0.627
30（学生座谈会）	1.000	0.592
30（其他）	1.000	0.542
31. 学院是否有专职教学督导人员	1.000	0.980
32（本校在职）	1.000	0.945
32（本校退休）	1.000	0.896
32（企业专家）	1.000	0.921
32（其他学校教师）	1.000	0.939
32（其他）	1.000	0.922

二、各统计变量在人口学变量上的差异性分析

（一）各维度的性别差异

不同性别的教师在专业设置及课程体系构建、课程建设、实践教学条件和教学质量监控四种教学与管理维度上存在显著的差异性。其中，男性教师在专业设置及课程体系构建、课程建设和实践教学条件方面的要求均高于女性教师。这也许是男性教师对于教学管理工作的参与度较高的原因所致。不同性别的教师在第四种维度上差异不显著。相关数据如表 3-31 至表 3-34 所示。

表 3-31 专业设置及课程体系建构性别差异

	2. 您的性别（平均值±标准差）		F	p
	1.0 (n=164)	2.0 (n=261)		
9. 您所在系专业设置时是否进行了市场调研	1.12±0.33	1.30±0.47	2.119	0.152
10. 您是否参与专业人才培养计划的制订或修订	1.24±0.44	1.30±0.47	0.246	0.622
11. 有没有行业（企业）人员参与专业人才培养计划的制订	1.24±0.44	1.39±0.50	1.239	0.271
12. 专业课程体系的设置是否符合职业岗位（群）需求？	3.41±0.71	3.67±0.92	0.987	0.325
13（其他）	0.00±0.00	0.30±0.47	7.096	0.010*
13（教师研讨）	0.88±0.33	0.76±0.44	1.072	0.306
13（因人设课）	0.18±0.39	0.12±0.33	0.275	0.603
13（企业调研）	0.71±0.47	0.67±0.48	0.076	0.784

* $p<0.05$ ** $p<0.01$

表 3-32 课程建设性别差异

	2. 您的性别（平均值±标准差）		F	p
	1.0 (n=164)	2.0 (n=261)		
14. 您所任课程是否制定了课程标准	1.00±0.00	1.03±0.17	0.510	0.479
15. 有没有行业企业人员参与课程教学设计	1.35±0.49	1.45±0.51	0.461	0.500
16. 您是否对课程内容依据职业岗位工作要求进行优化整合	1.12±0.33	1.03±0.17	1.503	0.226
17（教育部规划教材）	0.88±0.33	0.79±0.42	0.660	0.420
17（校企合作开发教材）	0.35±0.49	0.27±0.45	0.332	0.567
17（行业部委统编教材）	0.41±0.51	0.27±0.45	0.976	0.328
17（讲义）	0.06±0.24	0.12±0.33	0.470	0.496
17（自编教材）	0.35±0.49	0.06±0.24	7.989	0.707

续表

	2. 您的性别（平均值±标准差）		F	p
	1.0（$n=164$）	2.0（$n=261$）		
17（其他）	0.18±0.39	0.12±0.33	0.275	0.603
17（教育部精品教材）	0.65±0.49	0.55±0.51	0.461	0.500
18（其他）	0.00±0.00	0.03±0.17	0.510	0.479
18（一体化教室）	0.71±0.47	0.61±0.50	0.470	0.496
18（普通教室）	0.53±0.51	0.67±0.48	0.877	0.354
18（实践场所）	0.41±0.51	0.27±0.45	0.976	0.328
19（项目教学法）	0.71±0.47	0.76±0.44	0.150	0.700
19（其他）	0.12±0.33	0.27±0.45	1.559	0.218
19（案例教学法）	0.76±0.44	0.91±0.29	1.940	0.170
19（讲授）	0.76±0.44	0.79±0.42	0.034	0.855
20（技能测试）	0.53±0.51	0.61±0.50	0.261	0.612
20（其他）	0.12±0.33	0.09±0.29	0.086	0.771
20（论文或调研报告）	0.35±0.49	0.18±0.39	1.794	0.187
20（笔试）	0.82±0.39	0.79±0.42	0.086	0.771
21. 您所任课程是否制定了实践考核标准	1.24±0.44	1.21±0.42	0.034	0.855

* $p<0.05$ ** $p<0.01$

表3-33　实践教学条件性别差异

	2. 您的性别（平均值±标准差）		F	p
	1.0（$n=164$）	2.0（$n=261$）		
22. 您所任课程的实践教学比例为	2.47±1.01	2.52±1.00	0.022	0.883
23（普通教室）	0.29±0.47	0.67±0.48	6.881	0.012*
23（校内实验室）	0.71±0.47	0.58±0.50	0.787	0.379

续表

	2. 您的性别（平均值±标准差）		F	p
	1.0（n=164）	2.0（n=261）		
26（校外兼职教师）	0.29±0.47	0.12±0.33	2.286	0.137
23（校内实习基地）	0.47±0.51	0.36±0.49	0.519	0.475
26（教学团队中其他教师）	0.47±0.51	0.45±0.51	0.011	0.916
26（专职实验员）	0.12±0.33	0.06±0.24	0.481	0.491
26（自己）	0.82±0.39	0.73±0.45	0.553	0.461
25. 学生校外实习情况	1.47±0.80	1.12±0.48	3.703	0.060
23（校外顶岗实习基地）	0.29±0.47	0.15±0.36	1.409	0.241
24. 校内实训基地仪器设备是否能满足您实践教学需要	1.88±0.49	1.94±0.70	0.089	0.766

* $p<0.05$ ** $p<0.01$

表3-34 教学质量监控体系建设

	2. 您的性别（平均值±标准差）		F	p
	1.0（n=164）	2.0（n=261）		
27. 您所在系部是否建有校外兼职教师资源库？	1.47±0.80	1.85±0.80	2.523	0.119
28. 您对学院目前教学质量监控运行制度是否满意？	1.41±0.80	1.58±0.87	0.424	0.518
29. 系部是否制定了教学质量监控制度？	1.06±0.24	1.09±0.29	0.151	0.699
32（其他学校教师）	-0.24±1.09	-0.27±0.88	0.017	0.896
32（其他）	-0.29±1.05	-0.27±0.88	0.006	0.939
34. 您认为学生网上评教？	1.94±0.75	1.70±0.73	1.240	0.271
35. 您对学院实行教学信息员制度的态度？	1.41±0.80	1.70±0.92	1.181	0.283
33. 是否有企业人员参与学院教学质量监控？	1.71±0.47	1.58±0.50	0.787	0.379

续表

	2. 您的性别（平均值±标准差）		F	p
	1.0（n=164）	2.0（n=261）		
30（听课）	0.94±0.24	0.97±0.17	0.229	0.634
32（企业专家）	−0.18±1.13	−0.18±0.95	0.000	0.986
32（本校退休）	−0.24±1.09	−0.12±0.99	0.139	0.711
32（本校在职）	0.47±1.33	0.64±1.17	0.206	0.652
30（观摩课）	0.53±0.51	0.52±0.51	0.009	0.926
31. 学院是否有专职教学督导人员？	1.12±0.33	1.09±0.29	0.086	0.771
30（学生座谈会）	0.88±0.33	0.58±0.50	5.153	0.028*
30（其他）	0.00±0.00	0.18±0.39	3.627	0.063
30（同行评教）	0.65±0.49	0.58±0.50	0.229	0.634

* $p<0.05$ ** $p<0.01$

（二）各维度的年龄差异

在专业设置及课程体系构建、课程建设、实践教学条件和教学质量监控体系四种人才培养维度上，不同年龄段的教师存在显著差异。其中，30岁以下的教师和51岁以上的教师在各维度上的差异性比较显著，大概因为这两个年龄段差距较大，因此教学管理的理念有所差别。31—40岁和41—50岁这两个年龄段比较接近，则差异性不太显著。相关数据如表3-35至表3-38所示。

表3-35　专业设置及课程体系构建年龄差异

	3. 您的年龄（平均值±标准差）				F	p
	1.0 (n=107)	2.0 (n=168)	3.0 (n=97)	4.0 (n=53)		
9. 您所在系专业设置时是否进行了市场调研？	1.38±0.52	1.23±0.43	1.27±0.46	1.00±0.00	0.792	0.505
10. 您是否参与专业人才培养计划的制订或修订？	1.50±0.53	1.18±0.39	1.27±0.46	1.40±0.55	1.099	0.359
11. 有没有行业（企业）人员参与专业人才培养计划的制订？	1.50±0.53	1.32±0.48	1.40±0.51	1.00±0.00	1.252	0.302

续表

	3. 您的年龄（平均值±标准差）				F	p
	1.0 ($n=107$)	2.0 ($n=168$)	3.0 ($n=97$)	4.0 ($n=53$)		
12. 专业课程体系的设置是否符合职业岗位（群）需求？	3.75±1.04	3.59±0.73	3.40±0.83	3.80±1.30	0.419	0.740
13（其他）	0.25±0.46	0.23±0.43	0.20±0.41	0.00±0.00	0.467	0.707
13（教师研讨）	0.88±0.35	0.73±0.46	0.87±0.35	0.80±0.45	0.450	0.719
13（因人设课）	0.25±0.46	0.09±0.29	0.07±0.26	0.40±0.55	1.599	0.203
13（企业调研）	0.38±0.52	0.82±0.39	0.60±0.51	0.80±0.45	2.140	0.108

* $p<0.05$ ** $p<0.01$

表 3-36 课程建设年龄差异

	3. 您的年龄（平均值±标准差）				F	p
	1.0 ($n=107$)	2.0 ($n=168$)	3.0 ($n=97$)	4.0 ($n=53$)		
14. 您所任课程是否制定了课程标准？	1.13±0.35	1.00±0.00	1.00±0.00	1.00±0.00	1.840	0.153
15. 有没有行业企业人员参与课程教学设计？	1.63±0.52	1.36±0.49	1.53±0.52	1.00±0.00	2.122	0.110
16. 您是否对课程内容依据职业岗位工作要求进行优化整合？	1.25±0.46	1.00±0.00	1.07±0.26	1.00±0.00	2.437	0.077
21. 您所任课程是否制定了实践考核标准？	1.13±0.35	1.18±0.39	1.40±0.51	1.00±0.00	1.647	0.192
20（技能测试）	0.38±0.52	0.64±0.49	0.67±0.49	0.40±0.55	0.908	0.445
20（其他）	0.13±0.35	0.00±0.00	0.27±0.46	0.00±0.00	2.785	0.051
18（实践场所）	0.50±0.53	0.32±0.48	0.20±0.41	0.40±0.55	0.750	0.528
20（论文或调研报告）	0.63±0.52	0.09±0.29	0.13±0.35	0.60±0.55	5.770	0.002**
19（项目教学法）	0.50±0.53	0.82±0.39	0.80±0.41	0.60±0.55	1.291	0.289
20（笔试）	0.88±0.35	0.77±0.43	0.73±0.46	1.00±0.00	0.656	0.584

续表

	3. 您的年龄（平均值±标准差）				F	p
	1.0 (n=107)	2.0 (n=168)	3.0 (n=97)	4.0 (n=53)		
19（其他）	0.25±0.46	0.23±0.43	0.27±0.46	0.00±0.00	0.523	0.669
19（案例教学法）	1.00±0.00	0.82±0.39	0.87±0.35	0.80±0.45	0.565	0.641
19（讲授）	0.75±0.46	0.77±0.43	0.73±0.46	1.00±0.00	0.523	0.669
18（其他）	0.00±0.00	0.05±0.21	0.00±0.00	0.00±0.00	0.409	0.747
18（一体化教室）	0.50±0.53	0.73±0.46	0.67±0.49	0.40±0.55	0.877	0.460
18（普通教室）	1.00±0.00	0.55±0.51	0.47±0.52	0.80±0.45	2.751	0.053
17（教育部规划教材）	0.63±0.52	0.82±0.39	0.93±0.26	0.80±0.45	1.112	0.354
17（校企合作开发教材）	0.63±0.52	0.14±0.35	0.33±0.49	0.40±0.55	2.557	0.067
17（行业部委统编教材）	0.38±0.52	0.36±0.49	0.20±0.41	0.40±0.55	0.456	0.714
17（讲义）	0.13±0.35	0.09±0.29	0.13±0.35	0.00±0.00	0.255	0.858
17（自编教材）	0.25±0.46	0.05±0.21	0.33±0.49	0.00±0.00	2.469	0.074
17（其他）	0.38±0.52	0.09±0.29	0.13±0.35	0.00±0.00	1.677	0.185
17（教育部精品教材）	0.88±0.35	0.45±0.51	0.53±0.52	0.80±0.45	1.859	0.150

* $p<0.05$ ** $p<0.01$

表 3-37　实践教学条件年龄差异

	3. 您的年龄（平均值±标准差）				F	p
	1.0 (n=107)	2.0 (n=168)	3.0 (n=97)	4.0 (n=53)		
22. 您所任课程的实践教学比例为？	2.00±0.76	2.50±0.96	2.87±1.19	2.20±0.45	1.555	0.213
23（普通教室）	0.63±0.52	0.59±0.50	0.33±0.49	0.80±0.45	1.480	0.232
23（校内实验室）	0.63±0.52	0.68±0.48	0.60±0.51	0.40±0.55	0.445	0.722
26（校外兼职教师）	0.13±0.35	0.23±0.43	0.13±0.35	0.20±0.45	0.228	0.877
23（校内实习基地）	0.50±0.53	0.27±0.46	0.47±0.52	0.60±0.55	0.954	0.422
26（教学团队中其他教师）	0.63±0.52	0.41±0.50	0.33±0.49	0.80±0.45	1.480	0.232
26（专职实验员）	0.25±0.46	0.00±0.00	0.07±0.26	0.20±0.45	2.118	0.111
26（自己）	0.50±0.53	0.77±0.43	0.93±0.26	0.60±0.55	2.153	0.106

续表

	3. 您的年龄（平均值±标准差）				F	p
	1.0 ($n=107$)	2.0 ($n=168$)	3.0 ($n=97$)	4.0 ($n=53$)		
25. 学生校外实习情况？	1.25±0.71	1.05±0.21	1.53±0.92	1.20±0.45	1.924	0.139
23（校外顶岗实习基地）	0.38±0.52	0.14±0.35	0.13±0.35	0.40±0.55	1.245	0.304
24. 校内实训基地仪器设备是否能满足您实践教学需要？	1.63±0.52	1.95±0.65	2.07±0.70	1.80±0.45	0.923	0.437

*$p<0.05$ **$p<0.01$

表 3-38　教学质量监控体系年龄差异

	3. 您的年龄（平均值±标准差）				F	p
	1.0 ($n=107$)	2.0 ($n=168$)	3.0 ($n=97$)	4.0 ($n=53$)		
29. 系部是否制定了教学质量监控制度？	1.13±0.35	1.05±0.21	1.13±0.35	1.00±0.00	0.504	0.681
32（其他学校教师）	-0.75±1.39	-0.09±0.68	-0.13±0.83	-0.60±1.34	1.283	0.291
28. 您对学院目前教学质量监控运行制度是否满意？	1.88±0.99	1.45±0.80	1.47±0.83	1.40±0.89	0.561	0.643
27. 您所在系部是否建有校外兼职教师资源库？	1.88±0.83	1.82±0.85	1.53±0.74	1.60±0.89	0.493	0.689
32（其他）	-0.75±1.39	-0.09±0.68	-0.20±0.77	-0.60±1.34	1.246	0.304
34. 您认为学生网上评教？	1.63±0.74	1.91±0.81	1.80±0.68	1.40±0.55	0.780	0.511
35. 您对学院实行教学信息员制度的态度？	1.25±0.46	1.68±0.95	1.60±0.91	1.80±1.10	0.555	0.647
33. 是否有企业人员参与学院教学质量监控？	1.50±0.53	1.59±0.50	1.80±0.41	1.40±0.55	1.210	0.317
30（听课）	0.88±0.35	0.95±0.21	1.00±0.00	1.00±0.00	0.758	0.523
32（企业专家）	-0.50±1.60	-0.05±0.72	-0.13±0.83	-0.40±1.52	0.478	0.699
32（本校退休）	-0.63±1.51	0.00±0.76	-0.07±0.88	-0.40±1.52	0.866	0.466

续表

	3. 您的年龄（平均值±标准差）				F	p
	1.0 (n=107)	2.0 (n=168)	3.0 (n=97)	4.0 (n=53)		
32（本校在职）	0.00±1.85	0.77±0.87	0.73±1.03	0.20±1.79	1.040	0.384
30（观摩课）	0.63±0.52	0.41±0.50	0.53±0.52	0.80±0.45	0.985	0.408
31. 学院是否有专职教学督导人员？	1.25±0.46	1.05±0.21	1.07±0.26	1.20±0.45	1.143	0.342
30（学生座谈会）	0.63±0.52	0.68±0.48	0.67±0.49	0.80±0.45	0.141	0.935
30（其他）	0.25±0.46	0.14±0.35	0.07±0.26	0.00±0.00	0.781	0.511
30（同行评教）	0.50±0.53	0.64±0.49	0.47±0.52	1.00±0.00	1.666	0.188

* $p<0.05$ ** $p<0.01$

（三）各维度的教龄差异

如表3-39至表3-42所示，研究数据显示，教龄长短不同的教师在教学与管理问卷的四个维度上有显著的差异性。其中1—5年和16年以上两个教龄阶段的差异性最为显著，这大概因为两者处于教师生涯的开端和末尾，教龄短的教师在专业设置及课程结尾、课程建设、实践教学条件和教学质量监控等方面的想法和要求都更为强烈。而中间两个教龄阶段的教师都处于教师发展的高峰期，差异性不显著。

表3-39　专业设置及课程体系构建教龄差异

	4. 您的教龄（平均值±标准差）				F	p
	1.0 (n=169)	2.0 (n=84)	3.0 (n=84)	4.0 (n=88)		
9. 您所在系专业设置时是否进行了市场调研？	1.25±0.45	1.40±0.52	1.27±0.46	1.00±0.00	1.447	0.241
10. 您是否参与专业人才培养计划的制订或修订？	1.50±0.52	1.00±0.00	1.20±0.41	1.33±0.50	3.067	0.037*
11. 有没有行业（企业）人员参与专业人才培养计划的制订？	1.50±0.52	1.20±0.42	1.40±0.51	1.11±0.33	1.719	0.176

续表

	4. 您的教龄（平均值±标准差）				F	p
	1.0 (n=169)	2.0 (n=84)	3.0 (n=84)	4.0 (n=88)		
13（其他）	0.38±0.50	0.20±0.42	0.13±0.35	0.00±0.00	1.984	0.130
13（教师研讨）	0.63±0.50	0.90±0.32	0.87±0.35	0.89±0.33	1.535	0.218
13（因人设课）	0.13±0.34	0.10±0.32	0.07±0.26	0.33±0.50	1.199	0.321
12. 专业课程体系的设置是否符合职业岗位（群）需求？	3.81±0.83	3.30±0.95	3.47±0.74	3.67±1.00	0.854	0.472
13（企业调研）	0.56±0.51	0.60±0.52	0.87±0.35	0.67±0.50	1.232	0.309

* $p<0.05$ ** $p<0.01$

表 3-40　课程建设教龄差异

	4. 您的教龄（平均值±标准差）				F	p
	1.0 (n=169)	2.0 (n=84)	3.0 (n=84)	4.0 (n=88)		
14. 您所任课程是否制定了课程标准？	1.06±0.25	1.00±0.00	1.00±0.00	1.00±0.00	0.695	0.560
15. 有没有行业企业人员参与课程教学设计？	1.50±0.52	1.50±0.53	1.40±0.51	1.22±0.44	0.690	0.563
16. 您是否对课程内容依据职业岗位工作要求进行优化整合？	1.13±0.34	1.00±0.00	1.07±0.26	1.00±0.00	0.781	0.511
21. 您所任课程是否制定了实践考核标准？	1.19±0.40	1.20±0.42	1.33±0.49	1.11±0.33	0.595	0.622
20（技能测试）	0.50±0.52	0.50±0.53	0.73±0.46	0.56±0.53	0.690	0.563
20（其他）	0.19±0.40	0.00±0.00	0.07±0.26	0.11±0.33	0.865	0.466
18（实践场所）	0.44±0.51	0.30±0.48	0.20±0.41	0.33±0.50	0.650	0.587
20（论文或调研报告）	0.44±0.51	0.10±0.32	0.07±0.26	0.33±0.50	2.662	0.059
19（项目教学法）	0.63±0.50	0.60±0.52	1.00±0.00	0.67±0.50	2.766	0.052
20（笔试）	0.69±0.48	0.90±0.32	0.80±0.41	0.89±0.33	0.751	0.527
19（其他）	0.25±0.45	0.30±0.48	0.27±0.46	0.00±0.00	1.043	0.382

续表

	4. 您的教龄（平均值±标准差）				F	p
	1.0 ($n=169$)	2.0 ($n=84$)	3.0 ($n=84$)	4.0 ($n=88$)		
19（案例教学法）	0.94±0.25	1.00±0.00	0.80±0.41	0.67±0.50	1.961	0.133
19（讲授）	0.63±0.50	1.00±0.00	0.73±0.46	0.89±0.33	2.041	0.121
18（其他）	0.00±0.00	0.10±0.32	0.00±0.00	0.00±0.00	1.363	0.266
18（一体化教室）	0.50±0.52	0.60±0.52	0.80±0.41	0.67±0.50	1.022	0.392
18（普通教室）	0.75±0.45	0.70±0.48	0.53±0.52	0.44±0.53	1.005	0.399
17（教育部规划教材）	0.69±0.48	0.80±0.42	0.93±0.26	0.89±0.33	1.163	0.334
17（校企合作开发教材）	0.38±0.50	0.20±0.42	0.33±0.49	0.22±0.44	0.391	0.760
17（行业部委统编教材）	0.19±0.40	0.30±0.48	0.47±0.52	0.33±0.50	0.909	0.444
17（讲义）	0.06±0.25	0.20±0.42	0.07±0.26	0.11±0.33	0.493	0.689
17（自编教材）	0.13±0.34	0.00±0.00	0.20±0.41	0.33±0.50	1.421	0.249
17（其他）	0.25±0.45	0.20±0.42	0.07±0.26	0.00±0.00	1.349	0.270
17（教育部精品教材）	0.56±0.51	0.50±0.53	0.53±0.52	0.78±0.44	0.593	0.623

* $p<0.05$ ** $p<0.01$

表3-41 实践教学条件教龄差异

	4. 您的教龄（平均值±标准差）				F	p
	1.0 ($n=169$)	2.0 ($n=84$)	3.0 ($n=84$)	4.0 ($n=88$)		
22. 您所任课程的实践教学比例为？	2.44±0.96	2.40±1.17	2.73±1.16	2.33±0.50	0.399	0.755
23（普通教室）	0.63±0.50	0.60±0.52	0.47±0.52	0.44±0.53	0.398	0.755
23（校内实验室）	0.50±0.52	0.70±0.48	0.73±0.46	0.56±0.53	0.714	0.548
26（校外兼职教师）	0.13±0.34	0.10±0.32	0.27±0.46	0.22±0.44	0.518	0.672
23（校内实习基地）	0.50±0.52	0.30±0.48	0.27±0.46	0.56±0.53	1.014	0.395
26（教学团队中其他教师）	0.44±0.51	0.60±0.52	0.33±0.49	0.56±0.53	0.679	0.569
26（专职实验员）	0.13±0.34	0.00±0.00	0.00±0.00	0.22±0.44	1.737	0.173
26（自己）	0.75±0.45	0.70±0.48	0.80±0.41	0.78±0.44	0.109	0.954
25. 学生校外实习情况？	1.13±0.50	1.00±0.00	1.47±0.83	1.33±0.71	1.435	0.245

续表

	4. 您的教龄（平均值±标准差）				F	p
	1.0 ($n=169$)	2.0 ($n=84$)	3.0 ($n=84$)	4.0 ($n=88$)		
23（校外顶岗实习基地）	0.25±0.45	0.20±0.42	0.07±0.26	0.33±0.50	0.950	0.424
24. 校内实训基地仪器设备是否能满足您实践教学需要？	1.81±0.66	2.00±0.82	2.07±0.59	1.78±0.44	0.611	0.612

*$p<0.05$ **$p<0.01$

表 3-42 教学质量监控体系教龄差异

	4. 您的教龄（平均值±标准差）				F	p
	1.0 ($n=169$)	2.0 ($n=84$)	3.0 ($n=84$)	4.0 ($n=88$)		
29. 系部是否制定了教学质量监控制度？	1.06±0.25	1.10±0.32	1.07±0.26	1.11±0.33	0.085	0.968
32（其他学校教师）	-0.50±1.26	0.10±0.32	-0.20±0.77	-0.33±1.00	0.861	0.468
28. 您对学院目前教学质量监控运行制度是否满意？	1.75±0.93	1.50±0.85	1.33±0.72	1.44±0.88	0.661	0.580
27. 您所在系部是否建有校外兼职教师资源库？	1.81±0.75	1.90±0.88	1.67±0.90	1.44±0.73	0.589	0.625
32（其他）	-0.50±1.26	0.00±0.00	-0.20±0.77	-0.33±1.00	0.638	0.595
34. 您认为学生网上评教？	1.50±0.63	2.00±0.94	1.93±0.70	1.78±0.67	1.309	0.283
35. 您对学院实行教学信息员制度的态度？	1.56±0.81	1.80±1.03	1.53±0.70	1.56±0.88	0.207	0.891
33. 是否有企业人员参与学院教学质量监控？	1.63±0.50	1.60±0.52	1.73±0.46	1.44±0.53	0.643	0.591
30（听课）	0.94±0.25	1.00±0.00	0.93±0.26	1.00±0.00	0.403	0.752
32（企业专家）	-0.44±1.31	0.20±0.42	-0.13±0.83	-0.22±1.09	0.836	0.481
32（本校退休）	-0.44±1.31	0.10±0.32	0.00±0.93	-0.22±1.09	0.737	0.535
32（本校在职）	0.19±1.60	1.00±0.00	0.73±1.03	0.56±1.33	1.041	0.384

续表

	4. 您的教龄（平均值±标准差）				F	p
	1.0 (n=169)	2.0 (n=84)	3.0 (n=84)	4.0 (n=88)		
30（观摩课）	0.50±0.52	0.50±0.53	0.47±0.52	0.67±0.50	0.309	0.819
31. 学院是否有专职教学督导人员？	1.19±0.40	1.00±0.00	1.07±0.26	1.11±0.33	0.865	0.466
30（学生座谈会）	0.63±0.50	0.60±0.52	0.73±0.46	0.78±0.44	0.348	0.791
30（其他）	0.31±0.48	0.00±0.00	0.07±0.26	0.00±0.00	3.189	0.032*
30（同行评教）	0.50±0.52	0.70±0.48	0.67±0.49	0.56±0.53	0.453	0.716

* $p<0.05$ ** $p<0.01$

（四）各维度在学历上的差异

通过研究关于不同学历的教师在四个维度上的差异分析数据，如表3-43至表3-46所示，课题组发现样本院校专科以下学历的教师和硕士学历以上的教师在专业设置及课程体系构建、课程建设、实践教学条件和教学质量监控体系四个维度上的差异性比较显著，硕士学历及以上的教师在后面的教学管理工作要优于专科学历及以下的教师，说明学历是影响教学管理工作的一个重要因素。

表3-43 专业设置及课程体系构建学历差异

	5. 您的学历（平均值±标准差）				F	p
	1.0 (n=13)	2.0 (n=110)	3.0 (n=192)	4.0 (n=10)		
9. 您所在系专业设置时是否进行了市场调研？	1.54±0.519	1.44±0.53	1.18±0.39	1.50±0.71	1.250	0.303
10. 您是否参与专业人才培养计划的制订或修订？	1.038±0.506	1.22±0.44	1.26±0.45	2.00±0.00	1.986	0.129
11. 有没有行业（企业）人员参与专业人才培养计划的制订？	1.54±0.519	1.33±0.50	1.34±0.48	1.50±0.71	0.232	0.873
13（其他）	0.46±0.519	0.33±0.50	0.18±0.39	0.00±0.00	0.576	0.634
13（教师研讨）	0.31±0.480	0.89±0.33	0.76±0.43	1.00±0.00	0.480	0.698

续表

	5. 您的学历（平均值±标准差）				F	p
	1.0 ($n=13$)	2.0 ($n=110$)	3.0 ($n=192$)	4.0 ($n=10$)		
13（因人设课）	0.23±0.439	0.11±0.33	0.13±0.34	0.50±0.71	0.773	0.515
12. 专业课程体系的设置是否符合职业岗位（群）需求？	3.08±0.954	3.44±0.88	3.66±0.78	3.50±2.12	1.339	0.273
13（企业调研）	0.31±0.480	0.78±0.44	0.68±0.47	0.50±0.71	0.917	0.440

* $p<0.05$ ** $p<0.01$

表3-44　课程建设学历差异

	5. 您的学历（平均值±标准差）				F	p
	1.0 ($n=13$)	2.0 ($n=110$)	3.0 ($n=192$)	4.0 ($n=10$)		
14. 您所任课程是否制定了课程标准？	1.31±0.48	1.00±0.00	1.03±0.16	1.00±0.00	0.099	0.960
15. 有没有行业企业人员参与课程教学设计？	1.46±0.519	1.44±0.53	1.42±0.50	1.50±0.71	0.249	0.862
16. 您是否对课程内容依据职业岗位工作要求进行优化整合？	1.31±0.48	1.00±0.00	1.08±0.27	1.00±0.00	0.315	0.814
21. 您所任课程是否制定了实践考核标准？	0.46±0.519	1.22±0.44	1.21±0.41	1.50±0.71	0.382	0.766
20（技能测试）	0.38±0.506	0.67±0.50	0.58±0.50	0.00±0.00	1.248	0.303
20（其他）	0.38±0.506	0.11±0.33	0.11±0.31	0.00±0.00	0.110	0.954
18（实践场所）	0.38±0.506	0.22±0.44	0.37±0.49	0.00±0.00	0.711	0.550
20（论文或调研报告）	0.31±0.48	0.22±0.44	0.24±0.43	0.50±0.71	0.337	0.799
19（项目教学法）	0.15±0.376	0.67±0.50	0.76±0.43	1.00±0.00	1.299	0.286
20（笔试）	0.62±0.506	0.56±0.53	0.84±0.37	1.00±0.00	1.528	0.220
19（其他）	0.54±0.519	0.11±0.33	0.26±0.45	0.00±0.00	0.599	0.619
19（案例教学法）	0.31±0.48	1.00±0.00	0.82±0.39	1.00±0.00	0.831	0.484
19（讲授）	0.62±0.506	0.67±0.50	0.79±0.41	1.00±0.00	0.487	0.693

续表

	5. 您的学历（平均值±标准差）				F	p
	1.0 (n=13)	2.0 (n=110)	3.0 (n=192)	4.0 (n=10)		
18（其他）	0.15±0.376	0.00±0.00	0.03±0.16	0.00±0.00	0.099	0.960
18（一体化教室）	0.54±0.519	0.56±0.53	0.66±0.48	0.50±0.71	0.333	0.801
18（普通教室）	0.54±0.519	0.56±0.53	0.63±0.49	0.50±0.71	0.286	0.835
17（教育部规划教材）	0.46±0.519	0.89±0.33	0.79±0.41	1.00±0.00	0.373	0.773
17（校企合作开发教材）	0.08±0.277	0.22±0.44	0.34±0.48	0.00±0.00	0.594	0.622
17（行业部委统编教材）	0.08±0.277	0.11±0.33	0.39±0.50	0.00±0.00	1.403	0.254
17（讲义）	0.00±0.00	0.00±0.00	0.13±0.34	0.00±0.00	0.558	0.646
17（自编教材）	0.08±0.277	0.11±0.33	0.18±0.39	0.00±0.00	0.280	0.839
17（其他）	0.08±0.277	0.11±0.33	0.16±0.37	0.00±0.00	0.203	0.894
17（教育部精品教材）	0.54±0.519	0.44±0.53	0.61±0.50	0.50±0.71	0.492	0.689

$^*p<0.05$ $^{**}p<0.01$

表3-45 实践教学条件学历差异

	5. 您的学历（平均值±标准差）				F	p
	1.0 (n=13)	2.0 (n=110)	3.0 (n=192)	4.0 (n=10)		
22. 您所任课程的实践教学比例为？	2.46±1.19	2.22±0.83	2.61±1.03	1.50±0.71	1.143	0.342
23（普通教室）	0.63±0.506	0.56±0.53	0.50±0.51	1.00±0.00	0.913	0.442
23（校内实验室）	0.54±0.519	0.33±0.50	0.71±0.46	0.00±0.00	3.068	0.037*
26（校外兼职教师）	0.00±0.00	0.11±0.33	0.18±0.39	0.50±0.71	0.606	0.614
23（校内实习基地）	0.15±0.376	0.56±0.53	0.39±0.50	0.00±0.00	0.948	0.425
26（教学团队中其他教师）	0.46±0.519	0.22±0.44	0.47±0.51	1.00±0.00	1.933	0.137
26（专职实验员）	0.08±0.277	0.00±0.00	0.11±0.31	0.00±0.00	0.433	0.730
26（自己）	0.69±0.48	1.00±0.00	0.74±0.45	0.00±0.00	3.645	0.019*
25. 学生校外实习情况？	1.46±0.967	1.00±0.00	1.26±0.64	2.00±1.41	1.546	0.215
23（校外顶岗实习基地）	0.15±0.376	0.22±0.44	0.21±0.41	0.00±0.00	0.251	0.860

续表

	5. 您的学历（平均值±标准差）				F	p
	1.0 ($n=13$)	2.0 ($n=110$)	3.0 ($n=192$)	4.0 ($n=10$)		
24. 校内实训基地仪器设备是否能满足您实践教学需要？	1.92±0.76	1.89±0.78	1.89±0.61	2.50±0.71	0.576	0.634

* $p<0.05$ ** $p<0.01$

表3-46 教学质量监控体系学历差异

	5. 您的学历（平均值±标准差）				F	p
	1.0 ($n=13$)	2.0 ($n=110$)	3.0 ($n=192$)	4.0 ($n=10$)		
29. 系部是否制定了教学质量监控制度？	1.23±0.439	1.11±0.33	1.05±0.23	1.50±0.71	1.851	0.151
32（其他学校教师）	0.00±1.00	-0.56±1.42	-0.21±0.84	0.00±0.00	0.390	0.761
28. 您对学院目前教学质量监控运行制度是否满意？	2.00±1.00	1.78±0.97	1.47±0.83	1.50±0.71	0.435	0.729
32（其他）	0.08±0.954	-0.56±1.42	-0.24±0.82	0.00±0.00	0.369	0.776
34. 您认为学生网上评教？	1.85±0.899	2.00±0.71	1.76±0.75	1.50±0.71	0.732	0.538
35. 您对学院实行教学信息员制度的态度？	1.77±0.927	2.11±1.05	1.47±0.80	2.00±1.41	1.623	0.197
33. 是否有企业人员参与学院教学质量监控？	1.38±0.506	1.89±0.33	1.58±0.50	1.50±0.71	1.624	0.197
30（听课）	0.62±0.506	1.00±0.00	0.95±0.23	1.00±0.00	0.204	0.893
32（企业专家）	0.08±0.954	-0.67±1.32	-0.08±0.94	0.00±0.00	0.858	0.470
32（本校退休）	0.08±0.954	-0.56±1.42	-0.11±0.92	0.50±0.71	0.768	0.518
27. 您所在系部是否建有校外兼职教师资源库？	2.15±0.899	2.33±0.87	1.58±0.76	1.50±0.71	2.384	0.081
32（本校在职）	0.54±1.13	0.00±1.73	0.68±1.09	1.00±0.00	0.892	0.452
30（观摩课）	0.38±0.506	0.44±0.53	0.53±0.51	0.50±0.71	0.357	0.784

续表

	5. 您的学历（平均值±标准差）				F	p
	1.0 ($n=13$)	2.0 ($n=110$)	3.0 ($n=192$)	4.0 ($n=10$)		
31. 学院是否有专职教学督导人员？	0.08±0.277	1.22±0.44	1.08±0.27	1.00±0.00	0.644	0.591
30（学生座谈会）	0.15±0.376	0.78±0.44	0.68±0.47	0.50±0.71	0.917	0.440
30（其他）	0.31±0.480	0.22±0.44	0.11±0.31	0.00±0.00	0.435	0.729
30（同行评教）	0.38±0.506	0.56±0.53	0.61±0.50	0.50±0.71	0.258	0.855

* $p<0.05$ ** $p<0.01$

三、教学管理问题调研统计结果解释及其解释

（一）专业设置及课程体系构建分析

调研数据表明，大部分的教师都肯定所在系部在专业设置时进行了市场调研，体现了高等职业院校对于专业设置合理性和科学性的重视；有将近六成的教师和行业（企业）人员表示参与过专业人才培养计划的制订或修订，这表明相当比例的高等职业院校遵循了产教融合、校企合作协同育人的人才培养模式；在专业课程体系的设置是否符合职业岗位（群）需求这一问题上，调查的回答结果参差不齐，这表明高职教师对课程体系的认同度不太高，因此，当前我国的课程体系构建还有待加强。

表3-47 频率表

	选项	频率	百分比	有效百分比	累计百分比
9. 您所在系专业设置时是否进行了市场调研？	1	305	71.8	71.8	71.8
	2	120	28.2	28.2	100.0
10. 您是否参与专业人才培养计划的制订或修订？	1	258	60.7	60.7	60.7
	2	167	39.3	39.3	100.0
11. 有没有行业（企业）人员参与专业人才培养计划的制订？	1	256	60.2	60.2	60.2
	2	169	39.8	39.8	100.0

续表

	选项	频率	百分比	有效百分比	累计百分比
12. 专业课程体系的设置是否符合职业岗位（群）需求？	1	15	3.5	3.5	3.5
	2	57	13.4	13.4	16.9
	3	134	31.5	31.5	48.5
	4	179	42.1	42.1	90.6
	5	40	9.4	9.4	100.0

（二）课程建设分析

调查数据表明，在对高等职业院校的课程建设研究中，几乎有九成的教师表示，所任课程制定了课程标准，并对课程内容依据岗位工作要求进行了优化整合。根据对高等职业院校所用教材的调研数据分析，我们发现教材大致包含教育部规划教材、教育部精品教材、行业部委统编教材、校企合作开发教材、自编教材和讲义，表现出了高等职业院校教材的多样性。如图表3-48所示。

表3-48 频率表

	选项	频率	百分比	有效百分比	累计百分比
14. 您所任课程是否制定了课程标准？	1	407	95.8	95.8	95.8
	2	18	4.2	4.2	100.0
15. 有没有行业企业人员参与课程教学设计？	1	221	52.0	52.0	52.0
	2	204	48.0	48.0	100.0
16. 您是否对课程内容依据职业岗位工作要求进行优化整合？	1	378	88.9	88.9	88.9
	2	47	11.1	11.1	100.0
17（教育部规划教材）	0	99	23.3	23.3	23.3
	1	326	76.7	76.7	100.0
17（教育部精品教材）	0	240	56.5	56.5	56.5
	1	185	43.5	43.5	100.0
17（行业部委统编教材）	0	319	75.1	75.1	75.1
	1	106	24.9	24.9	100.0
17（校企合作开发教材）	0	345	81.2	81.2	81.2
	1	80	18.8	18.8	100.0

续表

	选项	频率	百分比	有效百分比	累计百分比
17（自编教材）	0	333	78.4	78.4	78.4
	1	92	21.6	21.6	100.0
17（讲义）	0	375	88.2	88.2	88.2
	1	50	11.8	11.8	100.0

（三）实践教学条件分析

在对高等职业院校实践教学条件的研究中，课题组分析调查数据发现，高等职业院校课程的实践教学比例以20%到60%居多，总的来说还处于有待提高的水平；课程实践教学的主要地点包括普通教室、校内实验室、校内实习基地和校外顶岗实习基地，其中，校外顶岗实习基地的比例最高；有超出一半的教师认为校内实训基地仪器设备基本满足实践教学的需要，一定程度上表明了当前高等职业院校实践教学条件的完善；有七成的教师表示学生在校外实习能够上岗实习，深入生产一线。具体数据如图表3-49所示。

表3-49 频率表

	选项	频率	百分比	有效百分比	累计百分比
22. 您所任课程的实践教学比例为？	1	99	23.3	23.3	23.3
	2	109	25.6	25.6	48.9
	3	149	35.1	35.1	84.0
	4	38	8.9	8.9	92.9
	5	30	7.1	7.1	100.0
23（普通教室）	0	193	45.4	45.4	45.4
	1	232	54.6	54.6	100.0
23（校内实验室）	0	213	50.1	50.1	50.1
	1	212	49.9	49.9	100.0
23（校内实习基地）	0	276	64.9	64.9	64.9
	1	149	35.1	35.1	100.0
23（校外顶岗实习基地）	0	345	81.2	81.2	81.2
	1	80	18.8	18.8	100.0

续表

选项		频率	百分比	有效百分比	累计百分比
24. 校内实训基地仪器设备是否能满足您实践教学需要？	1	124	29.2	29.2	29.2
	2	234	55.1	55.1	84.2
	3	67	15.8	15.8	100.0
25. 学生校外实习情况？	1	325	76.5	76.5	76.5
	2	31	7.3	7.3	83.8
	3	51	12.0	12.0	95.8
	4	18	4.2	4.2	100.0
26（自己）	0	72	16.9	16.9	16.9
	1	353	83.1	83.1	100.0
26（专职实验员）	0	372	87.5	87.5	87.5
	1	53	12.5	12.5	100.0
26（教学团队中其他教师）	0	268	63.1	63.1	63.1
	1	157	36.9	36.9	100.0
26（校外兼职教师）	0	364	85.6	85.6	85.6
	1	61	14.4	14.4	100.0

（四）教学质量监控分析

调研数据显示，教师普遍肯定所在系部制定了教学质量监控体系，有将近六成的教师对学院目前教学质量监控运行制度表示满意，还有一部分人表示不清楚，表现出了对教学质量监控体系的模糊认知；系部教学质量监控一般采取听课、观摩课、同行评教以及学生座谈会的形式，并且组织了本校教师、企业专家和其他学校教师组成专职的教学督导组对教学质量进行监督。

表 3-50 频率表

	选项	频率	百分比	有效百分比	累计百分比
27. 您所在系部是否建有校外兼职教师资源库？	1	197	46.4	46.4	46.4
	2	90	21.2	21.2	67.5
	3	138	32.5	32.5	100.0

续表

	选项	频率	百分比	有效百分比	累计百分比
28. 您对学院目前教学质量监控运行制度是否满意？	1	254	59.8	59.8	59.8
	2	30	7.1	7.1	66.8
	3	141	33.2	33.2	100.0
29. 系部是否制定了教学质量监控制度？	1	370	87.1	87.1	87.1
	2	55	12.9	12.9	100.0
30（听课）	0	25	5.9	5.9	5.9
	1	400	94.1	94.1	100.0
30（观摩课）	0	195	45.9	45.9	45.9
	1	230	54.1	54.1	100.0
30（同行评教）	0	165	38.8	38.8	38.8
	1	260	61.2	61.2	100.0
30（学生座谈会）	0	137	32.2	32.2	32.2
	1	288	67.8	67.8	100.0
31. 学院是否有专职教学督导人员？	1	392	92.2	92.2	92.2
	2	33	7.8	7.8	100.0
32（本校在职）	-3	33	7.8	7.8	7.8
	0	19	4.5	4.5	12.2
	1	373	87.8	87.8	100.0
32（本校退休）	-3	33	7.8	7.8	7.8
	0	323	76.0	76.0	83.8
	1	69	16.2	16.2	100.0
32（企业专家）	-3	33	7.8	7.8	7.8
	0	338	79.5	79.5	87.3
	1	54	12.7	12.7	100.0
32（其他学校教师）	-3	33	7.8	7.8	7.8
	0	358	84.2	84.2	92.0
	1	34	8.0	8.0	100.0

四、高等职业教育跨界转型发展教学与管理问题现状分析

(一) 教学管理理念方面

首先,部分高等职业院校需进一步学习科学的教学管理理念,教师与学生之间进行平等交流和沟通,以行政权力为主导开展教学管理工作,要充分考虑学生的实际情况和发展要求。其次,部分高等职业院校的管理者要不断更新教学管理理念。在改革教学模式、制定教学质量评估标准等一系列教学工作时,要注重高等职业教育教学质量提升等问题。最后,就目前高等职业院校的教学管理而言,教学管理、监督和反馈等体制机制要与时俱进地融入新的教学理念,以求符合高等职业院校面向劳动力市场要求培养出具有创新性的高水平应用型人才的办学目标,满足新时代高等职业院校发展的需要。

(二) 教学管理机制方面

首先,当前部分高等职业院校的教学管理需要更加灵活多样。教师应当做好指导者的角色,鼓励学生充分发挥主体性,教师要改变"满堂灌"或"填鸭式"的教学方法;提高学生在课堂上的学习兴致和积极性。其次,高等职业院校的教学管理体制机制要不断完善。对于教师,不能只注重教学环节的完整性,不能忽视对教师实际教学能力和课程研发能力的考察;对于学生,不能只重视学生的课时完成度,而忽视学生是否真正学到了知识以及是否掌握了职业技能。最后,高等职业院校传统的管理机制要与当前的教学管理需要同步,注重教育的科学性,才能有利于高等职业院校合理有效地开展教学工作,才能够适应高等职业教育的高质量发展要求。因此,高等职业院校的教学管理模式亟待改革。

(三) 教学管理队伍方面

教学管理人员是开展教学管理工作的重要主体,教学管理队伍的综合素质对教学管理的质量和效果具有关键的作用。通过调查数据研究分析发现,样本院校管理人员的素质有待提升,造成该现象的主要原因有以下几个方面。首先,高等职业院校对教学管理人员设置的学历门槛较低,研究生以上学历的教学管理人员较少且专业知识水平有待提高。其次,教学管理工作人员在专业工作上没有清楚的划分和规定,存在着专业不对口、教学管理工作不适应的问题。最后,教学管理人员普遍停留在经验管理的层次上,高等职业院校需要进一步对教育教学管理进行改革创新。

第四节 高等职业院校师资队伍建设跨界转型发展的实证分析

一、师资队伍建设调研问卷的信效度检验

（一）信度检验

以调研院校的 425 名教师的有效调查问卷为个案摘要，即将教师个案摘要按照所选的分组变量进行分组分析并显示分析结果。其中，有效个案摘要数量为 425，排除缺失值后有效率能达到 100%。如图表 3-51 所示。

表 3-51 教师卷初测信度检验

标度：所有变量	个案处理摘要		
		个案数	百分比（%）
个案	有效	425	100
	排除	0	0
	总计	425	100

在量表的信度检验中，教师卷 $\alpha = 0.672$，意味着样本院校教学与管理指标体系测度量表有 33.00% 的内容未曾涉及，具有较高的信度。

表 3-52 可靠性统计

克隆巴赫	项数
0.672	167

（二）效度检验

在"双师型"教师队伍发展状况这一维度，取样足够度的 Kaiser-Meyer-Olkin 度量为 0.554，巴特利特球形度检验近似卡方为 306.092，自由度（df）为 15，显著性（Sig）为 0.000。由此可见，它们之间存在共同因素，可以进行因子分析。

表 3-53 "双师型"教师队伍发展状况效度检验

KMO 和巴特利特检验		
KMO 取样适切性量数		0.554
巴特利特球形度检验	近似卡方	306.092
	自由度	15
	显著性	0.000

由 KMO 和巴特利特检验结果可知,此问卷总条目之间有共同因子存在,适合进行因子分析。本问卷和之前的问卷一致,为了因子在实际意义上更有适切性,以旋转成分矩阵为依据,对提取出来特征根大于 1 的 3 个因子重新进行命名,分别命名为"双师型"教师队伍发展状况、教师培训现状和教师培训需求。因子 1 "双师型"教师队伍发展状况包括以下条目:38—43,其因子载荷分别是:0.991、0.991、0.764、0.976、0.345、0.970。提取信息比例最高的是"您有没有到企业进行过实践锻炼",最低的是"您一般一学年会到企业锻炼几次",由此我们可以看出,到企业实践锻炼与否对双师型教师队伍发展影响较大,而教师实际到企业锻炼的次数却很少,这也说明了样本院校教师到企业锻炼的必要性。

表 3-54 "双师型"教师队伍发展状况因子分析

公因子方差		
	初始	提取
38. 您是否具有教师资格证以外的其他职业资格证书?	1.000	0.991
39. 您的职业资格证书与您所任教专业的相关性?	1.000	0.991
40. 您认为您目前教学工作中最缺乏的是?	1.000	0.764
41. 您有没有到企业进行过实践锻炼?	1.000	0.976
42. 您一般一学年会到企业锻炼几次?	1.000	0.345
43. 学院对教师培训和进修是否有相关的政策支持?	1.000	0.970

在教师培训现状这一维度,取样足够度的 Kaiser-Meyer-Olkin 度量为 0.804,巴特利特球形度检验近似卡方为 5698.512,自由度(df)为 1176,显著性(Sig)为 0.000。各条目之间存在共同因素,可以进行因子分析。

表 3-55 教师培训现状效度分析

KMO 和巴特利特检验		
KMO 取样适切性量数		0.804
巴特利特球形度检验	近似卡方	5698.512
	自由度	1176
	显著性	0.000

因子 2 教师培训现状包括以下条目：44—48，其因子载荷分别是：0.613、0.596、0.609、0.457、0.536、0.349、0.371、0.696、0.338、0.492、0.629、0.597、0.523、0.562。各变量提取信息比例最高的是教师培训中的"学校要求"，最低的是"教学需要"，所以我们可以认为，学校要求对高职教师参加培训的影响最大，而教学需要对高职教师参加培训的影响最小，体现出了样本院校对于教师培训的重视。

表 3-56 教师培训现状因子分析

公因子方差		
	初始	提取
44. 您在近三年参加各种培训次数	1.000	0.613
45. 您认为您所在学校对新教师培训的重视程度	1.000	0.596
46（教育部）	1.000	0.609
46（省教育厅）	1.000	0.457
46（所在学校）	1.000	0.536
46（企业）	1.000	0.349
47. 您是否愿意主动参加高等职业院校教师培训工作，为什么？	1.000	0.371
48（学校要求）	1.000	0.696
48（教学需要）	1.000	0.338
48（了解学科前沿知识）	1.000	0.492
48（服务学生）	1.000	0.629
48（为社会输送人才）	1.000	0.597
48（晋升评职称）	1.000	0.523
48（其他原因）	1.000	0.562

在教师培训需求这一维度，取样足够度的 Kaiser – Meyer – Olkin 度量为

0.684，巴特利特球形度检验近似卡方为843.937，自由度（df）为78，显著性（Sig）为0.000。各变量之间有共同因素存在，可以进行因子分析。

表3-57 教师培训需求效度分析

KMO 和巴特利特检验		
KMO 取样适切性量数		0.684
巴特利特球形度检验	近似卡方	843.937
	自由度	78
	显著性	0.000

因子2教师培训现状包括以下条目：59—64，其因子载荷分别是：0.425、0.794、0.793、0.548、0.425、0.498、0.451、0.427、0.571、0.521、0.475、0.456。载荷最高的因子对应的问题是"您认为现有的培训能否满足您的需求"，载荷最低的因子对应的问题是"您认为教师培训有需要吗"。因此可以认为，现有培训对教师需求的满足程度对教师培训现状的影响最大，而教师培训需求存在与否对教师培训现状的影响最小，反过来说明了样本院校教师培训需求的刚性特征。

表3-58 教师培训需求因子分析

公因子方差		
	初始	提取
59. 您认为教师培训有需要吗？	1.000	0.425
60. 您认为现有的培训能否满足您的需求？	1.000	0.794
61. 您认为学校关于教师培训的体系是否健全？	1.000	0.793
62. 您认为哪种形式培训最有效？	1.000	0.548
63（行业最新动态、前沿知识）	1.000	0.425
63（专业相关的实践操作技能）	1.000	0.498
63（课程开发培训）	1.000	0.451
63（职业教育教学方法培训）	1.000	0.427
63（职业教育心理学知识培训）	1.000	0.571
64（薪酬待遇激励）	1.000	0.521
64（情感激励）	1.000	0.475
64（授权激励）	1.000	0.456

二、各统计变量在人口学变量上的差异性分析

(一) 各维度的性别差异

不同性别的教师在"双师型"教师队伍发展、教师培训现状和教师培训需求三种师资队伍建设维度上存在显著的差异。其中,男性教师的培训现状水平和培训需求均高于女性教师。高等职业院校的教师参与高水平师资队伍建设的积极性普遍较高,不同性别的教师在"双师型"教师队伍发展的差异性不显著。相关数据如表3-59至表3-61所示。

表3-59 "双师型"教师队伍发展性别差异

	2.您的性别(平均值±标准差)		F	p
	1.0 ($n=164$)	2.0 ($n=261$)		
39.您的职业资格证书与您所任教专业的相关性?	0.71±1.45	0.36±1.82	0.453	0.504
40.您认为您目前教学工作中最缺乏的是?	2.71±0.92	2.73±1.01	0.005	0.942
41.您有没有到企业进行过实践锻炼?	1.06±0.24	1.15±0.36	0.893	0.349
43.学院对教师培训和进修是否有相关的政策支持?	1.06±0.24	1.09±0.29	0.151	0.699
38.您是否具有教师资格证以外的其他职业资格证书?	1.12±0.33	1.21±0.42	0.660	0.420
42.您一般一学年会到企业锻炼几次?	2.18±1.55	1.42±2.03	1.787	0.188

* $p<0.05$ ** $p<0.01$

表 3-60　教师培训现状性别差异

	2. 您的性别（平均值±标准差）		F	p
	1.0（$n=164$）	2.0（$n=261$）		
44. 您在近三年参加各种培训次数	2.12±0.60	1.91±0.63	1.267	0.266
45. 您认为您所在学校对教师培训的重视程度	1.94±0.90	2.15±0.83	0.677	0.415
50（其他）	0.12±0.33	0.15±0.36	0.103	0.750
58（培训方式缺乏灵活性）	0.47±0.51	0.48±0.51	0.009	0.926
57（培训时间）	0.29±0.47	0.39±0.50	0.470	0.496
58（培训时间与教学冲突）	0.53±0.51	0.39±0.50	0.816	0.371
58（培训师资水平不够高）	0.24±0.44	0.18±0.39	0.193	0.662
58（培训内容缺乏针对性）	0.59±0.51	0.52±0.51	0.233	0.632
58（培训考核评价欠合理）	0.24±0.44	0.09±0.29	1.940	0.170
57（培训安排管理）	0.47±0.51	0.61±0.50	0.816	0.371
58（培训经费投入欠缺）	0.47±0.51	0.45±0.51	0.011	0.916
57（其他）	0.06±0.24	0.06±0.24	0.001	0.980
58（培训组织管理欠合理）	0.06±0.24	0.18±0.39	1.393	0.244
58（工作环境与培训脱节）	0.35±0.49	0.30±0.47	0.124	0.727
58（培训激励政策欠完善）	0.12±0.33	0.24±0.44	1.072	0.306
58（重视不够及规划不足）	0.35±0.49	0.45±0.51	0.461	0.500
57（培训考核方式）	0.24±0.44	0.27±0.45	0.079	0.780
56. 您参加过的培训是否对自身专业发展有帮助？	3.82±0.81	3.85±0.71	0.013	0.911
57（培训课程设置）	0.65±0.49	0.64±0.49	0.005	0.942
51. 您认为合理的培训时间安排应该是在？	2.88±1.05	3.36±1.06	2.336	0.133
57（培训形式）	0.59±0.51	0.58±0.50	0.007	0.934
57（培训师资水平）	0.65±0.49	0.67±0.48	0.018	0.892
54. 您对参加过的培训的师资满意度如何？	3.65±0.70	3.70±0.77	0.050	0.824

续表

	2. 您的性别（平均值±标准差）		F	p
	1.0 ($n=164$)	2.0 ($n=261$)		
55. 您认为参加过的培训的考核评价方式是否合理？	3.65±0.79	3.55±0.71	0.213	0.646
46（其他）	0.18±0.39	0.24±0.44	0.275	0.603
53. 您对参加过的培训课程满意度如何？	3.71±0.77	3.61±0.70	0.211	0.648
52. 您对参加过的培训整体满意度如何？	3.76±0.75	3.52±0.76	1.229	0.273
46（教育部）	0.24±0.44	0.15±0.36	0.518	0.475
50（企业实践）	0.71±0.47	0.21±0.42	14.517	0.000**
48（了解学科前沿知识）	1.00±0.00	0.85±0.36	2.914	0.094
50（师徒结对）	0.06±0.24	0.09±0.29	0.151	0.699
49（其他）	0.12±0.33	0.27±0.45	1.559	0.218
49（自己缺少动力）	0.29±0.47	0.21±0.42	0.400	0.530
50（技能演示）	0.53±0.51	0.48±0.51	0.086	0.771
50（理论讲授）	0.65±0.49	0.79±0.42	1.136	0.292
50（主题研讨）	0.82±0.39	0.64±0.49	1.867	0.178
49（缺乏培训机会）	0.59±0.51	0.58±0.50	0.007	0.934
49（师师之间缺乏有效沟通）	0.65±0.49	0.55±0.51	0.461	0.500
48（其他原因）	0.06±0.24	0.06±0.24	0.001	0.980
49（相关部门不重视）	0.47±0.51	0.21±0.42	3.690	0.061
48（晋升评职称）	0.41±0.51	0.33±0.48	0.289	0.593
48（服务学生）	0.65±0.49	0.52±0.51	0.773	0.384
47. 您是否愿意主动参加高等职业院校教师培训工作，为什么？	1.94±0.66	1.64±0.78	1.883	0.176
48（为社会输送人才）	0.41±0.51	0.48±0.51	0.233	0.632
48（教学需要）	0.82±0.39	0.85±0.36	0.050	0.824
46（省教育厅）	0.65±0.49	0.58±0.50	0.229	0.634

续表

	2. 您的性别（平均值±标准差）		F	p
	1.0（n=164）	2.0（n=261）		
48（学校要求）	0.47±0.51	0.33±0.48	0.877	0.354
46（所在学校）	0.71±0.47	0.70±0.47	0.004	0.949
46（企业）	0.35±0.49	0.45±0.51	0.461	0.500

* $p<0.05$ ** $p<0.01$

表 3-61　教师培训需求性别差异

	2. 您的性别（平均值±标准差）		F	p
	1.0（n=164）	2.0（n=261）		
59. 您认为教师培训有需要吗	1.29±0.47	1.48±0.71	0.991	0.325
60. 您认为现有的培训能否满足您的需求	2.35±0.70	2.76±0.83	2.945	0.093
61. 您认为学校关于教师培训的体系是否健全	2.41±0.80	2.67±0.54	1.799	0.186
63（课程开发培训）	0.53±0.51	0.64±0.49	0.519	0.475
63（职业教育教学方法培训）	0.47±0.51	0.55±0.51	0.243	0.624
64（情感激励）	0.41±0.51	0.48±0.51	0.233	0.632
64（薪酬待遇激励）	0.94±0.24	0.88±0.33	0.470	0.496
64（授权激励）	0.29±0.47	0.55±0.51	2.905	0.095
64（荣誉激励）	0.59±0.51	0.58±0.50	0.007	0.934
63（职业教育心理学知识培训）	0.24±0.44	0.42±0.50	1.729	0.195
63（专业相关的实践操作技能）	0.65±0.49	0.85±0.36	2.689	0.108
63（行业最新动态、前沿知识）	0.71±0.47	0.85±0.36	1.409	0.241
62. 您认为哪种形式培训最有效	2.47±0.62	2.61±0.70	0.447	0.507

* $p<0.05$ ** $p<0.01$

（二）各维度的年龄差异

如表 3-62 至表 3-64 所示，从师资队伍建设各维度的年龄分布情况分析，不足 30 岁、30—40 岁、41—50 岁、50 岁以上的教师间不存在显著差异，这种结果说明，不管是哪个年龄段的教师都有着强烈的培训学习需求，同时也表明，"双师型"师资队伍发展在样本院校得到了重视。

表 3-62 双师型教师队伍发展年龄差异

	3. 您的年龄（平均值±标准差）				F	p
	1.0 (n=107)	2.0 (n=168)	3.0 (n=97)	4.0 (n=53)		
8. 您是否具有教师资格证以外的其他职业资格证书？	1.25±0.46	1.23±0.43	1.07±0.26	1.20±0.45	0.612	0.611
39. 您的职业资格证书与您所任教专业的相关性？	0.25±2.05	0.14±1.75	1.13±1.25	0.40±1.95	1.107	0.356
40. 您认为您目前教学工作中最缺乏的是？	2.75±1.04	2.64±0.90	2.80±1.08	2.80±1.10	0.097	0.961
41. 您有没有到企业进行过实践锻炼？	1.25±0.46	1.14±0.35	1.07±0.26	1.00±0.00	0.781	0.511
43. 学院对教师培训和进修是否有相关的政策支持？	1.13±0.35	1.05±0.21	1.07±0.26	1.20±0.45	0.504	0.681
42. 您一般一学年会到企业锻炼几次？	0.88±2.47	1.55±1.92	2.07±1.62	2.40±1.52	0.960	0.420

* $p<0.05$ ** $p<0.01$

表 3-63 教师培训现状年龄差异

	3. 您的年龄（平均值±标准差）				F	p
	1.0 (n=107)	2.0 (n=168)	3.0 (n=97)	4.0 (n=53)		
44. 您在近三年参加各种培训次数	1.63±0.52	2.00±0.44	1.93±0.70	2.60±0.89	2.846	0.048*
45. 您认为您所在学校对教师培训的重视程度	2.00±0.76	2.23±0.75	1.87±0.99	2.20±1.11	0.572	0.636
50（其他）	0.38±0.52	0.05±0.21	0.13±0.35	0.20±0.45	1.879	0.146

续表

	3. 您的年龄（平均值±标准差）				F	p
	1.0 ($n=107$)	2.0 ($n=168$)	3.0 ($n=97$)	4.0 ($n=53$)		
58（培训方式缺乏灵活性）	0.38±0.52	0.45±0.51	0.47±0.52	0.80±0.45	0.798	0.502
57（培训时间）	0.38±0.52	0.23±0.43	0.40±0.51	0.80±0.45	2.089	0.115
58（培训时间与教学冲突）	0.38±0.52	0.50±0.51	0.47±0.52	0.20±0.45	0.530	0.664
58（培训师资水平不够高）	0.00±0.00	0.18±0.39	0.27±0.46	0.40±0.55	1.230	0.310
58（培训内容缺乏针对性）	0.38±0.52	0.59±0.50	0.53±0.52	0.60±0.55	0.371	0.774
58（培训考核评价欠合理）	0.25±0.46	0.09±0.29	0.07±0.26	0.40±0.55	1.599	0.203
57（培训安排管理）	0.25±0.46	0.73±0.46	0.53±0.52	0.40±0.55	2.163	0.105
58（培训经费投入欠缺）	0.38±0.52	0.45±0.51	0.40±0.51	0.80±0.45	0.903	0.447
57（其他）	0.00±0.00	0.09±0.29	0.07±0.26	0.00±0.00	0.382	0.767
58（培训组织管理欠合理）	0.13±0.35	0.09±0.29	0.20±0.41	0.20±0.45	0.330	0.804
58（工作环境与培训脱节）	0.13±0.35	0.32±0.48	0.53±0.52	0.00±0.00	2.450	0.075
58（培训激励政策欠完善）	0.25±0.46	0.36±0.49	0.00±0.00	0.00±0.00	3.278	0.029*
58（重视不够及规划不足）	0.50±0.53	0.45±0.51	0.33±0.49	0.40±0.55	0.246	0.864
57（培训考核方式）	0.25±0.46	0.18±0.39	0.40±0.51	0.20±0.45	0.748	0.529
56. 您参加过的培训是否对自身专业发展有帮助？	3.38±0.74	3.91±0.68	4.00±0.76	3.80±0.84	1.394	0.257
57（培训课程设置）	0.38±0.52	0.64±0.49	0.73±0.46	0.80±0.45	1.176	0.329
51. 您认为合理的培训时间安排应该是在	3.50±1.60	3.23±0.92	3.07±1.10	3.00±0.71	0.337	0.799

续表

	3. 您的年龄（平均值±标准差）				F	p
	1.0 ($n=107$)	2.0 ($n=168$)	3.0 ($n=97$)	4.0 ($n=53$)		
57（培训形式）	0.50±0.53	0.59±0.50	0.47±0.52	1.00±0.00	1.566	0.210
57（培训师资水平）	0.75±0.46	0.68±0.48	0.60±0.51	0.60±0.55	0.204	0.893
54. 您对参加过的培训的师资满意度如何？	3.13±0.64	3.82±0.73	3.80±0.56	3.60±1.14	2.022	0.124
55. 您认为参加过的培训的考核评价方式是否合理？	3.00±0.76	3.64±0.58	3.80±0.68	3.60±1.14	2.358	0.084
46（其他）	0.13±0.35	0.14±0.35	0.33±0.49	0.40±0.55	1.113	0.353
53. 您对参加过的培训课程满意度如何？	3.13±0.83	3.68±0.57	3.80±0.68	3.80±1.10	1.793	0.162
52. 您对参加过的培训整体满意度如何？	3.25±0.71	3.73±0.55	3.80±0.68	3.00±1.41	2.361	0.084
46（教育部）	0.00±0.00	0.27±0.46	0.13±0.35	0.20±0.45	1.074	0.369
50（企业实践）	0.38±0.52	0.32±0.48	0.53±0.52	0.20±0.45	0.821	0.489
48（了解学科前沿知识）	0.75±0.46	0.95±0.21	0.87±0.35	1.00±0.00	1.143	0.342
50（师徒结对）	0.25±0.46	0.05±0.21	0.07±0.26	0.00±0.00	1.322	0.279
49（其他）	0.00±0.00	0.23±0.43	0.27±0.46	0.40±0.55	1.118	0.352
49（自己缺少动力）	0.50±0.53	0.09±0.29	0.33±0.49	0.20±0.45	2.253	0.095
50（技能演示）	0.63±0.52	0.55±0.51	0.33±0.49	0.60±0.55	0.824	0.488
50（理论讲授）	0.75±0.46	0.77±0.43	0.67±0.49	0.80±0.45	0.199	0.897
50（主题研讨）	0.63±0.52	0.68±0.48	0.73±0.46	0.80±0.45	0.176	0.912
49（缺乏培训机会）	0.63±0.52	0.59±0.50	0.53±0.52	0.60±0.55	0.068	0.977
49（师师之间缺乏有效沟通）	0.63±0.52	0.64±0.49	0.47±0.52	0.60±0.55	0.362	0.781
48（其他原因）	0.00±0.00	0.05±0.21	0.13±0.35	0.00±0.00	0.754	0.526
49（相关部门不重视）	0.00±0.00	0.27±0.46	0.47±0.52	0.40±0.55	1.984	0.130
48（晋升评职称）	0.25±0.46	0.36±0.49	0.40±0.51	0.40±0.55	0.174	0.914
48（服务学生）	0.50±0.53	0.59±0.50	0.60±0.51	0.40±0.55	0.255	0.857

<<< 第三章 新时代我国高等职业教育跨界转型发展的实证研究

续表

	3. 您的年龄（平均值±标准差）				F	p
	1.0 ($n=107$)	2.0 ($n=168$)	3.0 ($n=97$)	4.0 ($n=53$)		
47. 您是否愿意主动参加高等职业院校教师培训工作，为什么？	1.88±0.64	1.64±0.73	1.80±0.86	1.80±0.84	0.256	0.856
48（为社会输送人才）	0.63±0.52	0.45±0.51	0.40±0.51	0.40±0.55	0.367	0.777
48（教学需要）	0.75±0.46	0.86±0.35	0.87±0.35	0.80±0.45	0.222	0.881
46（省教育厅）	0.50±0.53	0.64±0.49	0.60±0.51	0.60±0.55	0.141	0.935
48（学校要求）	0.25±0.46	0.18±0.39	0.60±0.51	0.80±0.45	4.358	0.009
46（所在学校）	0.63±0.52	0.77±0.43	0.53±0.52	1.00±0.00	1.664	0.188
46（企业）	0.25±0.46	0.45±0.51	0.40±0.51	0.60±0.55	0.555	0.647

* $p<0.05$ ** $p<0.01$

表3-64 教师培训需求年龄差异

	3. 您的年龄（平均值±标准差）				F	p
	1.0 ($n=107$)	2.0 ($n=168$)	3.0 ($n=97$)	4.0 ($n=53$)		
59. 您认为教师培训有需要吗？	1.75±0.71	1.23±0.53	1.47±0.64	1.60±0.89	1.578	0.208
60. 您认为现有的培训能否满足您的需求？	2.38±0.92	2.86±0.83	2.53±0.74	2.20±0.45	1.470	0.235
61. 您认为学校关于教师培训的体系是否健全？	2.50±0.53	2.77±0.53	2.27±0.70	2.80±0.84	2.251	0.095
63（课程开发培训）	0.50±0.53	0.68±0.48	0.47±0.52	0.80±0.45	0.941	0.429
63（职业教育教学方法培训）	0.63±0.52	0.59±0.50	0.33±0.49	0.60±0.55	0.985	0.408
64（情感激励）	0.50±0.53	0.45±0.51	0.40±0.51	0.60±0.55	0.207	0.891
64（薪酬待遇激励）	0.88±0.35	1.00±0.00	0.87±0.35	0.60±0.55	2.785	0.051
64（授权激励）	0.50±0.53	0.45±0.51	0.40±0.51	0.60±0.55	0.207	0.891
64（荣誉激励）	0.63±0.52	0.59±0.50	0.53±0.52	0.60±0.55	0.068	0.977

续表

	3. 您的年龄（平均值±标准差）				F	p
	1.0 ($n=107$)	2.0 ($n=168$)	3.0 ($n=97$)	4.0 ($n=53$)		
63（职业教育心理学知识培训）	0.38±0.52	0.41±0.50	0.20±0.41	0.60±0.55	1.033	0.387
63（专业相关的实践操作技能）	0.50±0.53	0.95±0.21	0.73±0.46	0.60±0.55	3.228	0.031*
63（行业最新动态、前沿知识）	0.63±0.52	0.86±0.35	0.73±0.46	1.00±0.00	1.245	0.304
62. 您认为哪种形式培训最有效？	2.38±0.92	2.59±0.67	2.53±0.52	2.80±0.84	0.419	0.740

* $p<0.05$ ** $p<0.01$

（三）各维度的教龄差异

在师资队伍建设中"双师型"教师队伍发展、教师培训现状和教师培训需求三个维度上，从教师的教龄结构维度分析，从教1—5年、6—10年、11—15年、16年以上的教师之间存在着显著性差异（$0.01<p<0.05$）。从教16年以上的教师对于培训和学习的需求降低，教龄越短的教师对专业培训的需求越高，培训效果也更良好。相关统计数据如表3-65至表3-67所示。

表3-65 双师型教师队伍发展教龄差异

	4. 您的教龄（平均值±标准差）				F	p
	1.0 ($n=169$)	2.0 ($n=84$)	3.0 ($n=84$)	4.0 ($n=88$)		
39. 您的职业资格证书与您所任教专业的相关性？	-0.38±2.13	1.20±0.42	0.67±1.54	0.89±1.54	2.385	0.081
40. 您认为您目前教学工作中最缺乏的是？	2.81±0.98	3.00±1.05	2.47±0.92	2.67±1.00	0.663	0.579
41. 您有没有到企业进行过实践锻炼？	1.19±0.40	1.20±0.42	1.07±0.26	1.00±0.00	0.954	0.423

续表

	4. 您的教龄（平均值±标准差）				F	p
	1.0 (n=169)	2.0 (n=84)	3.0 (n=84)	4.0 (n=88)		
43. 学院对教师培训和进修是否有相关的政策支持？	1.06±0.25	1.10±0.32	1.07±0.26	1.11±0.33	0.085	0.968
38. 您是否具有教师资格证以外的其他职业资格证书？	1.38±0.50	1.00±0.00	1.13±0.35	1.11±0.33	2.425	0.078
42. 您一般一学年会到企业锻炼几次？	1.25±2.18	1.40±2.46	1.80±1.42	2.56±1.24	1.003	0.400

*$p<0.05$ **$p<0.01$

表 3-66　教师培训现状教龄差异

	4. 您的教龄（平均值±标准差）				F	p
	1.0 (n=169)	2.0 (n=84)	3.0 (n=84)	4.0 (n=88)		
44. 您在近三年参加各种培训次数	1.75±0.58	1.90±0.32	1.93±0.46	2.56±0.88	3.997	0.013*
45. 您认为您所在学校对教师培训的重视程度	2.13±0.89	2.50±0.85	1.80±0.68	2.00±1.00	1.423	0.248
50（其他）	0.25±0.45	0.10±0.32	0.00±0.00	0.22±0.44	1.586	0.206
58（培训方式缺乏灵活性）	0.44±0.51	0.50±0.53	0.53±0.52	0.44±0.53	0.108	0.955
57（培训时间）	0.31±0.48	0.30±0.48	0.40±0.51	0.44±0.53	0.216	0.885
58（培训时间与教学冲突）	0.44±0.51	0.30±0.48	0.67±0.49	0.22±0.44	1.956	0.134
58（培训师资水平不够高）	0.06±0.25	0.40±0.52	0.13±0.35	0.33±0.50	2.015	0.125
58（培训内容缺乏针对性）	0.56±0.51	0.60±0.52	0.53±0.52	0.44±0.53	0.158	0.924

续表

	4. 您的教龄（平均值±标准差）				F	p
	1.0 (n=169)	2.0 (n=84)	3.0 (n=84)	4.0 (n=88)		
58（培训考核评价欠合理）	0.13±0.34	0.00±0.00	0.20±0.41	0.22±0.44	0.845	0.476
57（培训安排管理）	0.56±0.51	0.50±0.53	0.67±0.49	0.44±0.53	0.418	0.741
58（培训经费投入欠缺）	0.25±0.45	0.50±0.53	0.47±0.52	0.78±0.44	2.318	0.088
57（其他）	0.00±0.00	0.10±0.32	0.07±0.26	0.11±0.33	0.551	0.650
58（培训组织管理欠合理）	0.19±0.40	0.10±0.32	0.13±0.35	0.11±0.33	0.155	0.926
58（工作环境与培训脱节）	0.13±0.34	0.30±0.48	0.53±0.52	0.33±0.50	2.075	0.117
58（培训激励政策欠完善）	0.13±0.34	0.20±0.42	0.40±0.51	0.00±0.00	2.317	0.088
58（重视不够及规划不足）	0.38±0.50	0.30±0.48	0.53±0.52	0.44±0.53	0.486	0.693
57（培训考核方式）	0.25±0.45	0.20±0.42	0.33±0.49	0.22±0.44	0.212	0.888
56. 您参加过的培训是否对自身专业发展有帮助？	3.44±0.63	3.80±0.63	4.13±0.74	4.11±0.78	3.155	0.034*
57（培训课程设置）	0.25±0.45	0.80±0.42	0.80±0.41	0.89±0.33	7.058	0.001**
51. 您认为合理的培训时间安排应该是在？	3.19±1.38	3.20±1.23	3.40±0.63	2.89±0.93	0.414	0.743
57（培训形式）	0.56±0.51	0.80±0.42	0.53±0.52	0.44±0.53	0.916	0.440
57（培训师资水平）	0.63±0.50	0.80±0.42	0.60±0.51	0.67±0.50	0.378	0.769
54. 您对参加过的培训的师资满意度如何？	3.38±0.62	3.90±0.74	4.00±0.53	3.44±1.01	2.687	0.057
55. 您认为参加过的培训的考核评价方式是否合理？	3.38±0.72	3.70±0.48	3.80±0.68	3.44±1.01	1.070	0.371
46（其他）	0.25±0.45	0.40±0.52	0.00±0.00	0.33±0.50	2.445	0.076

续表

	4. 您的教龄（平均值±标准差）				F	p
	1.0 ($n=169$)	2.0 ($n=84$)	3.0 ($n=84$)	4.0 ($n=88$)		
53. 您对参加过的培训课程满意度如何？	3.31±0.70	3.70±0.48	4.00±0.53	3.56±1.01	2.650	0.060
52. 您对参加过的培训整体满意度如何？	3.44±0.63	3.70±0.48	4.00±0.53	3.11±1.17	3.393	0.026*
46（教育部）	0.06±0.25	0.10±0.32	0.33±0.49	0.22±0.44	1.490	0.230
50（企业实践）	0.38±0.50	0.30±0.48	0.33±0.49	0.56±0.53	0.503	0.682
48（了解学科前沿知识）	0.81±0.40	0.90±0.32	0.93±0.26	1.00±0.00	0.823	0.488
50（师徒结对）	0.19±0.40	0.10±0.32	0.00±0.00	0.00±0.00	1.574	0.209
49（其他）	0.19±0.40	0.40±0.52	0.13±0.35	0.22±0.44	0.856	0.471
49（自己缺少动力）	0.25±0.45	0.20±0.42	0.20±0.41	0.33±0.50	0.204	0.893
50（技能演示）	0.50±0.52	0.70±0.48	0.47±0.52	0.33±0.50	0.864	0.467
50（理论讲授）	0.81±0.40	0.90±0.32	0.67±0.49	0.56±0.53	1.253	0.301
50（主题研讨）	0.56±0.51	0.70±0.48	0.80±0.41	0.78±0.44	0.778	0.512
49（缺乏培训机会）	0.69±0.48	0.50±0.53	0.60±0.51	0.44±0.53	0.548	0.652
49（师师之间缺乏有效沟通）	0.63±0.50	0.50±0.53	0.60±0.51	0.56±0.53	0.137	0.937
48（其他原因）	0.06±0.25	0.10±0.32	0.00±0.00	0.11±0.33	0.526	0.666
49（相关部门不重视）	0.13±0.34	0.30±0.48	0.40±0.51	0.44±0.53	1.312	0.282
48（晋升评职称）	0.19±0.40	0.60±0.52	0.40±0.51	0.33±0.50	1.590	0.205
48（服务学生）	0.50±0.52	0.70±0.48	0.67±0.49	0.33±0.50	1.189	0.324
47. 您是否愿意主动参加高等职业院校教师培训工作，为什么？	1.75±0.68	1.80±0.92	1.73±0.80	1.67±0.71	0.048	0.986
48（为社会输送人才）	0.44±0.51	0.80±0.42	0.33±0.49	0.33±0.50	2.185	0.103
48（教学需要）	0.75±0.45	1.00±0.00	0.80±0.41	0.89±0.33	1.051	0.379
46（省教育厅）	0.44±0.51	0.60±0.52	0.80±0.41	0.56±0.53	1.455	0.239
48（学校要求）	0.38±0.50	0.40±0.52	0.33±0.49	0.44±0.53	0.098	0.961
46（所在学校）	0.69±0.48	0.80±0.42	0.67±0.49	0.67±0.50	0.191	0.902

续表

	4. 您的教龄（平均值±标准差）				F	p
	1.0 ($n=169$)	2.0 ($n=84$)	3.0 ($n=84$)	4.0 ($n=88$)		
46（企业）	0.19±0.40	0.40±0.52	0.60±0.51	0.56±0.53	2.187	0.102

* $p<0.05$ ** $p<0.01$

表 3-67　教师培训需求教龄差异

	4. 您的教龄（平均值±标准差）				F	p
	1.0 ($n=169$)	2.0 ($n=84$)	3.0 ($n=84$)	4.0 ($n=88$)		
59. 您认为教师培训有需要吗	1.56±0.73	1.30±0.67	1.33±0.62	1.44±0.53	0.459	0.712
60. 您认为现有的培训能否满足您的需求	2.81±0.91	2.70±0.95	2.60±0.74	2.22±0.44	1.078	0.368
61. 您认为学校关于教师培训的体系是否健全	2.63±0.50	2.90±0.57	2.60±0.51	2.11±0.93	2.721	0.055
63（课程开发培训）	0.44±0.51	0.70±0.48	0.73±0.46	0.56±0.53	1.105	0.357
63（职业教育教学方法培训）	0.56±0.51	0.40±0.52	0.60±0.51	0.44±0.53	0.404	0.751
64（情感激励）	0.38±0.50	0.60±0.52	0.47±0.52	0.44±0.53	0.398	0.755
64（薪酬待遇激励）	0.88±0.34	0.90±0.32	1.00±0.00	0.78±0.44	1.074	0.370
64（授权激励）	0.44±0.51	0.60±0.52	0.40±0.51	0.44±0.53	0.328	0.805
64（荣誉激励）	0.50±0.52	0.60±0.52	0.60±0.51	0.67±0.50	0.230	0.875
63（职业教育心理学知识培训）	0.25±0.45	0.50±0.53	0.40±0.51	0.33±0.50	0.580	0.631
63（专业相关的实践操作技能）	0.63±0.50	1.00±0.00	0.87±0.35	0.67±0.50	2.247	0.095
63（行业最新动态、前沿知识）	0.75±0.45	0.90±0.32	0.87±0.35	0.67±0.50	0.737	0.536
62. 您认为哪种形式培训最有效？	2.38±0.89	2.60±0.52	2.73±0.59	2.56±0.53	0.730	0.539

* $p<0.05$ ** $p<0.01$

（四）各维度在学历上的差异

不同学历水平的高职教师在"双师型"教师队伍发展、教师培训现状和教师培训需求三种师资队伍建设维度上存在显著性差异。其中，由于专业水平的差距，研究生学历以上的教师"双师型"发展状况较高，而本科学历以下的教师的培训需求明显高于研究生及以上学历的教师，这大概是由于同行竞争需要。由此可见，学历是影响样本院校师资队伍建设的一个主要因素。

表 3-68　双师型教师队伍发展学历差异

	5. 您的学历（平均值±标准差）				F	p
	1.0 ($n=13$)	2.0 ($n=110$)	3.0 ($n=292$)	4.0 ($n=10$)		
39. 您的职业资格证书与您所任教专业的相关性？	1.00±0.51	0.78±1.48	0.32±1.77	2.00±0.00	0.770	0.517
40. 您认为您目前教学工作中最缺乏的是？	4.00±0.43	2.78±1.09	2.71±0.96	2.00±0.00	0.958	0.421
41. 您有没有到企业进行过实践锻炼？	1.00±0.38	1.22±0.44	1.11±0.31	1.00±0.00	0.435	0.729
43. 学院对教师培训和进修是否有相关的政策支持？	1.00±0.56	1.11±0.33	1.05±0.23	1.50±0.71	1.851	0.151
38. 您是否具有教师资格证以外的其他职业资格证书？	1.00±0.51	1.11±0.33	1.21±0.41	1.00±0.00	0.373	0.773
42. 您一般一学年会到企业锻炼几次？	4.00±0.37	0.78±2.22	1.84±1.82	1.50±0.71	1.295	0.288

* $p<0.05$　** $p<0.01$

表 3-69　教师培训现状学历差异

	5. 您的学历（平均值±标准差）				F	p
	1.0 ($n=13$)	2.0 ($n=110$)	3.0 ($n=292$)	4.0 ($n=10$)		
44. 您在近三年参加各种培训次数	2.00±0.55	2.11±0.33	1.92±0.67	2.50±0.71	0.699	0.557

续表

	5. 您的学历（平均值±标准差）				F	p
	1.0 ($n=13$)	2.0 ($n=110$)	3.0 ($n=292$)	4.0 ($n=10$)		
45. 您认为您所在学校对教师培训的重视程度	2.00±0.59	2.33±0.71	2.05±0.90	1.50±0.71	0.573	0.636
50（其他）	0.00±0.48	0.11±0.33	0.13±0.34	0.50±0.71	0.773	0.515
58（培训方式缺乏灵活性）	0.00±0.50	0.67±0.50	0.42±0.50	1.00±0.00	1.657	0.189
57（培训时间）	0.00±0.48	0.33±0.50	0.34±0.48	1.00±0.00	1.406	0.253
58（培训时间与教学冲突）	0.00±0.65	0.44±0.53	0.47±0.51	0.00±0.00	0.818	0.490
58（培训师资水平不够高）	1.00±0.39	0.00±0.00	0.24±0.43	0.00±0.00	2.526	0.069
58（培训内容缺乏针对性）	1.00±0.45	0.67±0.50	0.50±0.51	0.50±0.71	0.537	0.660
58（培训考核评价欠合理）	0.60±0.37	0.00±0.00	0.18±0.39	0.00±0.00	0.831	0.484
57（培训安排管理）	0.40±0.49	0.67±0.50	0.55±0.50	0.50±0.71	0.548	0.652
58（培训经费投入欠缺）	0.53±0.49	0.44±0.53	0.45±0.50	1.00±0.00	1.060	0.375
57（其他）	0.14±0.35	0.00±0.00	0.08±0.27	0.00±0.00	0.315	0.814
58（培训组织管理欠合理）	1.00±0.49	0.11±0.33	0.13±0.34	0.00±0.00	2.313	0.088
58（工作环境与培训脱节）	0.00±0.41	0.33±0.50	0.32±0.47	0.50±0.71	0.243	0.866
58（培训激励政策欠完善）	0.00±0.51	0.22±0.44	0.21±0.41	0.00±0.00	0.251	0.860
58（重视不够及规划不足）	0.00±0.49	0.44±0.53	0.42±0.50	0.50±0.71	0.249	0.862
57（培训考核方式）	0.00±0.46	0.11±0.33	0.32±0.47	0.00±0.00	0.877	0.460
56. 您参加过的培训是否对自身专业发展有帮助？	4.00±0.77	3.67±0.50	3.89±0.80	3.50±0.71	0.377	0.770

续表

	5. 您的学历（平均值±标准差）				F	p
	1.0 ($n=13$)	2.0 ($n=110$)	3.0 ($n=292$)	4.0 ($n=10$)		
57（培训课程设置）	1.00±0.49	0.44±0.53	0.66±0.48	1.00±0.00	1.060	0.375
51. 您认为合理的培训时间安排应该是在？	4.00±0.50	3.00±1.12	3.24±1.10	3.00±0.00	0.316	0.814
57（培训形式）	0.55±0.49	0.67±0.50	0.55±0.50	0.50±0.71	0.368	0.777
57（培训师资水平）	0.62±0.48	0.67±0.50	0.68±0.47	0.00±0.00	1.516	0.223
54. 您对参加过的培训的师资满意度如何？	4.00±0.71	3.89±0.60	3.63±0.79	3.50±0.71	0.379	0.768
55. 您认为参加过的培训的考核评价方式是否合理？	4.00±0.71	3.67±0.50	3.55±0.80	3.50±0.71	0.169	0.917
46（其他）	0.00±0.70	0.00±0.00	0.26±0.45	0.50±0.71	1.387	0.259
53. 您对参加过的培训课程满意度如何？	4.00±0.70	3.89±0.33	3.58±0.79	3.50±0.71	0.540	0.657
52. 您对参加过的培训整体满意度如何？	4.00±0.72	4.00±0.00	3.50±0.83	3.50±0.71	1.179	0.328
46（教育部）	0.00±0.40	0.22±0.44	0.18±0.39	0.00±0.00	0.240	0.868
50（企业实践）	0.37±0.48	0.22±0.44	0.45±0.50	0.00±0.00	1.162	0.335
48（了解学科前沿知识）	1.00±0.48	1.00±0.00	0.89±0.31	0.50±0.71	1.583	0.206
50（师徒结对）	0.16±0.37	0.00±0.00	0.11±0.31	0.00±0.00	0.433	0.730
49（其他）	0.00±0.425	0.22±0.44	0.24±0.43	0.00±0.00	0.284	0.837
49（自己缺少动力）	0.20±0.40	0.22±0.44	0.24±0.43	0.50±0.71	0.337	0.799
50（技能演示）	1.00±0.49	0.56±0.53	0.50±0.51	0.00±0.00	1.017	0.394
50（理论讲授）	0.71±0.45	0.67±0.50	0.76±0.43	0.50±0.71	0.412	0.745
50（主题研讨）	0.65±0.47	0.67±0.50	0.74±0.45	0.50±0.71	0.981	0.410
49（缺乏培训机会）	1.00±0.48	0.44±0.53	0.58±0.50	1.00±0.00	0.927	0.435
49（师师之间缺乏有效沟通）	0.40±0.49	0.56±0.53	0.61±0.50	0.50±0.71	0.492	0.689
48（其他原因）	0.10±0.29	0.00±0.00	0.08±0.27	0.00±0.00	0.315	0.814

续表

	5. 您的学历（平均值±标准差）				F	p
	1.0 (n=13)	2.0 (n=110)	3.0 (n=292)	4.0 (n=10)		
49（相关部门不重视）	0.00±0.47	0.33±0.50	0.26±0.45	1.00±0.00	1.852	0.151
48（晋升评职称）	1.00±0.49	0.11±0.33	0.39±0.50	0.50±0.71	1.541	0.217
48（服务学生）	1.00±0.48	0.56±0.53	0.58±0.50	0.00±0.00	1.114	0.353
47. 您是否愿意主动参加高等职业院校教师培训工作，为什么？	1.00±0.86	1.89±0.60	1.74±0.79	1.50±0.71	0.494	0.688
48（为社会输送人才）	1.00±0.49	0.44±0.53	0.47±0.51	0.00±0.00	0.949	0.425
48（教学需要）	1.00±0.38	0.78±0.44	0.84±0.37	1.00±0.00	0.259	0.854
46（省教育厅）	1.00±0.50	0.67±0.50	0.55±0.50	1.00±0.00	0.814	0.492
48（学校要求）	1.00±0.46	0.33±0.50	0.37±0.49	0.50±0.71	0.592	0.623
46（所在学校）	1.00±0.46	0.78±0.44	0.68±0.47	0.50±0.71	0.349	0.790
46（企业）	1.00±0.45	0.33±0.50	0.39±0.50	1.00±0.00	1.524	0.221

*$p<0.05$ **$p<0.01$

表 3-70　教师培训需求学历差异

	5. 您的学历（平均值±标准差）				F	p
	1.0 (n=13)	2.0 (n=110)	3.0 (n=292)	4.0 (n=10)		
59. 您认为教师培训有需要吗	1.00±null	1.44±0.73	1.42±0.64	1.50±0.71	0.149	0.930
60. 您认为现有的培训能否满足您的需求	3.00±0.48	3.00±0.71	2.53±0.83	2.50±0.71	0.924	0.437
61. 您认为学校关于教师培训的体系是否健全	2.00±0.61	2.78±0.44	2.55±0.69	2.50±0.71	0.575	0.634
63（课程开发培训）	1.00±0.51	0.56±0.53	0.58±0.50	1.00±0.00	0.687	0.565
63（职业教育教学方法培训）	0.00±0.36	0.56±0.53	0.53±0.51	0.50±0.71	0.357	0.784
64（情感激励）	1.00±0.70	0.44±0.53	0.42±0.50	1.00±0.00	1.248	0.303
64（薪酬待遇激励）	1.00±0.56	0.89±0.33	0.89±0.31	1.00±0.00	0.110	0.954

续表

	5. 您的学历（平均值±标准差）				F	p
	1.0 ($n=13$)	2.0 ($n=110$)	3.0 ($n=292$)	4.0 ($n=10$)		
64（授权激励）	1.00±0.62	0.44±0.53	0.45±0.50	0.50±0.71	0.383	0.765
64（荣誉激励）	1.00±0.51	0.44±0.53	0.58±0.50	1.00±0.00	0.927	0.435
63（职业教育心理学知识培训）	0.00±0.47	0.33±0.50	0.34±0.48	1.00±0.00	1.406	0.253
63（专业相关的实践操作技能）	1.00±0.48	0.67±0.50	0.82±0.39	0.50±0.71	0.690	0.563
63（行业最新动态、前沿知识）	1.00±0.37	0.78±0.44	0.79±0.41	1.00±0.00	0.251	0.860
62. 您认为哪种形式培训最有效？	2.00±0.71	2.78±0.67	2.50±0.69	3.00±0.00	0.921	0.438

*$p<0.05$ **$p<0.01$

三、师资队伍建设调研统计结果及其解释

（一）双师型教师队伍发展状况分析

从教师队伍发展状况的 KMO 取样适切性量数中可得各个变量之间相关性较小。大部分教师除了教师资格证以外还获取有其他职业资格证，且大部分教师的职业资格证书与他们所任教专业有较大的相关性，表明教师在自己的教学领域中不断自我提升；大部分教师有在企业进行过实践锻炼，表明师资队伍不仅仅局限于学校，同时也有延伸至企业，这有利于教师自身能力的提高和发现自己的不足之处；教师所在学院对教师培训和进修的相关政策支持度的公因子方差显示，在"双师型"教师队伍建设的过程中，学校在教师的培训和进修方面的政策支持有待加强。

表 3-71 频率表

	选项	频率	百分比	有效百分比	累计百分比
38. 您是否具有教师资格证以外的其他职业资格证书？	1	279	65.6	65.6	65.6
	2	146	34.4	34.4	100.0
39. 您的职业资格证书与您所任教专业的相关性？	-3	146	34.4	34.4	34.4
	1	222	52.2	52.2	86.6
	2	50	11.8	11.8	98.4
	3	7	1.6	1.6	100.0
40. 您认为您目前教学工作中最缺乏的是？	1	29	6.8	6.8	6.8
	2	200	47.1	47.1	53.9
	3	53	12.5	12.5	66.4
	4	143	33.6	33.6	100.0
41. 您有没有到企业进行过实践锻炼？	1	324	76.2	76.2	76.2
	2	101	23.8	23.8	100.0
42. 您一般一学年会到企业锻炼几次？	-3	101	23.8	23.8	23.8
	1	33	7.8	7.8	31.5
	2	200	47.1	47.1	78.6
	3	69	16.2	16.2	94.8
	4	22	5.2	5.2	100.0
43. 学院对教师培训和进修是否有相关的政策支持？	1	372	87.5	87.5	87.5
	2	53	12.5	12.5	100.0
	总计	425	100.0	100.0	

（二）教师培训现状状况分析

通过对教师发放调查问卷得到，师资队伍建设主要受省教育厅、所在学校、企业、学生和教师自身影响。从外在因素分析，教育部和省教育厅以及教师所在学校对师资队伍建设的重视程度影响着师资队伍的建设。从教师内在因素分析，教师想了解学科前沿知识、服务学生、想为社会输送人才、晋升评职称以及其他原因。师资队伍的教学质量通过观摩课、同行评教和学生座谈会等方式进一步建设。

表 3-72 频率表

	选项	频率	百分比	有效百分比	累计百分比
44. 您在近三年参加各种培训次数	1	66	15.5	15.5	15.5
	2	318	74.8	74.8	90.4
	3	33	7.8	7.8	98.1
	4	8	1.9	1.9	100.0
	2	169	39.8	39.8	65.9
	3	100	23.5	23.5	89.4
	4	43	10.1	10.1	99.5
	5	2	.5	.5	100.0
46（教育部）	0	332	78.1	78.1	78.1
	1	93	21.9	21.9	100.0
46（省教育厅）	0	217	51.1	51.1	51.1
	1	208	48.9	48.9	100.0
46（所在学校）	0	139	32.7	32.7	32.7
	1	286	67.3	67.3	100.0
46（企业）	0	300	70.6	70.6	70.6
	1	125	29.4	29.4	100.0
47. 您是否愿意主动参加高等职业院校教师培训工作，为什么？	1	152	35.8	35.8	35.8
	2	187	44.0	44.0	79.8
	3	61	14.4	14.4	94.1
	4	21	4.9	4.9	99.1
	5	4	.9	.9	100.0
48（学校要求）	0	244	57.4	57.4	57.4
	1	181	42.6	42.6	100.0
48（教学需要）	0	79	18.6	18.6	18.6
	1	346	81.4	81.4	100.0
	总计	425	100.0	100.0	
48（了解学科前沿知识）	0	97	22.8	22.8	22.8
	1	328	77.2	77.2	100.0

续表

	选项	频率	百分比	有效百分比	累计百分比
48（服务学生）	0	168	39.5	39.5	39.5
	1	257	60.5	60.5	100.0
	总计	425	100.0	100.0	
48（为社会输送人才）	0	251	59.1	59.1	59.1
	1	174	40.9	40.9	100.0
	总计	425	100.0	100.0	
48（晋升评职称）	0	256	60.2	60.2	60.2
	1	169	39.8	39.8	100.0
	总计	425	100.0	100.0	

（三）教师培训需求状况分析

根据调查数据可知，大部分教师都表现出较高的培训需求，表示教师培训很有必要，在对教师培训的满意度调查中，课题组发现，有八成的教师认为现有的培训体系比较健全，能够满足自身需求，但也存在不满意的现象，说明高等职业院校的教师培训体系还有待完善。当前高等职业院校的教师培训形式多样，包含理论讲授、实训技能训练、参与企业实践以及考察别的学校等多种形式。教师培训激励机制是教师培训需求的内在动力之一，不管是薪酬待遇激励、授权激励，还是情感激励、荣誉激励，都是鼓励教师积极参加培训促进专业发展的影响因素。

表3-73 频率表

	选项	频率	百分比	有效百分比	累计百分比
59. 您认为教师培训有需要吗	1	269	63.3	63.3	63.3
	2	109	25.6	25.6	88.9
	3	42	9.9	9.9	98.8
	4	4	1.0	1.0	99.8
	5	1	0.2	0.2	100.0

续表

	选项	频率	百分比	有效百分比	累计百分比
60. 您认为现有的培训能否满足您的需求？	1	30	7.1	7.1	7.1
	2	127	29.9	29.9	36.9
	3	191	44.9	44.9	81.9
	4	63	14.8	14.8	96.7
	5	14	3.3	3.3	100.0
61. 您认为学校关于教师培训的体系是否健全？	1	33	7.8	7.8	7.8
	2	142	33.4	33.4	41.2
	3	205	48.2	48.2	89.4
	4	41	9.6	9.6	99.1
	5	4	.9	.9	100.0
62. 您认为哪种形式培训最有效？	1	40	9.4	9.4	9.4
	2	174	40.9	40.9	50.4
	3	140	32.9	32.9	83.3
	4	71	16.7	16.7	100.0
63（行业最新动态、前沿知识）	0	98	23.1	23.1	23.1
	1	327	76.9	76.9	100.0
63（专业相关的实践操作技能）	0	107	25.2	25.2	25.2
	1	318	74.8	74.8	100.0
63（课程开发培训）	0	190	44.7	44.7	44.7
	1	235	55.3	55.3	100.0
63（职业教育教学方法培训）	0	210	49.4	49.4	49.4
	1	215	50.6	50.6	100.0
63（职业教育心理学知识培训）	0	286	67.3	67.3	67.3
	1	139	32.7	32.7	100.0
64（薪酬待遇激励）	0	47	11.1	11.1	11.1
	1	378	88.9	88.9	100.0
64（情感激励）	0	230	54.1	54.1	54.1
	1	195	45.9	45.9	100.0

续表

	选项	频率	百分比	有效百分比	累计百分比
64（授权激励）	0	250	58.8	58.8	58.8
	1	175	41.2	41.2	100.0
	总计	425	100.0	100.0	

四、高等职业院校师资队伍建设跨界转型发展的现状分析

（一）高等职业院校师资力量与办学规模需进一步匹配

教育部规定高等职业院校的师生比合格标准为 1∶18，优秀标准为 1∶16。随着近些年高等职业教育的不断发展，高等职业院校的师生比逐渐优化，基本符合教育部规定的合格标准，但距离优秀标准仍然有一定的差距。当前我国高等职业院校不断扩招，学生数量越来越多，高等职业院校应当相应地增加其专任教师的数量，及时扩充相应的师资队伍。同时，高等职业院校也应当拓宽其自身的师资来源，调整其师资队伍结构，招收高职称、高学历的转任教师，对新进的教师进行必要的职前培训和实践锻炼。

（二）教师职业技能需进一步适应社会发展的要求

在高等职业教育人才培养工作的贯彻与落实上，教育部提出，高等职业教育要致力培养出数以亿计的高水平技术技能人才，培养出来的学生要具备优秀的实践操作能力和职业适应能力，充分满足社会生产、建设、管理以及服务的需要。[①] 这充分体现了我国对高等职业人才的培养必须满足社会发展的必然要求。但是，我国高等职业教育发展起步晚、时间短、规模增长快，高等职业教育人才储备不足，高等职业院校的专业教师短缺。高等职业院校应当进一步加强教师的职业培训，使教师培训更加系统化和专业化，更加符合高等职业院校岗位的工作要求；应当根据教师自身的专业背景合理安排教师的进修方向；应当依据学生的个人特质合理地指导学生的职业选择。

（三）"双师型"教师发展机制需进一步健全

首先，当前高等职业院校的跨界转型发展普遍要求扩大"双师型"教师队

---

① 中华人民共和国教育部. 教育部关于深入学习贯彻《国家职业教育改革实施方案》的通知［EB/OL］. http://www.moe.gov.cn/srcsite/A07/zcs_zhgg/201905/t20190517_382357.html. 2021-08-27.

伍的规模，这就需要高等职业院校积极从社会行业企业引进"双师型"师资，目前高等职业院校的教师聘任自主权相较于之前有了很大的提升，高等职业院校应该进一步完善和调整其用人机制，提高其人才引进的质量。其次，高等职业院校需要对其新招的专任教师开展适当的职前培训，丰富其一线的实践工作经验，从而在快速提高师资队伍的教学科研水平的同时，提升教师带领学生参加顶岗实习和传授学生实践经验的能力。最后，高等职业院校需进一步调整和完善与"双师型"教师发展相配套的保障机制。近年来，随着高等职业院校的不断扩招，生源规模也不断扩大，高等职业院校的教师为遵循"双师型"的发展要求，既要完成学校内部繁重复杂的教学工作，又要抽取充分的时间到企业生产一线参与实践锻炼，二者之间往往难以把握平衡。高等职业院校应当进一步保障教师的专业发展，加快"双师型"教师队伍的建设进程。

第四章

中、德、澳三国高等职业教育跨界转型发展的比较研究

比较分析中国、德国、澳大利亚三国高等职业教育跨界转型发展取向，从不同国家的成功经验中寻求我国高等职业教育跨界转型发展的可行路径，探索不同类型、不同办学模式、不同教育组织形式下中国特色高等职业教育体系的构建方式。

第一节 我国高等职业教育跨界转型发展的成功经验与不足

一、我国高等职业教育跨界转型发展的成功经验

（一）完成了校企合作转型发展的机制建设

在高职跨界转型发展的背景下进行变革和创新，不仅需要所有高等职业院校的全力以赴，更需要企业方的共同参与，而且强化校企合作的力度与深化"产教融合"的进程都需要在完成校企转型机制建设的基础上进行，由此可见，完成校企合作转型发展的机制建设对于高等职业院校的发展极其重要。

为深入分析 56 所"双高"院校在跨界转型过程中关于校企合作方面所采取的合作机制的具体内容，课题组应用 Nvivo 软件的编码功能对 56 所"双高"院校 2019 年的《年度质量报告》以及各学校官方网站的相关新闻报道文本内容进行了分析，发现高等职业院校在校企合作转型发展方面采取的合作机制日益多元化。接着，课题组以"校企共同研发转型发展的合作机制""现代学徒制的合作机制""工学交替的合作机制""搭建校企合作平台的合作机制""教师顶岗

的合作机制""订单班的合作机制"这 6 个版块为节点对 56 所"双高"院校 2019 年年报进行分析，发现高等职业院校采取了多种方式来完善校企合作的机制，相关分析结果见表 4-1。

表 4-1　"双高"院校校企合作行动策略的分类

校企合作机制	方式
校企共同研发转型发展的合作机制	学校与企业合作商定人才培养方案；校企共同设置课程；校企合作开发教材；企业对学校学生进行考核；企业提供奖励制度；校企合作设计实施教学、开展教学研究
现代学徒制的合作机制	学校的教师和企业的工匠合作教学；企业"以老带新"，主要培养学生的技术技能
工学交替的合作机制	实践与理论相结合；实习实践与学校理论学习共同组成学生培养方案；实训类课程增加
搭建校企合作平台的合作机制	校企合作建设实习实训基地；校企共建人才联盟；共建校企人才双选平台；共建技术服务中心
教师顶岗的合作机制	企业为教师提供实践岗位；教师实践活动比例增多；教师在一线企业岗位上工作锻炼
订单班的合作机制	学校依据与企业签订的人才培养订单培养专业化人才；采用以任务为驱动的教学策略；学校向合作企业定向输送人才

由表 4-1 可知，我国高等职业院校在校企合作的过程中普遍采用校企共同研发的合作机制、现代学徒制的合作机制、工学交替的合作机制、搭建校企合作平台的合作机制、教师顶岗的合作机制和订单班的合作机制六种策略并在政府绩效、企业绩效、高等职业院校绩效和学生绩效等多方面绩效上得到提升。

（二）进一步强化了高等职业院校的师资队伍力量

高等职业院校强大且稳定的师资力量是完善其产教融合、加强其校企合作的重要保障，这种保障在于教师具备能够培养出具有较强实践性和丰富理论知识人才的能力。过去，由于我国高等职业院校的师资队伍力量不够充足，导致应用型人才的培养工作难以开展。现在，我国高等职业院校的教师在校企合作交流方面的能力得到了较大的提升，主要原因是我国高等职业院校打造了校企合作长效师资培养计划。例如，曾出现过高等职业院校与企业方开展密切合作后，部分专业教师由于工作经验不够丰富以及不了解实践中一线的生产情况等问题，导致教学内容与实践工作相去甚远的情况，现在高等职业院校将其所拥有的专业教师当作企业方的在职人员，让其深入企业完成教师培训，以了解一线工作的基本情况以及企业各岗位的工作要求，进而提升了校企合作育人的质量，极大提升了教师在应用型人才培养上的专业能力。

课题组通过对我国 56 所"双高"院校的《年度质量报告》以及其官方网站的相关新闻报道进行分析，发现高等职业院校在师资力量扩充方面所采取的机制有很多种，课题组通过对多种机制的方式进行分析、合并和归纳，可以概括为以下三种机制（见表 4-2）。为深入分析这 56 所"双高"院校在师资力量扩充方面的具体内容，本研究又进一步应用 Nvivo 软件的编码功能对 56 所"双高"院校 2019 年年报师资队伍建设部分的文本内容进行了分析。利用 Nvivo 软件以"人才培养的机制""培养双师型教师的机制"和"建设教师教学团队的机制"这 3 个版块为节点对 56 所"双高"院校 2019 年年报进行分析，相关分析结果见表 4-2。

表 4-2　"双高"院校师资队伍建设方面的行动策略分类

扩充师资的机制	方式
人才培养的机制	坚持党和国家教育方针；坚持突出"职业性"特点；坚持立德树人；遵循高等教育一般规律；遵循学科思维；技能大赛；强化学生素质养成教育；促进学生全面发展
培养双师型教师的机制	提升教师综合素质；合理规划，加强双师型师资队伍建设；提高科研管理工作效率和教师教科研能力；骨干教师培训；教师进企业锻炼
建设教师教学团队的机制	提供优秀的专业教师培训、整合教师资源、优化教师结构，充分发挥具有不同专业背景和工作经验的教师的优势；重视专业带头人，负责人的培训以及骨干教师和兼职教师的建设；安排青年教师有计划地进行实践锻炼和提高教师的技术创新技能

由表 4-2 可知，我国高等职业院校在加强自身的师资力量扩充方面普遍采取人才培养的机制、培养双师型教师的机制和建设教师教学团队三种机制，并在扩充职教师资队伍及提升校企合作育人质量等方面取得不错成绩。因此，高等职业院校在转型发展的大背景下应当突出强调教师的技能，聘用能够将理论

知识和实践技能相结合的"双师型"教师来开展教育教学活动。

(三) 完成了多种跨界教育资源的充分整合

高等职业院校要想培养出应用型人才，就不得不依据职业教育的宏观指导，同时扎根企业的实践经验。在校企深度合作的基础上，有必要进一步探讨资源共享、创新体制、产学融合、学校建工厂、工厂办学校的现实工作。学校和企业的教育资源十分丰富，校企双方充分地利用了这一优势，结合了不同专业的实际情况开发了适合的校企合作课程，发挥了校企合作育人的强大优势。

从资源配置的角度来看，校企双方进行教育资源的互补势在必行。现实中，高等职业院校和企业完成多种跨界教育资源的充分整合，形成高等职业院校跨界转型发展的模式，不仅借助了校企强大的协作能力，同时还利用了双方的合作和利益共享要素来制约双方的关系。一方面，学校为企业提供学校的科研成果和技术创新，由此产生的生产效益可以通过协商由校企平分；另一方面，企业可将自己的生产经验等资源作为职业培训的公共资源，在与学校签订定向培养合同后，与学校进行教育资源互换，接收订单式培养的学生并共同培养学生。

课题组通过对我国 56 所"双高"院校的《年度质量报告》以及相关新闻报道进行分析，发现高等职业院校在资源对接方面所采取的机制有很多种，课题组通过对多种机制开展的方式进行分析、合并和归纳，可以概括为以下三种机制（见表 4-3）。为深入分析这 56 所"双高"院校在资源对接方面的具体内容，本研究又进一步应用 Nvivo 软件的编码功能对 56 所"双高"院校 2019 年年报在资源对接部分的文本内容进行了分析。利用 Nvivo 软件以"内外联动的机制""资源共享的机制""龙头带动的机制"这 3 个版块为节点对 56 所"双高"院校 2019 年年报进行分析，相关分析结果见表 4-3。

表 4-3 "双高"院校资源对接的行动策略分类

资源对接的机制	方式
内外联动的机制	动态构建专业群；建立专业预警和动态调整机制；与区域发展双向互动；专业布局适应区域产业调整
资源共享的机制	构建学校数字化课程教学资源共享平台；强化课程共享；开发精品资源共享课程；建立开放互通式学习体系；产业资源共享、优势互补
龙头带动的机制	强势专业；强势品牌；关联专业协同；发挥品牌特色专业建设的示范和带动作用；优质骨干专业带动专业群；以优势专业为先导；打造品牌专业；重点专业辐射

上述分析表明，我国高等职业院校在专业群建设中普遍采取内外联动的机制、资源共享的机制、龙头带动的机制三种机制，并在优化校企资源配制，提高资源利用效率上得到长足进步。因此，各大高等职业院校应当通过发挥内外联动和资源共享优势，与企业共享教育资源，合作培养应用技术型人才，同时积极适应产业需求、以促进就业为导向，并在内部优化专业群建设，从而有力地支撑专业群建设绩效的提升，最终使高等职业院校培养的人才更好地适应社会的需求，完成高等职业院校的跨界转型，实现国家生产力水平的飞跃。

二、我国高等职业教育跨界转型发展存在的不足

（一）培养目标有待进一步明晰

当前，一部分有着明确的人才培养目标、转型的愿望和意愿强烈的高等职业院校，需要付诸更多的实际行动，避免停留在想象阶段。另有部分在培养学术型人才的条件上还有待提高的高等职业院校，不应一味地追求"高、大、上"，应当将学校发展的主要目标定位于培养学生的技能而不是升入本科。教育目标的偏差使得部分职业院校在高等教育体系中难以找到自己的定位，造成的现实问题就是高等职业院校培养的学生既不能满足学术研究对人才的要求，也不具备一线工作所需的专业技能，从而产生了高等职业院校所培养的学生无法满足企业对劳动力需求的一系列问题，就业难和用工荒问题接踵而至[1]。再加上职业教育体制改革受制于传统教育体制机制，为企业培养大量一线技术技能人才的目标还需要进一步加强和实现，给高等职业院校带来了众多的问题。

为此，部分培养目标还有待进一步清晰的高等职业院校，应该改变以往只是随波逐流地追求专升本，对于学校要培养什么样的人才不甚了了的状态。另外，高等职业院校就应当强调其"职业"的属性，从招生伊始，就应当培养面向就业市场的专业人才，并且根据社会和市场的需求动态地调整高等职业院校的人才培养目标，打造全方位的应用型、技术型人才。

（二）办学模式需要更加灵活

在体制构建方面，部分高等职业院校在教学管理、人才引进、招生和就业等方面还有待进一步完善，调整以往机械地复制现有的发展模式与路径的状态，同时，在现有办学模式中融合自身的优势和特色。从教育供求理论角度分析，

---

[1] 唐永泽，傅瑞林. 论黄炎培职业教育思想的核心理念［J］教育与职业，2005（26）：4-6.

造成高等职业教育供给矛盾最重要的原因是有效供给不足和对学生的吸引力不足。

一方面，教学内容需要灵活多样，紧跟时事，目前部分高等职业院校在教学计划方面清晰明了，但学习内容和实习项目仍以多年来的传统内容为基础，与市场不断更新的技术需求之间的联系还需进一步加强。因此，在竞争日益激烈的就业环境中，高职毕业生的特点不够突出，定位不够明确，竞争力较弱。高职院校在教学安排方面，需要紧跟多元化、先进性和现代化等社会需求对课程进行及时的调整，合理配置课程结构，合理分配核心理论课程与职业课程的比例，提高学生的自我学习能力。在教学方式方面，教师不应当拘泥于古老的教学方式方法，应当根据学生的实际情况采取多元化的教学方式方法，进一步提升学生的应用能力[1]。

另一方面，部分高等职业院校的教育思想观念有待进一步清晰、服务经营理念需要进一步强化以及与企业合作的力度需进一步加强，需提高对培养学生专业技能的实践教学环节的重视程度，进一步将企业生产活动与学生培养活动相结合，避免学校的理论教学知识脱离企业的一线生产工作。再加上高等职业院校实习实训基地中的设备需要加快更新换代的速度，学校的实践教学需要紧跟生产实际，保证学校的实训基地能够最大限度地发挥作用，学生可以学习到与一线生产密切相关的技术。此外，高职院校应该避免学生只是浅层次地走访了解的企业，学生不了解一线工作情况的现象产生，同时，学校应当注重培养和提高学生的社会适应性，保证培养的人才能够很好地适应社会和企业的需求[2]。

（三）师资队伍的素质需要进一步提升

第一，师资数量需要进一步扩充。高等职业院校需进一步提高自身打造适应学校当前和今后发展的教学队伍的效率，同时，应当注重调整教师之间的年龄结构配置，合理地将老中青年教师配对，更好地衔接教师队伍更新和交替的过程。第二，教师队伍的整体素质和质量需要进一步提高。部分高等职业院校的教师学历层次还有待提升，在学术研究能力和专业技术技能方面需进一步提

---

[1] 王琳. 论现代学徒制对高职院校转型发展的影响 [J] 中国人力资源开发，2014（23）：6-9，66.

[2] 李永坚，黄绍平，李靖"卓越工程师"培养要重视教学方法改革———以电气工程及其自动化专业为例 [J] 中国大学教学，2012（11）：63-65.

高。第三，专任教师的理论知识与实践经验需要加强融合和衔接。部分高等职业院校教师总体上的理论教学能力突出，但是还需要加强具有丰富实践工作经验和高等教育学历的"双师型"教师的培养工作。第四，教师的视野需要更加开阔，思想观念需要及时更新，与时俱进。部分高等职业院校的教师对当今市场规律和当前社会对技术人才的具体要求的把握需加强，从而更好地培养出思想开放，适应能力强的学生。第五，加快师资队伍的转型和升级。部分高职院校是由地方中专院校或原有行业合并更新而成，教师队伍的水平层次不齐，学校需要对教师进行专业的培训，从而加快教师队伍过渡与转型的效率。第六，教师的科学研究能力需进一步加强。当前侧重于教学的高等职业院校，一定程度上需要转变宗旨在于培养生产一线的技术人才，着眼于"量产"人才的观念，进一步加强学校教师的科学研究能力，注重培养创造型人才和提高学生的科学研究能力。①

（四）专业设置与产业结构有待进一步匹配

产业发展是区域经济发展的基础。② 部分高等职业院校需要进行明确其自身的整体规划，将学历教育与市场现实要求密切结合，缓解供需矛盾，解决部分专业培养的毕业生数量远远超过了市场所能容纳的最大限度，而一些急需的专业技能人才培养不足，导致某一领域的高级人才欠缺的现实问题。部分师资力量有待加强、硬件设备需要改善和办学经验需要进一步积累的高职院校应当改变以往为了追求利益和抢夺生源而开设自身不擅长的热门专业的做法，眼光放长远，合理规划专业的整体设置，促进高等职业院校可持续发展的进程。

用教育供求理论来考察我国高等职业学校培养的人才统计数据和经济社会发展的需要，产生高等职业院校毕业生就业缺口与行业企业人才缺口的怪象与部分高等职业院校没有根据经济社会发展阶段和水平及时进行系统而全面的部署和调整，无法形成完整而健康的自主适应体系和模式，从而导致高等职业院校与经济社会发展不协调的问题，这一点在高等职业院校的专业设置上表现得尤为明显，高等职业院校的专业设置决定着为学生提供什么样的教学内容，这不仅影响着学生的需求，同时也影响着行业和企业的需求，高等职业院校的吸引力和影响力决定了其能否招收有资格参加职业培训的学生，也决定了毕业生

---

① 刘枫. 人力供需理论及对教育的启示 [J] 天津市教科院学报，2001（04）：61-63.
② 郭蓉菊，张华. 产业转型升级背景下湖南高职院校的专业设置 [J] 文学教育（下），2016（07）：90-91.

的就业方向和就业程度，现阶段专业设置与产业结构不相匹配会导致高等职业院校所培养的学生与企业和市场的要求不相符的问题。

（五）生源质量有待进一步提高

根据教育供求理论，现阶段我国高等教育供需矛盾在个人需求方面呈现出两个极端，即高等教育供给远小于个人需求，尤其是重点大学不能满足实际需求。学生寻求优质的普通教育是为了获得更高质量的高等教育，但是，由于高考制度的限制，有一部分学生自然而然地被分流，这就造成了另一层次的供需不匹配。也就是说，高等职业教育的供给远远超过了个人的需求，大部分学生并不想在高等职业院校学习，即便最后接受了高等职业教育也不过是无奈之选，实际需求非常低。同时，高等职业院校由于难以招收到足够数量的学生，迫不得已连续地放低录取的门槛，甚至零入学门槛，这使得高职学生在入学伊始就与社会所需的高素质技术技能型人才相去甚远[①]。

更有甚者，部分高等职业院校在招生时面临着"零投档"的问题。即使部分学生报考了职业学校，开学后入学率也很低，一些职业学校的弃学现象十分严重，这大大阻碍了高等职业院校的未来发展。

第二节 德国高等职业教育跨界转型发展的经验、不足与趋势展望

一、德国高等职业教育跨界转型发展的路径

德国职业教育的精髓在于被誉为德国职业教育秘密武器的"双元制"。德国政府认为：在德国教育体系中，双元制职业教育体系处于核心地位，在德国克服经济危机时发挥了重要作用。德国的"双元制"教育可以让学生同时掌握专业理论知识和专业技能知识，有助于其今后更好地适应工作岗位，实现校企之间的无缝衔接。

（一）构建双重职业训练体系

"双元制"中的"双"既指企业，又指职业学校，也透露出了受教育者的

---

① 张嫕，朱宝春.关于高职教育生源质量的思考[J].中国电力教育，2011（22）：137，151.

双重身份（既是企业的员工，又是职业学校的学生），两种教学目标与培养方式的充分整合与协调也是"双元制"的主要特点与优势。①

在"双元制"职业教育模式中，培训学生的地点主要是企业；培训内容以企业一线工作所需技能为主，理论知识为辅；培训方式主要是在实践中教学，这样的培养模式既节约了教育成本，又强化了学习的目的，有助于学生在毕业后更好地适应工作岗位。

中等职业教育和高等职业教育是德国职业教育的两个层次。中等职业教育即是 Berufsschule（职业学校），学生来源相当于我国初中教育阶段的毕业生，此类学校的毕业生既可以升入"德国专科学校"接受高等职业教育，又可以自行或通过职业介绍所就业。

在"双元制"体系中，企业作为职业教育实践训练的主体，教授学生生产的理论知识和实践经验。"双元制"不仅需要学校与企业的合作，还需要一些社会机构的参与来保障。在这种合作下，公司会在调查行业和岗位技能要求的基础上设计企业的教学内容。同理，职业院校也会将一线工作技能和资格考试的要求作为其教学内容，由此来保证企业与职业院校在教学内容上的连贯性与一致性。

（二）打造以培养职业能力为核心的教学模式

以职业教育活动为中心是"双元制"职业教育课程模式的基本理念，具体而言，在专业课程的设置上由浅显到深入、从宽泛到精细；课程比例上强调课程实践比例大于理论课程的比例；课程结构上的宽基础等。德国职业教育有效地实现了"双元制"人才培养目标，从教学方法、课程设置到教学效果均有所体现，确保了人才教育的质量。"目标导向性、内容实用性、应用与评价的完整性"是德国职业教育课程的设计的突出特点。② 这也是德国职业教育教学模式与普通教育之间的差异，以职业能力培养为核心的教学理念正越来越多地引起他国职业教育研究者的注意。

由此可知，"双元制"教育的优势如下：实践训练与理论消化相辅相成，实践训练帮助学生理解和掌握理论，理论反过来帮助学生发展自身的实践技能；

---

① 丛明才，王娴娜. 德国职业教育研究及其启示[J]. 黑龙江高教研究，2016（05）：68-72.
② 亓俊国，庞学光. 德国"双元制"职业教育内涵的多维度分析[J]. 教育发展研究，2008（11）：23-26.

学生通过学习一线工作的理论知识和实践技术，面对岗位工作时能够迅速地进入状态，大大地缩短了企业的试用期，同时，团队协作能力和专业优势更强。"双元制"在整个职业培训中一以贯之，上面提到的所有要素都是其中的一个组成部分。

二、德国高等职业教育跨界转型发展的经验与不足

（一）"双元制"可借鉴的经验

1. 以关键能力为本位的培养目标

当今的社会时刻处于变化的状态，其变化的速度使工人们不得不及时提高自身的知识能力水平才能适应。例如：知识的爆炸式增长和知识技能陈旧率的加快要求员工具备自我学习能力和不断提高自身技能的潜力等。

为了紧跟当今社会企业发展的步伐，培养与时俱进的劳动者，"双元制"职业培训除了需要重视学生胜任岗位所需的技术和能力外，还需要关注学生关键能力的培养。关键能力不同于单纯的胜任岗位所需的专业能力，是一种超出书本知识的能力，是一种可以在不断变化的环境中快速掌握专业技能和知识的能力。关键能力包括许多可操作的能力，其中最突出的是自主学习、自主规划、自主执行、自主控制和评价能力。

2. 以宽厚的专业基础为根本的课程编制

一般来说，课程准备涉及课程内容的选择和安排两个方面，怎样"选择"和"安排"蕴藏着许多理念和窍门。就"双元制"课程的编制而言，课程内容的选择基于专业群体，学生在接受培训的过程中所习得的广泛而深厚的知识与技能使学生获得较强的社会适应能力和社会凝聚力，从而增强了学生的市场竞争力和再就业能力。德国"双元制"模式的课程安排并不像我国所施行的三阶段模式，而是选取综合课程的方式，将所有理论课程整合为三门课程：专业理论、专业制图和专业计算。这种做法可以尽量扩大专业知识的范围，降低产生重复学习的概率。因此，无论是课程内容的选择还是编排，"双元制"课程的"编制"都是建立在宽广而深厚的专业基础之上的。

3. 以校企双方合作为基础的课程设计

职业教育的培养目标就是给企业输送优秀的专业人员，服务企业发展，从这个意义上讲，校企合作对职业教育的发展非常重要。学校和企业二者的共同合作应当开始于课程上的合作。事实上，双元制的课程设计就是以校企合作为

基础的，学校依据各地方宏观的教学计划开展理论知识的讲授活动；企业依据联邦教育法规开展一线实践技能的教授活动。二者通过相关部门组织或者自发的方式进行协商和调整，通过这种方式将理论知识和实践技能密切相连，从而实现国家对职业教育培养人才的总体教育目标。这种做法优点如下：第一，双方的合作可以让学生在生产实践中学到更多相关的知识和技能，满足企业的需求；第二，可以提高企业参与职业教育的意识和责任感，从而全方位助力职业教育的发展；第三，二者的合作一方面解决了企业的需求问题，另一方面又有助于提高国民的整体素养，在一定程度上缓解了"劳资"关系紧张问题，对职业教育今后的发展具有重要的意义。

4. 以学生为主体的教学过程

以学生为主体的理念贯彻于"双元制"模式的理论教学和实践训练之中。理论教学已经从传统的教学方式转变为启发式教学法、讨论式教学法和小组学习法。实践教学从以往的四级教学法转向引导性课文法、项目实施法以及学习岛等学习方法。总而言之，教学活动的主体开始从教师逐渐转向了学生。

传统教学中师生的地位被这种以学生为中心的教学活动改变了，在教学过程中，教师和学生的角色都发生了变化，教师从知识的讲解者变成了学习的引导者；学生从被动接受知识的人变成了主动学习的人，他们的学习热情得到了淋漓尽致的展示。例如：对于一个给定的"项目"，学习者能够依据自己现有的和新获得的知识、技能和经验制订一些相应的实施计划，在这个过程中不仅使学习者对自己所拥有的知识和能力有了更深层次的体会，还让学习者充分发展了自身的创新力、独立能力、团结协作能力等职业能力。

5. 以客观要求为标准的考试考核

职业教育的质量可以通过考试考核等多种方式进行判断，要想使判断的结果具有可信度就需要制定严格公正的评判标准。德国的"双元制"模式因为其高质量的教育效果而远近闻名，而这种高质量的教育效果由规范、客观、公平的考试和评估体系保驾护航。为确保考试的公正性不受教育机构的影响，"双元制"职业培训考试由与教育没有密切联系的行业协会组织，这样一来考试就可以根据《职业教育条例》中的相关条件进行，不需要依据培训机构（高等职业院校或企业）的实际授课情况来进行考察，达到更加公正地评价职业教育培训质量的目的。

"双元制"模式考试注重公正性和同步性，不同职业的同一科目考试同时举行，并且依据一致的标准进行评判。由于"双元制"职业培训考试的客观性和公正性，其培训的结业证书不仅在德国获得认可，还在欧洲共同体的部分国家中获得承认。由此可以显现出德国"双元制"教育模式在世界职业教育界中所占的地位和其自身的权威性。

(二) 德国"双元制"自身的不足

1. 过度依赖于企业

自由市场经济规则是德国教育体制的重要组成部分，德国"双元制"实行以市场为主、政府为辅、市场供求平衡为基础的监管方式，在此背景下，企业决定职业培训的内容，政府无权干预，这足以表明企业在培训中的主体地位以及企业对教育发展的影响重大，但这也导致"双元制"的进展情况极易被总体经济形势所左右。[1] 德国在统一之际，整体经济形势恶劣，导致劳动力市场不平衡，培训岗位极度短缺，失业人数长期居高不下。而德国统一后，西德在1991年受过"双元制"培训的人数为45万，但是企业供应的培训岗位多达66.9万个，但今非昔比，一直到1998年整个德国有培训岗位缺口共计25万个。[2]"双元制"处境艰难的首要问题在于培训岗位过度匮乏。

2. 忽视了高等职业院校的重要作用

校企之间深入合作是"双元制"顺利开展的基础，就实际的运行情况来看，"双元制"中的两个主体的受关注度不同，企业所受的关注远远超出了职业学校所受的关注，其发挥的作用也被过分夸大，导致高等职业院校成为企业的附庸，得不到应有的重视。近些年，高等职业院校的授课内容陈旧、授课方式传统、无趣，导致课堂出勤率较低，这一现象反映了高等职业院校教学中存在的问题，例如，高等职业院校与企业之间的合作不够深入、高等职业院校自身缺乏吸引力等，这其实也间接地突出了高等职业院校在校企合作中所受关注不足、校企合作力度不够，沟通交流不畅等问题，长此以往，在"双元制"培训系统中高等职业院校的重要作用会被忽略，难以实现更高层次的发展。

3. 专业设置滞后于社会的发展

设置"双元制"职业培训的相关课程计划和框架首先需要国家发布有必要开展培训的岗位，其次依据国家发布的岗位信息进行调整和完善，结合每五年一次的职业教育立法对框架计划进行全面修订，这一流程耗时过长，往往使得

---

[1] 石伟平. 比较职业技术教育[M]. 上海：华东师范大学出版社. 2001：113.
[2] 周丽华. 德国"双元制"职业教育：困境与出路[J]. 比较教育研究，1999（06）：44-47.

专业设置跟不上社会经济发展的脚步，这将进一步使得高等职业院校的教学内容过于老套落后，无法适应社会产业结构的巨大变迁。

除了"双元制"的专业设置等内部机制隐藏着潜在的问题，"双元制"外部劳动力市场的一系列变化也使其面临着巨大的风险与挑战。主要变化是：一是以往制造业的工作岗位逐渐被如今兴起的服务业岗位所替代；二是新时代的工作岗位对工作人员的能力和水平提出了更高层次的要求，这种趋势为接受过高等教育的学生创造了更多的机会，同时也使得更多的青年迫切地希望接受高等教育；三是青年一代的职业观念随着岗位的要求而变动，他们不再愿意终身从事与自己所学的技能相关的工作。在面临这些挑战的时候德国人并没有将"双元制"全盘否定，而是去伪存真，主动应对，所以在20世纪90年代，德国"双元制"又获得了新生。

三、德国高等职业教育跨界转型发展的趋势

（一）人才培养层次将进一步朝向硕、博士提升

德国的应用科学大学的培养对象以学士和研究生为主，但博士生教育近年来也已崭露头角。根据德国《高等教育法》的有关要求，应用科学大学虽然无权授予博士学位，但是能够与其他具备条件的大学合作开展博士学位教育。许多应用科学大学都大力支持与普通大学合作培养博士生。职业院校除了极力发展本科教育，还同步进行了硕士层次的培养活动，主要通过以下三种方式：（1）自行授予学位；（2）与国外大学合作，由其授予学位；（3）与本国大学合作，由其授予学位。

开展更多的研究项目将会极大地鼓励研究型学习，其一，这能够实现研究反哺教学工作的目标；其二，这是一种应用科学大学向学术性院校靠拢的象征，预示着应用科学大学在未来可能会获得博士学位授予权，而且职业学院也将逐渐被给予授予硕士学位的权力。

（二）更加关注发展学生的终身学习能力

以下几个事件促使德国开始重视终身学习：（1）新教育理念的呼吁和提倡，如20世纪60年代法国教育家保罗曾呼吁过重视"终身教育"概念；（2）教育经济学关于人们的受教育水平对经济增长有巨大贡献的研究结论；（3）受世界社会政治、经济、科技和文化的巨大影响，知识经济和职业教育面临着一系列的问题，需要彻底的改革。"第一届世界终身学习大会"的举办正是响应这种变

化的一种方式①。如今的时代已是终身学习浪潮翻滚的时代,终身学习已经成为世界人民的共识了。

除此之外,在国际和国内发布的有关政策文件(如《欧洲终身学习资格框架》等)的加速推进下,关于学生终身学习能力的教育工作会更加成为应用科学大学和职业院校关注的重点,终身学习的理论将会渗透到两类学校的日常工作中进而对学生造成潜移默化的影响。

(三)继续重视学生国际化素养的塑造

在全球化背景下,人类命运共同体形成的关键时期,各个国家在政治、经济和文化方面的交流变得密切和深入起来。一些发达国家为了自己国家更好地发展就需要一大批怀有全球视野和大局观念的新时代国民。现如今,德国除了普通大学正在往国家化办学方向考虑,职业院校和应用科学大学同时也将自己的工作重心放在与其他国家的交流和沟通方面,尽力地将自己国家的学生送到其他国家去学习,培养学生的国际交流能力,学习国外的先进理念和技术。

进入21世纪,在全球化趋势不断深化的背景下,德国正在高等职业教育中寻找自己的定位,培养其国家发展所需的国际化人才,关注学生国际化素养的塑造成为德国高等教育工作的重中之重。

第三节 澳大利亚高等职业教育跨界转型发展的经验、不足与趋势展望

一、澳大利亚高等职业教育跨界转型发展的路径

(一)联邦政府的合理规划

澳大利亚的管理体系是中央集权制的,其中有关组织学校的权力集中在联邦政府手中。大多数澳大利亚的组织机构由联邦、州和地方政府管理,其能够直接管理下级教育机构。自1990年以来,澳大利亚国家教育局连续制定了三个职业教育与培训战略规划,即《1994—1997澳大利亚国家职业教育战略:迈向

---

① 吴咏诗. 终身学习——教育面向21世纪的重大发展[J]. 教育研究, 1995 (12): 5-9.

技能型的澳大利亚》《1998—2003 澳大利亚国家职业教育战略：通往未来的桥梁》和《2004—2010 澳大利亚国家职业教育与培训战略：塑造我们的未来》。

澳大利亚有别于其他中央集权国家的地方在于其虽然是中央集权，但联邦、州和地方政府之间分工明确、分权合理、各司其职。例如，澳大利亚国家教育局的工作重点在于颁布国家职业教育和培训的计划和政策，并进行综合管理；而州及地方教育局和教育部门负责制定各州和领地的职业教育培训的政策与计划，并进行综合管理。两个部门的工作范围各有侧重，在实际工作中也是各尽所能。

（二）衔接一致的认证系统

在澳大利亚，各个层级的教育体系都是衔接一致并联系密切的。例如，中等教育和高等教育之间联系密切；职业教育的启蒙教育蕴藏在高中教育之中，高中毕业后学生可以获得一级和二级证书；职业教育同时也与大学教育互通连接，大学教育认可职业教育授予的一般和高级文凭的证书，学生可以凭此进入大学接受高等教育。

当今，澳大利亚的高等职业教育与普通高等教育之间的鸿沟逐渐变小，在职业教育的认证系统中，获得职业教育的"带薪学位和高级文凭"后还是能够在职业教育领域学习，能够获得学士学位、职业研究生班证书、职业研究生班文凭和硕士学位。

（三）宽渠道的资金收入和健全的法律保障

从 1978 年到 2002 年，联邦政府、州政府和地方政府在财政上的投资总额普遍呈逐年增加的趋势，其中州政府和地方政府对职业教育和培训（以下简称 TAFE）的投资普遍超过联邦政府。

澳大利亚不仅有多种资金来源，而且有保障职业培训经费的法律，如《职业教育与培训资助法》《培训保障法》等。① 其中，《培训保障法》于 1990 年 7 月实施，其规定年收入超过 22.6 万澳元的雇主必须将其工资预算的 1.5%用于员工的职业培训，如果用人单位缴纳的费用低于相关法律的规定和要求，将被强制依法向国家有关部门上交中间少交的部分费用。

综上可知，宽渠道的资金收入和健全的职业教育培训法律法规是澳大利亚职业教育发展的坚实后盾。

---

① 李英英，张俊. 澳大利亚 TAFE 发展历程及其对我国的启示[J]. 十堰职业技术学院学报，2010，23（05）：7-11，23.

二、澳大利亚高等职业教育跨界转型发展的经验与不足

（一）澳大利亚高等职业教育跨界转型发展的经验

1. 全国统一制定的培训包

澳大利亚高等职业教育能够顺利地跨界转型发展离不开其全国统一制定的培训包。在澳大利亚的职业教育体系中，最显著突出的地方便是由政府、企业、学校等组织合作商讨制定并且每五年更新一次的培训包。澳大利亚职业教育和职业教育体系在"以能力为基础"的教育理念的引导下十分重视学生的实践能力和职业能力，因此，培训包也很强调这方面的内容。由全国统一制定的培训包对职业教育的教学内容、教学要求和教学方法等教学要素做了详细的规定和要求，是国家对职业教育教学过程的统一标准、是高等职业院校必须遵守的规定，同时也是教师教学的参考书[①]，其主要目的是通过对全国职业教育的教学过程做统一化的规定保证职业教育的质量。这样一来，即便是不同学校拥有不同的教学理念、不同的教师、不同的教学方式和方法，只要是按照国家统一制定的培训包开展教育工作，那么全国的教育方向和教育质量就能得到保障。

2. 校企合作共同培养专业人才的模式

澳大利亚TAFE学院能培养出一批又一批实践能力过硬的专业技术技能型人才的关键在于其与企业紧密合作培养人才的模式。澳大利亚职业院校通过与当地的企业进行合作，为学生打造了与实际生产生活十分贴合的实习实训基地，为学生创造了大量的锻炼自身实践能力的机会，让学生能够在"做中学"。这种与实践联系密切的实习实训工作可以给原本枯燥的理论知识学习增添活力，让学生能够将自己所学的理论知识运用于实际生产之中，并在实际工作中加深对于理论知识的理解。例如，TAFE学院数字媒体专业的学生每年都可以参加"活力悉尼"灯光活动的设计工作，学生通过这种实际的工作做出优秀的作品，并在这一工作中使自身所学的理论知识得到深化、自己的实践能力得到锻炼，同时，使学生加深自己对所从事专业工作的认同感。

3. 理论和实践能力并重的教师引入理念

澳大利亚高等职业教育跨界转型的成功发展有很大一部分归功于其自身打造的专业领域理论知识广博、一线工作实践经验丰富且专业能力过硬的师资队

---

① 樊大跃. 澳大利亚TAFE培训包内容及框架剖析[J]. 中国职业技术教育，2007（3）：57-64.

伍。澳大利亚 TAFE 学院的专业授课师资队伍主要是由理论知识广博且实践能力过硬的专职教师和兼职教师构成，这两种类型教师的来源和要求迥然不同，但是在引入新教师时都十分关注其专业理论知识的丰富度和实践能力的强弱。专职教师的主要供给方是高等教育院校所培养的职业教育专业教师，兼职教师的供给方主要是企业；对专职教师的要求是除了最基本的高等学历证书、相关的专业资格证书、澳大利亚的四级及以上教师资格证书外，还有3—5年的相关专业一线工作经验，兼职教师的聘用标准是教师最低要有三年的一线工作经验、合格的专业技术资格和过硬的操作岗位工作的能力。[①] 澳大利亚 TAFE 学院不仅在刚引入教师时强调其理论和实践能力，在教师的培养方面也强调教师需要关注实践工作的开展动态、及时更新自身的教育理念、定期前往企业开展一线工作，要求教师将最新的专业理论知识和实践经验渗透到自身的教育教学过程之中。

（二）澳大利亚高等职业教育跨界转型发展的不足

经过近二十年的改革发展，澳大利亚职业教育已经建立起完善的、具有鲜明特色的职业教育体系，大大地推动了国家社会经济的进步，受到了世界各国的广泛关注。但是，由于种种原因，澳大利亚的职业教育也存在着亟待解决的问题。如果这些问题能够得到有效的解决，将更好地推动澳大利亚职业教育向更深层次发展。

1. 职业学校超限度扩大招生影响了教学质量

澳大利亚拥有广泛的职业教育生源，职业学校的学生人数每年都在迅速增加。目前，全国每年有超过120万名学生在 TAFE 学院就读，是同期大学在读学生人数的1.7倍，每年报读职业教育的人数激增。例如，1998年在大学招生时，仅在新南威尔士州，TAFE 学院第一学期就招收了十万余名学生，远远超过了 TAFE 学院可容纳的最大学生人数。为了适应职业教育扩招的变化，各大职业院校采取了规模化、集团化和一校多制的联合办学模式，在一定程度上满足了扩招的需要，也取得了一定的规模效益。然而，在这种规模办学过程中，由于各地职业教育发展不平衡、资金投入不足、教学设施条件跟不上、师资力量不足，加之其对学生的评估方式存在形式化和僵化的弊端，使得澳大利亚职业教育的教学质量引起了人们的关注和担忧。例如，在资金投入方面，由于政治和经济

---

① 胡红钱，吴雄喜，盛国，等．中澳职业技术教育对比研究与启示[J]．成人教育，2018（8）：88-93.

原因，国家对职业学校的拨款总额逐年减少。政府资助金额以学校为每名学生上一小时课的消费支出为基数。为此，学生资源成为教育为职业学校提供资源的重要基础。一些职业学校为了获得更多的资源，不顾自身条件，一味地增加招生数量，导致教学质量的下降。

此外，澳大利亚职业教育拥有灵活多样的办学机制、相对低廉的学费和毕业生良好的就业前景，吸引了越来越多的海外学生来澳大利亚接受职业培训。例如，1998年在澳大利亚接受职业培训的外国学生人数达到四万人，这一数字近年来仍在一直增加。争取到全额自费留学生培训项目是职业学校重要的资金来源，政府鼓励职业学校通过招收留学生来盈利。来澳留学的海外学生每年的学费为每人八千澳元，加上管理费共计约一万澳元。土著学生的年学费仅为600澳元。高额利润促使职业学校"千方百计"地争夺海外留学生。大量来自国外的学生的参与已经使一些职业学校负担过重，进一步影响了教学质量。克服职业教育中存在的拜金主义，将关注点放在提升教育质量上成为澳大利亚职业教育发展的当务之急。

2. 课程的开发和管理需要规范化

课程的开发和管理作为澳大利亚职业教育改革的重要组成部分，由于其直接关系到职业教育培养的人才质量而受到政府、行业和教育培训部门的高度重视，这项工作经过长期的改革和完善已经有了突破性进展。目前澳大利亚职业院校的课程是国家宏观指导下，以企业要求为基础、同时讲授理论和实践知识，并以技能培训为主的一系列学科组合。全国统一的培训包明确了培训的门槛、能力要求与评估指导，各州设立了专门负责机构。但是，在实践中开发和管理课程时，很多环节还需要进一步规范。例如，将培训包转化为具体的教学过程，各个州的做法不同，差距很大，没有国家机构负责课程开发的统一管理和具体实施工作。

澳大利亚多个州和地区在开展职业培训课程方面，仅新南威尔士州按照行业和课程类型设立了多个教育服务办公室（ESD），专门负责课程的开发与管理工作，并召集专业人员依据全国统一的培训包，编写出相应的授课计划和教师的教学过程。然而，其他州并未设置ESD专门负责课程的研发和管理。如果没有一个全国统一的组织来做这项工作，那么职业教育的质量势必会大打折扣。此外，培训包宣传与推行体系的不健全和正处在发展阶段的课程开发工作都成为影响澳大利亚职业教育质量的因素。

3. TAFE 学院与大学衔接急需一个统一的标准和指南

澳大利亚的管理体制特点是地方分权式，职业培训主要由州政府进行，联邦政府制定宏观调控政策，职业学校采用一定的方法施行。1995 年 1 月，澳大利亚一改往常由中学、行业机构和职业学校自行发放资格证书的常态，随即建立并采用全国统一的资格认证机制。经过多年的动态发展，澳大利亚在国家框架体系下建立了以企业为动力、以用户为中心、办学形式丰富灵活、有效对接中学和大学的教育培养体系；搭建了一个互通连接的义务教育后教育体制，允许受教育者能够在中学、大学和职业院校之间自由流动；促使职前与职后，初等、中等和高等教育之间的互通连接，并很好地将普通教育、成人教育和职业教育连成一体。以上工作处处展示着澳大利亚职业教育在改革中的优秀成果。

但是当我们看到职业教育之间的联系时，我们可以发现建立联系的能力仍需加强和规范。目前 TAFE 与中学之间的衔接较为直观、正规。例如，新南威尔士州教育部发布的《HSC/TAFE 学分转换指南》一书，仔细介绍和说明了 TAFE 与中学之间的衔接问题，可操作性很强。然而，涉及大学与 TAFE 之间的连接，操作就不那么容易了，主要是因为这两种教育属于不同的类型，他们之间的联系并没有一致且固定的指导方针和要求，学分的认定需要单独进行协商，不同学校之间的认可度仍有差异。

4. 用人机制的铁饭碗问题有待解决

澳洲职业学校签新员工时，在服务年限方面并没有限制。长期处于职业倦怠状态的工作状态极不利于提高工作效率。除非教师和员工在日常工作中犯下重大错误，否则人力资源部门不能辞退他们，即使他们是平庸的、不活跃的、缺乏自我激励的。能做的就是说服他们提前退休，要么给两年的工资劝其离开，或者不加薪，年收入逐年减少一点。尤其是工作年限高于五年的专任教师，用人单位难以将其解雇。

在人力资源管理中，类似的铁饭碗现象并不鲜见，长此以往容易使教师陷入"舒适区"中，难以自拔，导致一些教师失去奋斗的动力，从此不求上进，不能够自觉地使自己的知识结构紧跟时代的发展变化，不注重自身的专业发展，从而对单位的资源发掘和利用造成不良影响。打造一个有效的奖罚机制，激发教职工工作的积极性和自觉性，解决人才能进能出能流的问题是澳大利亚职业培训用人机制中亟待解决的问题。

三、澳大利亚高等职业教育跨界转型发展的趋势

（一）职业教育培训与高等教育将进一步融合

联邦政府宣布其将清除职业教育培训体系与高等教育系统之间在行政、教育与资金方面存在的障碍，以建立双方之间的友好合作关系并确保共同分享各自的优良资源，进一步推动职业教育培训与高等教育的相互融合，让职业教育培训体系与高等教育体系的融合在功能上更加密切、明确，为社会提供更先进、更实用的技术能力。

（二）职业教育培训规模和支持力度将进一步扩大

政府施行生产力与生产场所项目各地方合作计划，进一步拉近联邦政府与州一级政府之间的距离，切实有效地促进职业教育培训体系的改革。具体包含以下几个方面：一是增添培训岗位。联邦政府强调由联邦和州一级政府在全国范围内增设培训岗位，进一步扩充培训岗位的数量，至于数量要依据各州和地方劳动人口的年龄结构比例来确定。二是在资金与拨款方面进一步放开对职业教育培训的划拨，多渠道筹集资金，联邦政府规定由联邦政府、州政府和私人机构分别为民众接受职业教育和培训提供资金支持，达到鼓励民众进行职业教育培训的目的，进一步扩充技术技能人才的数量，解决社会所面临的就业问题，从而推进社会的平稳发展。三是规定国家级政府必须颁布并有效地实施相关任务和计划，解释其将怎样统筹协调职业教育培训的岗位使其达到预期效果，充分发挥联邦政府以及州政府在发展职业教育体系中的重要作用。

（三）"澳大利亚技能署"（Skill Australia）的作用将进一步突显

"Skills Australia"是一个独立的政府机构，负责就当前、潜在和将来的劳动力市场需求向政府、就业和劳工关系部提供建议，以便调整职业教育培训系统以满足社会发展和改革的需求。为了进一步升级"澳大利亚技能署"的工作技能，联邦政府将进一步加强其在以下几方面的工作任务：给联邦政府提出更接近劳动力市场需求的相关意见，以便将职业教育培训同现实生产需求密切融合；让职业教育培训体系的运行和管理逐渐顺利，并促进职业教育培训体系与高等教育体系的融合；深化职业教育培训管理机构与行业技能委员会二者的合作。

191

第四节 德、澳两国高等职业教育跨界转型发展路径的比较与启示

一、德、澳两国高等职业教育跨界转型发展路径的比较

（一）澳大利亚 TAFE 与德国"双元制"职教模式的相同之处

1. 根据市场需求，都制定了全国统一的教学纲领性文件

澳大利亚的 TAFE 学院和德国的职业院校的整体发展和规划都会被纳入各自国家的高等教育体系系统中进行考虑。同时二者也都会定期根据社会市场经济和工业经济不断发展对人才的需求而动态调整各自的指导性方针和政策，再依据各自的指导性方针和政策商定课堂的教学方案和教学内容。不同的是 TAFE 学院的纲领性文件由国家素质教育培训框架、国家资格框架体系和培训包构成，这三个纲领性文件的不同组成部分分别有着不同的要求，共同为澳大利亚 TAFE 职业教育模式的协调有序发展提供坚实的保障和有效的依据。而德国"双元制"职业教育的纲领性文件由培训整体计划、培训安排和整体的教学计划组成，分别从宏观到微观、从整体的职业教育的发展方向到微观的课堂授课计划对德国的"双元制"职业教育进行规定，确保其正常运行和顺利发展。

2. 课程设置和考核都重视学生实践综合能力

职业教育所培养的学生最终都是能够胜任具体工作，各方面都很优秀的高素质技术技能型人才，因此，澳大利亚的 TAFE 职业教育模式和德国的"双元制"职业教育模式在课程设置和学生实践综合能力考核方面具有惊人的相似性。首先，在课程内容的设置方面，TAFE 学院会本着让毕业生顺利胜任工作内容的初心，细致地考查学生将来可能从事的工作所需的知识和技能，再结合学院自身的办学条件和特色，为学生量身定制适合的课程内容。而德国"双元制"同样也是基于对一线教学工作的考察，设置课程即将教授的相关内容。其次，TAFE 学院模仿企业真实的生产工作建立了实习实训基地，让学生在学习科学理论知识的同时领悟到实践工作的真谛，真正地实现"教学做合一"。德国"双元制"不仅强调基础专业能力和社会实践能力的培养，更强调综合专业能力的培养，尤其是学生实践能力的培养。最后，在对学生学习情况的检查和考核方面，

澳大利亚 TAFE 学院让企业作为考察学生的主考官，突出强调其对学生综合实践能力的重视程度，德国"双元制"职业教育模式的课程考察也包含理论知识和专业技能的考核，其中工作技能占比较大，考核实践地点主要是实际工作场所，考察时间有时高达十几个小时。

3. 教师的准入制度都很严格

教师的专业素质和教学能力对于一所学校来说至关重要，因此，澳大利亚的 TAFE 职业教育模式和德国的"双元制"职业教育模式在聘用各自系统的教师时都十分的严苛与谨慎，这也是二者的相同之处。具体来讲，澳大利亚的 TAFE 学院聘用教师的形式是合同制，也就是与教师签署合同，规定教师所享有的责任和应尽的义务，而德国的"双元制"职业教育的教师是国家公务员，但总体来讲，二者在选用教师方面十分慎重。澳大利亚 TAFE 学院不仅要求教师具有应聘专业相对应的职业资格证书、教师教育与评估体系四级资格证书，还根据专业性的强弱动态要求应聘教师所具备的工作经验的时长。德国"双元制"硬性要求职业教育的应聘教师接受 4 年的专业学习和 2 年的师范学习，以及拥有超过 1 年时间的实际工作经验，保证教师除了自身拥有过硬的专业知识技能，还要有能力教授学生知识。此外在企业培训的教师选聘上除了要求其拥有丰富的一线工作经验，还要求其懂得教育学和心理学的相关知识。

（二）澳大利亚 TAFE 与德国"双元制"职教模式不同之处

1. 接受职业教育的生源类型不同

澳大利亚的 TAFE 职业教育模式所接收的学生来源和德国的"双元制"职业教育差别很大，从更加微观的角度去分析是因为两个国家的职业教育最本质的教学目标不同。澳大利亚 TAFE 职业教育的初衷就是给所有想要接受培训和学习的人搭建一个学习的平台，这主要是因为当局政府要求从事技术工作的人员必须获得 TAFE 颁发的职业资格证书。而德国的"双元制"职业教育旨在为年轻人提供职业培训服务。二者的具体表现在于，澳大利亚 TAFE 职业教育所接收的学生不仅包括各个阶段的学校毕业生，还包括在职人员和失业人员。而德国"双元制"职业教育的学生来源主要限定在初、高中学生和各地的失业青年等，录取率要靠合作的公司所能提供的实习岗位规模来决定。

2. 教学方法及方式不同

澳大利亚 TAFE 职业教育模式的教学方式和方法不同于德国的"双元制"职业教育。相对来讲，澳大利亚 TAFE 职业教育模式在教学过程中采取的方式和方法更加丰富一些。首先，在授课方式方面，TAFE学院更加现代化，会根据学生的情况采取适合学生的教学方式，例如采用远程授课等，而德国的"双元制"职业教育就更加传统，采取的仍旧是统一的师徒传授式教学方式，由学校的专业课教师和企业的指导教师共同指导学生的学习。其次，在授课地点上，TAFE学院会更加不受局限，学生可以根据自身情况选择适合自己的授课地点，例如，学生可以远程在线学习，也可以进行实景学习，但是德国"双元制"强制要求学生一个星期必须有1至2天待在学校学习科学理论知识，剩下的3至4天必须前往企业接受技能培训。

3. 考核评价方式不同

澳大利亚的TAFE职业教育模式和德国的"双元制"职业教育模式在考核评价方面所采取的方式有所不同。澳大利亚的TAFE课程的考察方式十分丰富，相较于普通的职业教育，TAFE课程主要考查学生的实际操作能力，以过程性评价为主。TAFE学院注重学生的平时表现，其会根据学生在日常学习、工作和生活中的相关行为综合判断学生的平时成绩，除此之外，TAFE学院在对学生进行最终评估时也要参考学生的期中和期末考核成绩。与澳大利亚的TAFE职业教育模式不同，德国"双元制"的考核评价过程更加严格和连贯，学生除了要参加学校组织的小范围结业考试外，还要进行企业结业考试和整个德国统一的考试。考试内容丰富，不仅要考察学生所学的全部理论知识，还要在实践中考察其工作技能。学生在通过以上三门考试和相关考察后才可以取得相关的职业资格证书。

二、德、澳高等职业教育跨界转型发展路径的启示

（一）德国高等职业教育跨界转型对我国的启示

1. 提升高等职业教育的地位

德国"双元制"职业教育除了是一种教育模式，更是一种思想观念，它在德国人民的心中已经根深蒂固。德国学者瓦格娜认为，"在德国，上大学并不一定是最好的发展，能够为社会奉献自己的力量才是真理。"20世纪80年代中期，我国逐渐关注起了高等职业教育，但由于政治、经济、文化等各个方面因素的影响，高等职业教育在整个高等教育体系中的地位一直偏低。事实上，高等职业教育可以通过在教育教学活动中渗透最新的科学知识和技术，培养社会生产所需的专门人才，直接服务于社会生产，从而加快社会经济的发展。综上所述，

我国政府应当尽快完善高等职业教育的体系，使其在更好地融入国家教育体系的同时拥有更高的地位。

2. 完善职业教育法制体系

仔细研究和分析德国高等职业教育的历史后可以发现德国出台了许多职业教育法规，如《职业教育法》《职业教育改革法》等，让德国职业教育在开展定位、计划、改革以及监管等工作时有据可依。由此可见，德国在宏观层面协调和统筹职业教育主要是通过立法的方式。反观我国，迄今为止还没有形成系统的职业教育法规体系，先前我国制定的《职业教育法》难以与当前瞬息万变的社会相匹配。《职业教育法》仍有部分细节没有涉及，如怎样借助法律法规的强制性来吸引行业与学校合作发展职业教育、如何规定社会方面在经济上资助职业教育的发展、设置什么样的职业教育监管机构以及建立怎样的职业教育贫困学生资助体系等，以上设想的落实亟待《职业教育法》的进一步整理和规范。再加上我国的高等职业教育正经历着变革与发展，在这个过程中新的挑战和问题将会层出不穷，如果无法在法律层面对其进行保障，那么高等职业教育的可持续发展将会受到很大的阻碍。所以，我国高等职业教育的法律体系需要紧跟时代和高等职业教育前进的脚步，并随之做出相应的调整。

3. 加强校企合作的力度

在研究和分析了德国企业主动热情地参与"双元制"职业教育，全力培养岗位所需人才的现象后，课题组认为其主要有以下几个影响因素：第一，可以为毕业生今后入职打下坚实的基础，学生在参与企业培训的时候可以进一步了解今后的工作环境，也强化了自身的动手能力以及社会能力；第二，节省企业的培训费用。以往企业培训新员工需要花费一大笔费用，如今企业可以借助校企合作平台，提前培训自己公司的准员工；第三，获得政府补贴。在校企合作的过程中，企业在为自己赚得社会名声的同时还能够享受政府补贴。对于公司提供的每个培训岗位，国家每年向公司提供3500欧元的补贴。所以德国参加职业教育培训的企业的生源状况良好，不断输入的人才也提高了企业的核心竞争力，增强了企业教育的自信。

德国"双元制"高等职业教育的突出特征便在于校企双方合作培养人才。我国也积极地学习了德国的"双元制"人才培养模式，但是并没有落实由校企共同培养人才这一精髓。因此，我国要想在高等职业教育领域取得巨大进步就应当深化校企合作的力度，培养能够适应当前工作岗位的高素质技术技能型人才。

4. 加强学生实践能力的培养，走产学结合之路

纵观德国"双元制"在培训学生时的学习时间和课程安排，可以看出德国"双元制"职业教育对学生实践技能培养的重视程度。反观我国，接受职业教育的学生大多数时间都是在学校学习科学理论知识，学习到了一定程度之后再被统一分配到各实习实训基地锻炼自身的实践技能，这样一来，学生的实践时间远远低于其应当接受培训的时间标准，导致学生在学校所学习的科学理论知识和实践工作经验相割裂，二者无法有效地结合使其发挥应有的巨大作用。就我国自身的国情来说，要想将高等职业教育打造成为世界领先的教育，就不得不在传授学生职业理论和技能的同时培养其自身的职业道德，使高等职业院校所培养的学生能够获得全方位的教育，发展成为德、智、体、美、劳全面发展的人，等到这些学生进入工作岗位后才能对我国的社会事业做出更大的贡献。因此，职业学校应集中注意力于提高学生的知识、技能和职业素养，努力发掘校企合作的最佳路径。

现在我国部分经济较为发达地区的高等职业院校开始意识到了学校和企业合作的重要性，纷纷开始探索着开展产学合作的相关工作，但在现实具体生活中实践时却遇到许多困难，例如，学校和企业联系不够紧密、企业参与校企合作时不够积极、学生无法将在学校学习到的理论知识很好地在一线工作中运用等。基于此，我国高等职业院校需要更加深入地学习和借鉴德国"双元制"职业教育的长处，主动联系企业交流双方的现实情况、分享自身的优质资源、吸引优质企业与学校合作、加强学生在理论和实践知识方面的结合，努力地培养出能够为社会主义建设事业做出实际贡献的高素质技术技能型人才。

（二）澳大利亚高等职业教育跨界转型对我国的启示

1. 明确发展方向和工作方针

我国应当设立一些宏观的指导、咨询和规划部门，能够站在更宏观的角度把握高等教育发展的全局面貌，从而从更高站位去规划和分配我国现如今拥有的教育资源，同时能够指导高等职业教育的进一步发展；高等职业教育作为高等教育体系中的一个关键组成部分，职业院校的整体发展方向和工作计划也理应放到高等教育体系的整体计划和国家社会经济发展的整体规划之中进行考虑。

2. 统一职业资格认证标准，建立信息网络平台

在我国，具有认证职业教育资格的相关机构数不胜数，种类繁多，但各地方通用的证书较少，造成职业资格认证市场鱼龙混杂，难以真正识别出具有高

素质的技术技能型人才，为此，职业教育的相关部门和机构应当建立一个统一的职业认证标准，完善认证的制度。但是我国由于地广物博、民族多样、文化多样，所以难以同澳大利亚一样施行全国统一的职业资格认证系统，不过我国可以根据自身的条件和优势打造出一套具有中国特色的职业资格认证体系，统一全国的职业资格认证标准。开展这项工作需要全国各省市教育相关部门的全力参与，共同制定统一的具有中国特色的职业资格认证标准。除此之外，还可以利用互联网技术，搭建职业教育信息共享平台，及时获取市场上对人才的供需信息，有针对性地培养市场所需人才。

3. 加大投入力度，鼓励企业投资

澳大利亚在职业教育方面的管理技巧值得我国学习，我国也可以进一步加大对于职业教育院校的支持和资金投入力度，制定更完善的管理制度，吸引更多的行业参与职业院校的办学工作，同时鼓励其对职业院校的办学提供资金方面的帮助。

在澳大利亚，由于职业教育一方面可以为市场供应劳动所需的高技术技能型人才，另一方面能够作为一种产业为国家取得可观的收益，所以联邦政府非常关注职业教育的发展。澳大利亚为了在增强职业教育国际知名度的同时，创造丰厚可观的收入，其联邦政府加强了职业教育课程的国际宣传和交流工作，出台相关留学政策吸引国外学生，近些年，前往澳大利亚学习的人数逐渐增多。基于此，我国也可以积极地开展国际教育交流工作，学他人之长为我所用，打造出中国特色职业教育课程的招牌，同时在国外建设更多的孔子学院，宣传和推广中国文化，吸引更多外国朋友前往中国，深入了解中国深厚的文化知识底蕴。

三、我国高等职业教育跨界转型发展的趋势展望

职业院校要想在当前激烈的竞争中脱颖而出就不得不从发展自身的规模和提高发展速度转变为提升自身的内涵发展和质量。[①] 2015 年，教育部 6 号文件指出，高等职业院校要围绕经济新常态下的人才需求，着力加强内涵和素质建设工作，主要关注以下几个方面：改革教育体制，促进校企合作；更新人才培养方式，为学生打造科学研究的场所；完善教学质量管理体系，提升教学质量；

---

① 蓝洁. 高职院校内部治理组织架构的模式与特征分析——基于 100 所国家示范性高等职业院校的调查[J]. 中国职业技术教育，2018（32）：38-43.

深入指导职业院校的创新创业工作，提高学生的能力。促进高等职业教育的持续发展，提高高等职业院校核心竞争力的关键是提升人才培养质量，必须紧紧抓住这一本质，不能放松，这是高等职业教育联动发展的支柱和抓手，高等职业教育的质量如何要看其培养出来的人才是否可以适应社会和岗位的发展需要。人才教育的质量是显示高等职业院校内涵或成效的最终机制，是高等职业院校转型的重要基石。①

社会转型理论对职业学校的转型有启发作用。高等职业院校进行相应的改革以便更好地适应经济社会发展和产业转型升级需要、自我更新、自我转型，实现更高质量的发展。面对当前的一系列问题和挑战，高等职业院校要加强转型引领、积极挖掘和探索有利于经济发展和社会变革、社会资源重组的因素。探索高等职业院校转型的途径和对策，可以从缓解高等职业教育供需矛盾入手，从供给侧下功夫，即从高等职业院校的改革转型入手。从这个角度看，职业学校的转型也是顺应时代变化的一种自我更新、自我重塑的过程。我国高等职业教育跨界转型发展的重点应该是以下几个方面的考虑：

（一）办学模式由"大而全"向"精准化"转型

2014年，习近平总书记在国务院下发《关于加快发展现代职业教育的决定》之前作出的重要批示中提出，高等职业院校应当着力解决学生就业问题，为社会的发展做贡献。② 在国家职业教育新体系建设中，高等职业院校是重要组成部分和关键载体。

高等职业院校转型要以提高人才质量为关键，着重加强学生的专业知识和技能，培养高素质技术技能型人才。为地方经济和产业发展做贡献是高等职业院校的作用之一，所以高等职业院校的专业设置要与经济结构和产业结构相适应，这是高等职业院校生存发展的基础，也是高等职业院校的主要特色。因此，职业学校要想转型就必须关注地方经济的发展，积极与地方经济发展相结合协调、形成良性互动模式，从而相互促进。③

习近平总书记提出的"服务发展、促进就业"观点为高等职业院校转型发展提供了思路，成为其发展的不二选择。高等职业院校要密切关注地方经济发

---

① 王炎斌．高职院校发展应加速"五个转型"[J]．教育与职业，2012（34）：26.
② 尚慧文，高鹏．新形势下高职院校转型发展的思考[J]．教育与职业，2015（30）：25-27.
③ 唐永泽，傅瑞林．论黄炎培职业教育思想的核心理念[J]．教育与职业，2005（26）：45-48.

展，以地方经济发展需要、产业发展条件和岗位要求为指导，积极适应变化，合理地确定人才培养方案和目标，构建人才培养体系，搭建一个良好的人才晋升和专业人才平台，培养适应社会发展的高质量人才。高等职业院校则应立足于自身特点和优势，结合社会发展需求，找到清晰准确的定位，培养岗位所需人才。这样，按照人才培养目标，建立正确的人才培养模式，由此培养的人才不光停留在理论层面，更能深入实践。

在了解地方龙头企业发展和基础技术要求的基础上，依据地方经济发展的情况，建立动态的专业对接机制，同步专业设置，提高专业设置的科学性。经济社会发展需要研究地方经济社会发展规划，打造动态的专业协调平衡机制，根据当地产业结构和聚落调整整合专业设置，形成特色专业系统，每个适应地方产业发展的职业学校都应该考虑这个问题①。高等职业院校可以采取整合优势资源的方式，做强主体专业和特色专业，取消或合并不适应产业发展和需要的专业。在当前供给侧结构性改革和企业持续转型提升的时代背景下，高等职业院校要紧跟产业发展变化，主动统筹规划，争取早日转型，适时取消或减少条件差、办学动力不足、缺乏市场竞争力的办学机构，努力将高等职业院校的专业设置与产业结构正确衔接，打造人力资源信息统计平台，促进企业、院校和学生之间的顺畅交流，推动高等职业院校完美转型。

(二) 师资队伍由"知识传播者"向"一专多能"转型

高等职业院校跨界转型的背景下，培养高素质技术技能型人才需要一批高素质的师资队伍，要求教师不光要有深厚的知识底蕴，还要拥有丰富的实践知识以及行业一线工作经验，同时教科研能力较强，不仅能传授知识、培养学生技能，还能带领学生进行科学研究。

一方面，引进更多的"双师型"教师，优化"双师型"教师的结构与配置，加快推进高层次专业带头人和骨干教师的引进工作，展示其显著的优势，促使其用行动引领学校的转型发展。形成弹性较大的引进制度，根据"不求所有，但求所用"的任人理念，还可以从知名企业、高校、科研院所招聘具有较强专业技能和实践经验的教师、工程师和行政工作者担任兼职教师，合理配置教师结构，提高学院的总体师资水平。

另一方面，要重视教师的教育培训，深化高等职业院校与科学研究院之间

---

① 胡拥军. 论高职院校专业结构动态调整机制的建立——基于湖南九所国家示范（骨干）高职院校的研究[J]. 高教探索, 2016（02）: 76-80.

的合作，搭建方便教师学习进修的高质量平台，完善鼓励教师进一步工作的体制机制。另外，鼓励教师发展实践技能，建立科学的高职教师培训评价体系、规范教师参与生产实践的制度、指导职称评价、职务晋升、薪水和福利等工作，提供强大的工程实践能力和技术，使得研究成果突出的教师有更好的发展机会；组织尽可能多的专业教师与企业合作，建立教师培训实训基地，前往企业实习工作，同企业进行技术交流和服务，积累实际工作经验，提高实践教学能力。

（三）管理模式由"粗放式"管理向"精细化"管理转型

经过一段时间的规模化建设，现阶段的职业院校只有抓质量、提特色、增效益才能实现转型。要做到以上几点，必须在管理水平方面集中注意力，强化精细化与现代化的管理方式，全方位地提升综合管理水平。同时，要借鉴国内外高等职业教育的成功经验和做法，以先进的高等教育管理理论为基础，建立完善、系统的高等教育管理体系和质量评估体系，坚持内部自我调整，外部有效保障，优化各类教学资源配置，实现当前水平下的最优组合，达到人才培养的最优化，真正从管理的角度提升高等职业教育的质量和水平。

一方面，为减少出现管理无序的次数，高等职业院校应着力完善其外部管理模式，使其能够自由、合理的发展，同时扩大高等职业院校的自主权，例如高等职业院校的自主招生权限、师资队伍组建权限等，刺激高等职业院校主动地进行自我转型。

另一方面，在内部管理方面，高等职业院校应当实现精准化管理。站在管理学的立场进行剖析，从粗放管理、规范管理到精细化管理，其实是一个从经验管理、制度设置到文化管理的过程。全面实现职业院校的文化建设，并以此促进管理提升，实现管理的顶尖水平。就学生来说，校园文化教育作为育人的最佳方式，对学生的发展至关重要。以上便是高等职业院校发展中的重点，亦是其跨界转型发展的走向[①]。

（四）教学模式由"知识传承"向"知识创新"转型

高等职业院校今后能发展到哪种地步取决于高等职业院校的科研水平，部分科学研究水平较低的高等职业院校难以实现突破性的发展。其实教学与科研并不是两件相互割裂的事情，培养学生的工作蕴藏在引导学生从事科学研究的过程之中，在这个过程中也可以产生科研成果，达到一石二鸟的效果，某些国

---

① 陈家颐，万军.高职院校校企合作办学体制机制创新的动因与路径研究[J].黑龙江高教研究，2013，31（01）：111-113.

家设立科研基金的目的便在于此。相较于高等职业院校关注学校管理者的思想观念、学校定位和传统、社会环境等因素，科学研究更加注重通过技术改进与创新、技术水平提升与管理体制创新、教师鼓励学生进行创新项目来增强学生的科研自觉性。科技成果转化是建立在科技资源链中多环节、多要素的组合、联系、协调基础上的，有其规律和特点，因此，必须努力在多方面积极开展科学研究①。

职业学校的科研工作存在两个不容忽视的问题。一是经费。大多数高等职业院校建设经费偏低，难以搭建专属的科研平台，应积极争取国家和地方资助项目或机构科研任务，也可以与行业企业等社会组织合作打造科学研究平台、技术开发中心、科研院所等。二是成果的落实。明确科研方向，依据当地产业转型提升的要求，积极探索与产业共同合作创新的路径，打造产学研合作的科学研究模式，使项目研发和人才培养相互促进，打造健康可持续发展的新机制②。一方面，根据实际需要进行科学研究，保证了科学研究的可行性和实用性，另一方面，通过将科学研究成果直接应用于生产来改进和优化生产，也促进了科学研究的进步。

从理论与实践相脱离走向二者完美结合的教学形式。同时，更新人才培养观念，高等职业院校培养的学生不仅是具备求生技能的劳动者，还是具有理想、文化、才能、素质、技能、实践等综合能力的人才。在职业学校的教育培训中，要注重从多方面提高学生的综合素质和能力。对新的教学问题，应当及时更新观念，针对学生的情况采用新的教学方法。

（五）教学理念向"教学做统一"转型

传统的教学理念为"先教、后学、再做"，这种方式把"教、学、做"相割裂，不能达到良好的教学效果。高等职业院校应当把"教、学、做"相融合，依据教学对象和内容有弹性地转变教学方式，做到因材施教，有目的地选择案例教学法等各式各样的教学方法，灵活运用研讨式教学方法，提高学生学习的自觉性。在课程安排上，采用理论课与实践课相结合，以实践课为主，附加理论课的模式，实现理论课为实践课服务的期望。在课程创设方面，课程创设的

---

① 刘友林，马树礼，李庆兴，等．创新高新技术成果转化模式探析[J]．科技成果纵横，2011（01）：21-23．
② 张艳红．高职院校科研服务转型的探索与实践——以湖南环境生物职业技术学院为例[J]．高教学刊，2016（06）：202-203．

理念应该基于对专业岗位和具体业务流程的分析。

除此之外，高等职业院校可以将课堂教学延展到课堂之外，加强师生互动频率、提高课堂教学效率。创新人才培养模式，充分发挥已有资源的作用，加深校企合作的力度、推行工学交替教学模式、顶岗实习教学模式，提升高等职业院校人才培养的水平。

第五章

新时代我国高等职业教育跨界转型发展的实践探索

本章研究的重点主要是：第一，从高等职业教育跨界转型发展的国家需求、高等教育结构调整、高等职业教育转型升级、国民充分就业、构建终身学习型国家的视角展开对新时代高等职业教育跨界转型发展的战略和模式进行分析；第二，以天津中德应用技术大学、上海应用技术大学和广州南洋理工职业学院的实践探索为经验教训借鉴，针对教训提出新时代我国必须通过推进高等职业教育法治建设和体制改革、完善高等职业教育资源与生产性资源准入制度、加强高等职业院校治理等措施来促进高等职业教育跨界转型发展。

第一节 新时代高等职业教育跨界转型发展的现实需求与实践举措

一、新时代我国高等职业教育跨界转型发展的现实需求

（一）经济社会转型升级需要转型

随着"互联网+"这一新兴概念的提出，中国的实体经济社会已逐步实现工业化和信息化的深度融合发展。建设现代化的中国经济意味着需要进行经济发展体制的转型、现代化和变革，在注重环境保护和绿色发展的同时重点发展高科技制造厂，并逐一调整产业结构，最终实现产业优化和现代化的目标。近年来，中国的劳动密集型产业和高科技产业逐渐衰落，但技术密集型产业和高科技产业却形势大好。特别值得注意的是，自从2013年以来，中国产业转型取得了巨大进展：第三产业GDP首次超越了第二产业，生物制药、互联网资金和电

子商务等新兴产业发展迅速，毫无疑问这些新兴产业的增长不可避免地对高科技应用型人才的数量和质量提出了更高的要求，因此，高等职业院校必须深度了解现代科学技术的进展情况，同时做好动态调整其人才培养方案的准备以应对这些改变。

国家的发展离不开科学技术的进步，科技的飞跃更能促进国家的发展，同时科技的飞跃与科技人才的培养息息相关。目前我国正处于产业结构调整的关键时期，国家现代化的发展对高科技运营人才的需求较大，目前中国许多一线城市90%的高科技企业需要具备本科以上学历的合格生产线运营人才；麦肯锡全球研究所（McKinsey Global Research Institute）发布的一份报告提到，到2020年，中国市场需要高达1.5亿受过高等教育的技术人才，但是高技术人才的数量却存在2400万的缺口[①]。在日益蓬勃发展的经济社会中，教育是推动科技发展的重要因素。

高等院校是输出人才的重要场所。随着经济转型的不断完善和产业结构的不断优化，高校在发展社会所需的高质量应用技术方面发挥着重要作用。基于此，当地的大学应该为当地经济和社会服务，着力提高具有熟练应用技术劳动力的数量和水平，以适应中国的产业结构，同时，具有产业特色的高校必须适应中国经济发展的新常态，将学校转变为应用技术型大学。

（二）高等教育结构优化需要转型

马丁·特罗曾提出，随着高等教育从精英教育向大众教育发展，高等教育的功能也发生了变化，用以满足国家和个人的不同需求。但是，目前还没有真正符合我国实际发展的高等教育分类标准，从国际共享高等教育的标准看，高等教育体系也不完善，涉及应用技术的大学应归入其所属的职业教育类别。合理的职业教育包括三个层次：初、中、高，中国目前的高等技术教育水平只停留在专科层次上，还没有上升到高水平的本科生和研究生教育，从中国当前的经济和社会环境来看，受过职业教育的人才无法在促进经济转型和现代化方面发挥作用，主要是由于这些人才缺乏理论基础，没有熟练地掌握先进的科学技术。

尽管许多学生通过参加专升本的考试进入本科院校来提高自己的学历，但本科院校和专科院校在许多方面存在重大差异，导致刚入学的学生在一段时间

---

① 林兰，屠启宇，陈骞. 变革性技术：改变生活、商业和全球经济麦肯锡全球研究院《变革性技术》研究报告解读［J］. 华东科技，2003（09）：68-71.

内难以适应普通教育，况且每年能够从专科升入本科的学生数量也有限。应用技术大学不仅注重学生理论知识的增长，还注重培养学生的实践能力，应用技术大学的建立不仅解决了上述学生的进修问题，还完善了中国现代职业教育体系，促进了中国高等教育结构的多元化发展，满足了我国高等职业院校发展的内在要求。

（三）行业特色高校改革需要转型

调整和改善经济社会结构、优化高等教育结构都需要高校的转型，同时，具有行业特色的大学的改革和发展也离不开转型过程。自中华人民共和国成立以来，具有行业特色的大学为中国的经济发展和产业发展做出了重大贡献，得到了工业和社会广泛的认可。这些学校经过长期的发展拥有了自己独特的学科特色和竞争力，成为中国高等教育体系的重要组成部分。这为发展行业特色高校提供了发展机遇，但行业特色高校的发展仍存在一些问题，这些问题有的是体制转换造成的，有的是学校自身发展理念造成的。

在高等教育大众化时期，具有行业特色的高校在新阶段面临着诸多问题：一是学校发展方向趋于相似，个体学校发展方向不明确，盲目以"研究型大学"为办学目标，向多学科和综合化方向发展；二是行业特点的弱化、发展趋势的偏离和人才培养与社会需求的不匹配。部分具有行业特色的高校在人才培养方面失去了原有优势，与原有合作办学企业之间的联系逐渐减弱，这些现存的发展问题使其在大学与大学之间的激烈竞争中处于劣势。今天的中国不仅正处在一个社会转型时期，也正处在踏上新工业化道路的重要时期。同时，科技是创新发展的关键，教育是发展的基础，人才是发展的核心，高等职业院校为了避免因为其日益严重的发展问题和不足而被时代潮流所抛弃，就应当抓住发展机遇，随时关注行业的人力资源状况，积极地为行业市场输送技术型人才。具有自身特色的高等职业院校要想保持其自身良好的发展状况则需要变换自身的发展模式，走应用技术大学的发展道路是不错的选择，应用技术大学的发展道路可以有效地帮助高校解决发展过程中遇到的问题，最终帮助高等职业院校实现可持续发展。

二、新时代我国高等职业教育跨界转型发展的实践举措

（一）高等职业教育人才培养模式转型模式

高等职业院校在掌握国家对人力资源的需求状况的同时，结合了高校自身的特点和需求进行发展，为高等职业教育输送了大量的高质量的人力资源。在当前发展变化的社会中，高等职业教育采取了许多跨界转型发展的实践举措以求得自身更快更好地发展。主要举措有：

1. 按市场定位的方式确立培养目标

（1）认清形势，将就业作为人才培养的目标

将就业作为高等职业教育的人才培养目标。随着经济和产业结构的调整，第三产业需要更多的人才流入，就业人数也在逐年增加。近年来，我国"人才荒"现象层出不穷，很多急缺技术型或者应用型人才的企业通过公开招聘的方式仍然找不到合适的人才。高等职业教育是向社会输送人才的有效途径，因此高等职业教育把提升学生就业的素质、帮助学生不断储备适应就业的能力作为高等职业教育办学的主要目标。面对未来就业的压力，高等职业院校要求学生需要在高等职业教育阶段不断地储备专业知识、掌握职业技能，注重并加强学生在英语以及计算机方面的课程学习强度[①]。

（2）按产品意识，培养复合型人才

高等职业教育在培养学生的过程中考虑到了学生自身的教育背景、国家经济发展现状、社会的需求和相关产业的发展现状。根据新世纪社会经济发展对企业员工的要求，高等职业教育侧重培养了学生的学术素质、专业素质、敬业精神和创业能力、社会价值感和社会责任感以及终身学习的意愿，强调培养出一批批具有生存和发展能力的社会成员。

（3）凸显校本课程特色，确保实现培养目标

高等职业院校根据校内外的实际情况，充分地发挥了校本课程的优势、突出实践性、改革传统教学、开展探索性学习、培养学生的创新能力、充分发挥学习主体的能动性，有针对性地培养了学生完成特定职业的工作任务所需的知识、经验、技能、团队协作、应变和心理承受能力等。

2. 发展专业学科，树立品牌概念

（1）树立以学生为中心的教育目标

高等职业教育除了具有最本质的育人功能，还具有社会服务、科学研究和文化传承功能，因此高等职业教育必须应对全球教育改革的影响，满足社会和学生终身学习的需要。如今，科学技术的进步拓宽了不同学科的内涵和外延，

---

① 杨明亮. 关于高职教育人才培养模式转型的研究[J]. 职教论坛，2012 (32)：63-64, 66.

加深了实践技能课程时长需要延长与教育科学理论知识内容需要拓展之间的矛盾。面对以上问题，高等职业院校妥善地处理好了知识结构和能力结构之间的关系，树立了以学生为中心的教育目标，将学生的发展作为教育的终极目标，协调学生在知识和技能发展方面的不平衡问题，合理地安排高等职业院校的课程和教学内容，培养学生能够正确思考的能力，拓宽学生的"视野"，促进他们的进一步发展。

（2）增强学科的实践性

高等职业教育的终极目标是让学生获得能够胜任其专业岗位的基本技能，以便他们能够迅速地适应岗位工作，更好地完成工作任务。为了使所有的高等职业院校达到"产、学、研"完美融合的理想状态，培养学生胜任今后工作岗位所需的专业技能，所有的高等职业院校都纷纷将教材、教学方法和教学重点进行重新组织；安排和制定与社区、学校和学生的发展状况相联系的专业课程内容；招聘了具有实际经验和技能的一线工作人员；整合学校管理机构和实习实训基地，并在现实工作和生活的基础上进行社会科学研究。此外，部分高等职业院校在学生大学一年级的时候就组织其学习社会实践课，让学生对社会和专业要求有初步的了解，让其能够进一步理解和明确自身的学习目标，设置自己的职业规划，并为工作做好心理准备；允许学生选择专业针对性较强的专业和专业服务范围广泛的专业，让学生了解社会现实和他们自身的情况，并根据他们个人的能力水平实施针对性教育。为了使理论知识与实践紧密结合，学科教学中还增加了与专业相对应的资格评估的内容。

（3）建立配合专业大口径的弹性课程体系

一个成熟的专业教学模式往往要通过长时间的实践和经验的总结，过长的周期导致学校固有的专业教学模式所培养的人才往往跟不上科学技术的进步对专业知识扩充的要求以及经济结构变化所带来的工作岗位的变化。但是，系统而严格的教育体系决定了专业教学不能经常进行改变。考虑到提高学生的就业适应能力的迫切要求，高等职业院校除了与企业合作培训或根据企业培训需求进行适当培训外，还扩大了其教学知识的范围，并在相关课程设置中留出发展空间，以便及时做出实际安排；同时根据社会最新的变化和所有受训者的现实需求，灵活有效地调整现有的学习过程。

3. 注重可持续增长的人才素质的培养

（1）建立了文理交叉配合的综合课程观

在社会大环境中，教育和培训的发展不仅受到社会生产、科学技术、教育政策和教育目标的限制，还不可避免地受到哲学思想和传统观念的影响。一个人只有把人文和科学的素质结合起来才能更好地生存。基于此，高等职业教育建立了文理交叉配合的综合课程观，并将专业教育与普通教育、科学教育与人文教育相结合，注重培养学生的综合实践能力。让学生能为未来的就业做好充分的准备，并为社会变革和科技发展做出贡献。

（2）培养了学生适应社会变化的职业张力

接受高等职业教育的学生应具备正确的工作原则和时代要求的素质：①专业发展能力：基本具备横向和纵向发展的能力；②应变能力：社会适应能力、主动适应需求变化的能力、以不变应万变的能力；③创新能力：学生具有思考和开发潜力的能力。换言之，如果学生有能力收集信息、评估价值、分析和解决问题并善于学习和再培训，他们就有能力适应不断变化的社会。因此，高等职业教育在大力培养学生胜任岗位工作能力的基础上，着力培养了学生的核心关键能力，让学生获得适应社会职业变化的能力。

（二）高等职业教育师资队伍建设转型模式

1. 深化高等教育改革，加强职教师资的专门培养

（1）深化高等教育改革，推动高等教育的内涵式发展

20世纪90年代末以来，我国高等教育步入了数量和规模扩张的黄金期，由于知识经济的到来，高等教育发展方向普及化、办学主体多元化、办学形式多样化、办学机制市场化、办学途径国际化、办学手段信息化等将会成为未来我国高等教育的主要趋势。① 进一步深化改革高等教育可以有效地提高高等教育的质量，也有利于推动高等教育尽快实现现代化的发展。因此，现如今高等职业教育也开始从注重规模扩张和关注硬性指标的显性外延式发展转变为以质量为核心的内涵式发展，从过分关注研究型、教学型高校向致力于构建多样化高等教育体系转变，正在通过深化高等教育改革努力地走出一条符合我国国情和高等教育现实的高等教育发展之路。

（2）建构新型教师教育体系，加强职教师资的专门培养

一个国家教育事业发展的成功与否很大程度上取决于教师教育的质量，教师教育的质量也关乎一个国家的前途和命运。基于此，世界各国都意识到了教师教育质量的重要性。国家竞争说到底就是教师教育的竞争，哪个国家拥有高

---

① 刘尧，刘岩. 我国高等教育发展的现状、问题与趋势[J]. 教育与现代化，2009（03）：63-69.

质量的教师教育，就可以在国家竞争中取得优势地位①。

为了加强职教师资的专门培养，高等职业教育正在尝试构建新型教师教育培养模式，建构开放化、一体化职教师资培养体系，通过逐步整合优秀教师教育资源，采取分批在师范大学和综合大学建立职教师资培养培训基地（大学教育学院）的方式，探索职教师资定向培养和"学历教育+企业教育"的培养模式，推进职教师资培养模式的战略性转型，为高等职业教育的可持续发展提供专门的职教师资。在培养模式和组织形式上，实行"专业+师范"向"大学+教师教育"转变，即学生的学科教育由相应的二级学院（系）负责，教师教育则由教育学院负责，实行专业教育与教师养成相剥离的方式，努力实现高层次的教师教育，从根本上实现学术性与师范性的融合，建构完善的职教师资培养体系，为高等职业教育持续、均衡发展提供强有力的师资保障。

2. 整合企业或行业优质教育资源，创新办学与人才培养模式

我国职业教育产教融合、校企合作处于初级阶段，缺乏相应的制度保障，仍依靠"人情维系"。从目前的校企合作总体情况来看，大部分的校企合作主要是以职业院校主导的低层次、短期合作，紧密长效的校企合作制度尚未形成。在高等职业教育实施校企合作培养职教师资是一项庞大而复杂的工程，因此，为了促进学校与企业、产业部门以及经济社会之间的良性互动，高等职业教育选择了从发挥政府的职能作用、明确企业责任、建立校企合作培养的制度体系等方面着手推进校企合作。

（1）政府加强鼓励和引导，营造有利于校企合作的环境

我国政府一向重视职业教育的校企合作，出台了一系列加强校企合作培养职教师资的重要文件，这些决议的发布和计划的制订，为校企合作培养职教师资打下了坚实的政策基础。相关的行政部门在明确校企合作培养职教师资发展思路的基础上，充分发挥其抓重点、带全局的职能效用，从战略高度上做好校企合作培养职教师资的规划。首先，创新校企合作的管理思路，发挥政府在校企合作培养应用技术大学师资中的职能作用。从合作主体来说，改变过去参与校企合作的政府以教育部门单方面推动、带动和引导其他部门参与的现状，发挥政府在校企合作培养职教师资中的管理职能，除了必需的行政干预外，再通过一系列有效的措施充分调动高等职业院校、行业、企业的积极性。其次，整合国内外优秀企业、行业的优质教育资源，建立学校与企业相互合作，共享教

---

① 孟宪乐. 教师教育发展走向分析[J]. 全球教育展望，2002, 31 (08): 25-27.

学资源的机制，为校际、校地、校企间的交流与合作搭建信息数据库。

（2）明确并落实企业参与高等职业院校师资培养的责任

规范校企合作，明确和落实各方在培养职教师资过程中的责任，我国在借鉴国外先进经验的基础上，由国务院会同其他相关部门完善相应的法律政策并建立了相应的机制，在维护企业利益的基础上，落实企业参与校企合作的责任、权利与义务，鼓励更多的企业积极参与到高等职业院校师资培养的工作中来。

政府在推动校企合作健康发展方面采取有效的措施，比如引导公法性行业组织团体的建立，并通过立法使行业组织具有合法的地位，在政府的引导下，允许行业性组织参与企业的管理。通过发挥行业组织的宣传、协调、监督、约束等职能，促进企业与学校实现双向服务、互利共赢，为高等职业院校师资队伍的建设创造良好的环境。

（3）构建培养高等职业院校师资的制度体系

在校企合作培养的过程中，明确各合作主体的利益诉求，促进推行职业教育校企合作的研究和投资政策、税收政策、保障政策以及激励政策，形成激励相容、奖优抚优的机制，使学校和企业在结合各自发展实际的基础上，建立产教融合、校企合作的培养模式，全面提高高等职业院校的师资水平，高等职业教育着手从以下几个方面推进：

第一，实行岗位置换制度。选拔企业的精英、骨干组成企业精英师资团队到高等职业院校任教，置换出学校的中青年教师，特别是那些需要通过实践培训提升自己专业实践能力的新教师，实现校企合作中的校企双赢发展。

第二，实施优秀人才互聘机制。企业以兼职或顾问的形式聘请学校的专家进行理论指导，高等职业院校为了缓解师资短缺的情况，聘请企业、行业中的技术能手到二级学院（系）挂职，参与相关教学工作，通过优秀人才互聘，实现共同成长、共同进步。

3. 优化学校内部治理，构建符合应用技术大学的师资队伍

开展职业教育可以更好地培养专业型人才，而专业技术型人才的培养离不开良好的师资力量。良好的师资力量需要合理的配置教师的人力资源。提高用人标准、引进优秀的人才、提高教师能力和专业素养、组建一支优秀的骨干教师和学科带头人队伍。合理的教师人力资源配置可以提高学校预期的教育经济

效益,总之"应用性"技能人才的培养离不开良好的师资力量①。

(1) 明确应用技术大学在高等教育系统中的定位

高校要想实现资源的优化配置、制定合理的发展规划、充分发挥学校优势并彰显学校特色就需要在办学方面做出科学准确的定位。科学准确的定位可以使应用技术大学根据自身的位置、角色、结构与功能,以及发展现状来确定办学目标,通过相关政策的引导以及资源的合理配置,重点扶持学校重点和特色学科专业建设,提升应用技术大学的办学特色和办学水平。

办学定位的确立与实施过程,从某种程度上来说也是应用技术大学发展的一个全面创新过程。从院校分类的角度来看,根据应用技术大学的使命和人才培养特点,天津中德应用技术大学在高等教育系统中属于应用技术型高校;从应用技术大学产生的背景、时代使命以及人才培养任务来看,天津中德应用技术大学属于本科层次的地方高校;从人才培养定位来看,天津中德应用技术大学培养的是经济社会发展所需的技术应用型人才;从科学研究来看,天津中德应用技术大学的科研以解决生产实际问题的应用技术研究为主;从服务功能来看,天津中德应用技术大学是通过人才培养、科技服务、文化创新等途径服务区域社会发展。

(2) 加强人才引进,逐步解决师资结构性紧缺问题

我国应用技术大学正处于发展初期,随着天津中德应用技术大学声誉逐渐提高,师资总量不足以及结构性短缺等问题将会影响该校的质量提升。学校在明确目标的基础上,根据学校教师的专业发展现状制定出了科学的人才引进计划,通过各种渠道引进人才,有计划、有针对性地解决学校师资队伍数量紧缺的问题。

第一,建立了符合应用技术大学发展需要的教师准入制度。在借鉴国外应用技术大学师资队伍建设经验的基础上,根据我国应用技术大学的发展实际以及该校的具体情况,在提总量、抓质量、把关口、优结构的原则下,建立了柔性的教师准入制度,从源头上提高师资队伍建设水平。人才层次方面,在公开、公平、公正择优录取的原则下,根据学校的学科发展和专业群建设需要,有计划、有重点、分类引进一批优秀人才来充实教师队伍,条件优异者可适当放宽学历、经验要求;从教师的来源来看,广纳贤才,通过与高校合作培养、定向

① 葛争鸣.关于中等职业学校教师人力资源配置的问题与思考[J].职业圈,2007 (14): 33, 24.

培养的方式选拔优秀毕业生，或是运用福利待遇、职称提升等方式，吸引企业、行业、事业单位以及科研单位的技术带头人和技术骨干到应用技术大学从事教育教学工作，进而增加师资储备量；从专业建设需求来看，引进既能从事理论课程与实践课程教学，又能从事产学研合作开发的教师，对于师资匮乏的重点专业来说，视情况采取"先入职再深造"的办法缓解师资短缺问题。

第二，保持兼职教师的人数稳定，不断地招聘兼职教师。增加兼职教师的比例，加大从企事业单位或科研院所聘请专业技术人员或管理人员的力度，努力打造了一支专业基础扎实、实践经验或操作技能丰富、人员相对稳定、能从事教育教学工作的兼职教师资源库，不断充实和完善师资队伍，逐步缓解应用技术大学师资严重短缺问题。同时，兼职教师库资源管理人员还必须关注兼职教师流动状态，及时对资源库进行维护和更新，保障兼职教师资源库的有序运作。

（3）内培外引，提升教师队伍的整体水平

提高应用技术大学办学质量的关键在教师，提高师资队伍建设的重点在教师的培养。从团队建设来看，按照"专兼结合、内培外引、资源共享"的思路，注重提高职业教育和实践能力；构建学习型教师团体，通过高校合作、校企合作以及高层次人才引进等多项举措，将职前培养、入职辅导和职后培训有机地联系起来，健全应用技术大学师资队伍培养和继续教育制度。

第一，明确培养目标。从应用技术大学人才培养、科研定位和社会服务三个方面明确师资队伍的培养目标。天津中德应用技术大学培养的是能服务京津冀地区乃至全国经济社会发展所需的技术应用型人才，因此在师资培养上，应注重加强理论课程与实践课程的学习，培养一批既能从事理论教学和实践教学的"双能型"师资队伍，又能从事产学研合作开发的高素质师资队伍。

第二，注重职前培养，组建职教师资培养培训基地。在结合天津中德应用技术大学发展需要的基础上，围绕应用技术大学发展的战略目标，形成由政府牵头，依托高水平高校和龙头企业合作组建灵活开发、集约高效、覆盖面广的职教师资培养培训基地，研究学术教育+创业实践培训的方法，基本形成校企合作共同育人的格局，全面提高应用技术大学师资培养培训质量，为现代化职业教育体系构建打下坚实基础。

第三，重视入职辅导，完善新教师入职教育。教师继续教育其中就包括对于新入职教师的教育，而新入职教师的教育可以有效地联通教师职前教育与在职教育，使新教师能够更加快速地成长，使教师专业发展周期大大缩短。① 因此，应用技术大学应在构建职教师资培养培训基地的基础上，完善新教师的入职培训。新教师的入职辅导大致分为四项内容：技术性辅导、教学辅导、组织文化辅导、专业文化辅导。

天津中德应用技术大学仍处于起步和探索阶段，教师流动比较大，每年都会招聘大量新教师。由于该校生师比偏高，教师队伍缺口大，教师往往接受短期的岗前职业培训就匆匆上岗且承担过多的教学任务，虽然各二级学院在教师入职后也会安排新教师进行专业基本功、教材教法以及教学理论的培训，但都是一些强制集中统一的培训，缺乏针对性的指导，难以提高新教师的业务能力和工作能力，而且这种忽视教师个体需要差异性的培训，既浪费了教师宝贵的时间和精力，又打击了教师培训的积极性，不利于教师的专业化成长。入职后的几年正是塑造教师形象和学校形象的关键期，新教师入职辅导就更加显得必要。2017 年 9 月起，为了完善新教师的入职教育，提高新教师的专业素养，该校规定对于调入该校和新入职的教师，第一年内不允许安排任何教学任务，新教师除了暑期参加的菜单课培训，还需要进行为期一年的入职教育活动后才能走上讲台。对于新入职的教师要着重关注以下几点：一是加强对于新教师的思想政治和职业道德教育，学生能否健康成长在很大的程度上取决于教师这两方面的素质水平，关系到教育质量的高低，还关系到我国精神文明建设和物质文明建设；二是加强新教师专业知识和专业技能的再教育，主要形式是课堂观摩或进入企业强化岗位职业技能培训；三是转岗培训，通过积极参与高校进修和以自学为主、以老带新为辅的校本培训，提升新教师的综合素养。

第四，重视职后培训，明确培训目标，加强教师继续教育。首先，明确教师培训目标。教师的培训是为了解决教师自身的问题，促进教师个体发展，因此，教师培训理念应从重视外在灌输式培训向重视内在启发式培训转变。因为不同的教师有不同的需求，只有实行内在启发式的培训才可以有效地激发教师在发展上的内在动机，从而提高教师参与培训的积极性，这也有利于树立教师的职业精神，使教师的反思成为可能，进而实现教师的专业成长。其次，要对教师进行定期的培训，要求教师在相应的岗位上定期的进修学习、实现不同岗位之间的学习和培训。充分发挥政府、企业和高校在经济支持、工作安排方面

---

① 王少非．新教师入职教育的必要性与模式构想[J]．安徽教育学院学报，2003（01）：113-114．

的统筹作用，成立教师发展中心，负责教师的继续教育工作，发展中心在保证学校教学、科研、管理等各项工作正常进行的前提下，有组织有计划地统筹安排和组织教师接受继续教育。继续教育的方式一般有：①学校有计划、分批、分期安排教师前往职教师资培养基地学习和进修；②利用校内资源，以促进教师专业发展为目标，开展校本培训；③扩展培训路径，定期安排教师利用寒暑假到合作的企事业单位进行调研、实习或顶岗工作，提高教师的操作能力。最后，注重高层次人才的"外引内培"，创新"育才、引才、用才"机制。根据天津中德应用技术大学的发展需要，外引内培构筑高层次人才聚集高地。一方面，注重高职称、高学历、高水平人才的引进。应用技术大学充分利用优惠条件，有计划、有重点地引进高职称、高学历、高水平的优秀专家学者和教师到校执教，重点引进专业带头人、骨干教师，提升学科队伍的整体水平。另一方面，培养出一支高素质、勇于创新、具备新颖教育理念的优秀的专业教师团队，不但需要学校注重教师的培养，同时也需要教师有意识地提高自己的专业水平。学校合理科学的安排培训计划，为骨干教师培养对象创造参与各级各类学习、进修、研究和实践的条件和机会；教师针对个体发展的实际情况，有针对性地制订个人提升计划并进行自我对照和反思，实现成长与自我提升。

（4）健全管理制度，营造良好的用人环境

第一，完善教师聘任制度，按照公开、公平、公正、双向选择的基本原则，全面落实聘任制，转变为岗位身份管理，实行岗位双向选举，应当对工作进行单独评估，加强竞争和人才流动，进一步提高就业质量和效率，使学校人力资源在数量、质量和结构上支持发展目标。

第二，加强领导班子自身建设。学校围绕发展目标和高等教育发展，大力加强领导班子建设。首先，校党委以贯彻落实《坚持和完善普通高等学校党委领导下的校长负责制的实施意见》，认真贯彻民主集中制，着力解决领导班子建设的关键问题，不断提高应用技术大学领导班子的整体效能。其次，经常对领导班子和储备干部进行相关的培训，不断提高相应的能力。同时不断地完善相关的考核评价体系，也可以更好地提升他们在治理学校，作出正确的决策和在战略上做合理规划的能力。

第三，完善教师的考评与激励机制。首先，合理科学的教师考评激励机制是学校实施有效管理，促进教师专业发展的关键所在。为了激发全校教师的积极性和主动性，使教师充分发挥自己才能，学校需要依据各级各类人员的职责、任务要求、工作量拟定不同的考核标准和方式，形成以教育教学业绩为核心，以师德师风、社会服务、科研能力、创新能力为主要内容的各类人员评价考核体系。其次，高校构建激励机制的总体思路就是为了实现高校人力资源利用的最大化，即实现高校教师的配置最优化，从表面上来说，激励机制是用来规范教师行为、调动教师积极性，但其最终目标是为了促进学校的总体目标与教师的个人目标实现双赢发展。同时，应用技术大学需要充分利用薪酬分配、职位晋升等激励因素，形成科学合理的报酬制度以及教师绩效考核评价体系。薪酬分配上，避免平均主义，使分配政策进一步向一线教师、理实一体化教师、优秀教研团队、骨干教师和特色人才倾斜，形成以岗定薪、多劳多得、优劳优酬的分配制度；绩效考核上，根据应用技术大学的性质、教育教学特点以及教师教学工作实际，制定出适合此类院校的考核标准和考核方法，从思想政治表现、工作态度和工作作风方面、业务能力和工作实际方面对教师的工作绩效进行多层次评价，将教师的绩效考核评价结果纳入教师年度考核，作为教师职务晋升、职称评聘、培养培训、奖励惩戒的重要依据，实行"职务能上能下，待遇能升能降"的考评激励机制。最后，建立优秀的兼职教师队伍。完善兼职教师的聘任制度、管理制度、培训制度、激励机制，从细节上关注兼职教师的福利待遇、个人发展、能力提升、职务晋升等方面的需求，不断增强兼职教师的归属感。聘任上，完善兼职教师的聘任制度，制定兼职教师的管理办法和考评办法，明确兼职教师的任职条件、福利待遇、聘用程序、管理要求。管理上，规范兼职教师管理制度，将兼职教师的管理工作纳入专任教师的管理中，通过与专任教师一起参加教学教研活动、学校的实习实训基地建设等工作，密切兼职教师与学校的联系。培训上，完善兼职教师教学岗前培训机制，提高兼职教师教学素养。应用技术大学的兼职教师大多来自生产、建设、服务的一线，对于不具备基本的职业教育教学理论知识和缺乏工作经验的兼职教师要进行多方面的培训，对于职业教育理论知识的岗前培训尤为重要，包括教育学、心理学等相关知识。建立合理有效的兼职教师考评激励机制，通过合理的薪酬分配制度、评先评优等工作，吸引更多的优秀人才来校从教。

4. 增强教师自我提高与完善的意识，助力优质师资队伍建设

（1）砥砺德行，立己立人

随着教育领域综合改革的全面推进，涌现出一大批优秀教师和教育工作者，他们的职业精神、奉献精神和敬业精神赢得了全社会的广泛赞誉和普遍尊重。然而，在开放的市场经济条件下，一些高校在教师道德风气的规范方面还存在着亟须解决的状况。教师的首要任务是教书育人，但是存在一些教师严重缺乏

责任心和爱心,学术风气不正,言行失当,甚至不具备作为老师的基本道德规范的问题,这与作为一名合格的人民教师要求的职业道德相背离。①

具备高水平的职业道德素养是教师成为高质量教师的基础,也是提高教育质量的重要保障,因此,国家、高等院校以及教师自身采取切实措施,国家要建立健全他律与自律并重的师德建设长效机制,落实和强化教师的职业道德建设。他律方面来说,各单位、各高校要紧密结合实际,提出落实师德规范的具体要求,通过加强师德教育、建立完善师德考核激励机制等方式确保师德建设不断深入开展。自律方面来说,教师要以高等学校教师职业道德规范为准绳,严于律己,树立"以德修身""以身立教""以德育人"的思想,不断提高自身的修养,展现自己的人格魅力,有力地推进师风师德建设。

(2) 积极参与校内校外组织的提升活动

在较好地完成教学任务的前提下,积极参与校内校外组织的提升活动,是教师教育教学取得成功的必由之路。首先,端正态度,潜心钻研。树立终身教育和终身学习的理念,树立现代教育意识,在完成教学任务的前提下,积极参加校内校外组织的各项教研活动,认真钻研业务,了解相关行业和该学科教学最新的发展趋势,努力提升自身的教研水平。其次,正视不足,完善自我。正视自身存在的问题,虚心向经验丰富的老教师、优秀教师以及企事业单位的负责人、骨干或技术人员请教,不断改进自身的教学方法、授课技巧和操作技能,探索出符合自己的教学特色、符合应用技术大学办学特色的教学管理模式。

(3) 积极进行教学反思

教师专业的进步与提高离不开教学反思,同时教学反思也有助于教师更好地了解自己、教育自己,最终使能力得到更好的提升。对于教师来说,要有意识地进行教学反思,在批判、开放、多元的理论视角的基础上,通过叙事研究、行动研究、搭建反思共同体等方式来提高自身的教学反思能力;对于学校来说,要有计划有条理地进行策略引导,借助一定的行为训练方式帮助教师开展反思,将自悟式提高与继续教育结合在一起,合力并举地促进教师专业发展。

---

① 教育部,中国教科文卫体工会全国委员会.高等学校教师职业道德规范[EB/OL].中华人民共和国教育部网络,2012-01-09.

第二节　天津中德应用技术大学跨界转型发展的实践探索

从 20 世纪末期高等职业院校开始施行扩大招生规模政策后，我国普通高校毕业生数量每年都在以一定的增幅上涨，平均增长率为 25%，此后出现了高等职业院校培养的人才数量远远大于市场实际所需以及人才达不到企业要求的现象，导致了大学生就业困难和企业招不到合适人才的问题，究其原因是高等教育结构体系先前的平衡被打破了。建立应用性技术大学指导地方本科院校的转型与发展已成为当前的首要任务。教育部在 2013 年 1 月开始进行了"应用科技大学改革试点战略研究"活动，选取天津市职业技术师范大学 13 个省（市、自治区）33 所本科院校合作研究改革试点的指导方案、国际交流以及院校的转型发展等项目，目的是推进中国高等教育体系建设、促进地方普通本科院校转型发展。同年 6 月，为贯彻"弘扬高校特色"的要求，贯彻《国家中长期教育改革和发展规划纲要（2010—2020）》提出的"建立高等学校分类体系"的要求，由天津职业技术师范学院牵头的 45 所高校共同成立了应用技术大学（学院）联盟，这是中国建设应用技术大学的开始。到目前为止，已有 100 多所大学加入了联盟。2014 年形成的"驻马店共识"开启了应用技术大学的"前进浪潮"，引起了许多高校的响应。许多省市纷纷开工建设，高等教育领域开始发生深刻变化。

经济全球化是当前世界经济发展的趋势，不但给世界经济带来新的繁荣和发展机遇，也推动了教育的国际化，为职业教育的国际化提供了难得的机遇。我国随着改革开放的不断深入，在经济、科技、教育等领域均取得高速发展。目前，我国工业领域正逐步进入基于自动化、智能化和信息化的技术阶段，为适应经济发展和科技进步的需要，急需提高职业教育的国际化水平，有效助力高素质应用技术型人才培养。国务院办公厅于 2017 年底提出深化产教融合目标："我国将用 10 年左右时间，通过产教融合，基本解决学校培养的人才无法匹配产业要求的重大问题。中国的高等教育和职业教育将在工业经济转型升级和发展中发挥重要作用。"[①] 因此，跨界转型发展已经成为我国应用技术大学等

---

① 国务院办公厅. 关于深化产教融合的若干意见［EB/OL］. 中华人民共和国中央人民政府网站，2017-12-19.

本科层次职业院校发展的新模式。

一、天津中德应用技术大学跨界转型发展的现状分析

虽然天津市内的应用技术型大学数量较少，但是近年来其规模和数量正在迅猛扩张和增长，许多高等院校都积极参加了这几年建设应用技术大学的活动，其中表现最突出、堪称改革先锋和模范的当属天津中德应用技术大学，目前其学校发展模式对天津工业特色大学和应用技术大学未来的转型发展有着很好的示范作用。

天津中德应用技术大学为本科层次的普通高校，其前身为天津中德职业技术学院，成立于1985年，是中国与德国、日本、西班牙三国政府在职业教育和培训领域最大的合作项目。2011年，学校整体迁入海河教育园区；2015年11月，教育部正式批复组建天津中德应用技术大学，成为我国第一所应用技术教育本科层次大学；2016年5月，天津中德应用技术大学首届学术委员会成立暨揭牌；2016年7月，第一批3个本科专业开始招生；2017年1月，第二批6个本科获得教育部批准。2017年，天津市委市政府把一流职业教育体系纳入"双一流"建设，支持天津中德建设世界一流应用技术大学，并连续两年每年投入一亿元进行重点建设。

学校办学定位于应用技术类型高等学校，主要培养区域经济社会发展所需要的应用型、技术技能型人才。作为教育部批复的全国第一所应用技术大学，学校在肩负构建完善现代职业教育体系重任的同时，还承担着探索中国特色应用技术大学建设、形成可复制可推广经验的历史使命。学校充分发挥国家现代职业教育改革创新示范区的优势，做好先行先试、办出特色、办出水平，积极探索"中高本硕"应用型、技术技能型人才培养通道，以培养高级技师、一线工程师、大国工匠为目标，传承科学严谨、精益求精、追求卓越的工匠精神，办出具有鲜明特色、国内领先、世界一流的高水平应用技术大学。

天津中德应用技术大学前后与海尔集团、大众汽车等世界领先企业合作进行产教融合工作，同时借鉴和学习德国的职业教育模式，实施了"双元制"模式。该校为了给学生搭建一个让其能够独立自主地创新创业的广阔舞台而建立了从创新创业培训到创新创业实践再到创新创业实践的系统。由于学校这些年所做出的不懈努力，其在近五年间的创业就业率高达98%，荣获"天津市高校创新创业教育与就业示范学校"。天津中德应用技术大学不仅仅局限于自身与国内企业之间的合作与交流，其能够在经济全球化的大背景下意识到培养国际化

人才的重要性，故而加强了学校与外国的高等学校之间的沟通与交流，同美国、韩国和加拿大等国家和地区形成了良好的战略合作伙伴关系，最终形成了基于与德国合作基础之上的谋求更多国际交流合作多元化的新格局，它被冠以"国家引进国外智力示范单位"和"中德（天津）职教合作示范基地"。

学校坚持社会主义办学方向，紧紧围绕助推国家实现"两个一百年"奋斗目标和"京津冀协同发展""互联网+""大众创业万众创新""军民融合""精准扶贫"等国家战略及"一带一路"国家倡议，将培养区域社会经济发展所需的技术技能型人才作为己任，秉承"崇实求精致良知"的校训和"海纳百川敬业乐群"的中德精神，逐步形成了以"应用技术大学建设为引擎，以国际合作、校企合作、创新创业为三大支柱"的事业发展格局，确立了"重实践、强基础、校企化、国际化、复合型"的人才培养原则，在本科和高职人才培养方面取得了一系列标志性成果。

二、天津中德应用技术大学跨界转型发展的实践举措

天津中德应用技术大学通过借鉴工业发达国家在应用技术型人才培养方面的经验，特别是借鉴德国的"双元制"人才培养模式[①]，经过近40年的探索与实践，在人才培养、教学科研、校企合作等方面形成了自己的特色，使人才培养质量不断提升，为我国职业教育向国际化水平迈进提供参考和借鉴。

（一）创新人才培养模式

1. 修订人才培养方案

紧扣学校发展定位，借鉴德国应用科学大学、双元制大学模式和理念，参照应用型本科的建设要求，以与行业企业深度合作为基本途径，着眼于创新人才培养模式，建立满足应用型人才培养的课程体系、课程标准、教学方法、课程资源、双师双能的师资队伍、实验实习实训条件，培养区域经济产业急需的高素质应用型人才，制定下发《天津中德应用技术大学应用型本科专业人才培养方案制订指导意见》《天津中德职业技术学院高职人才培养方案制订（修订）的标准和实施办法》，对9个本科专业人才培养方向进行细化调整，对高职专业人才培养方案进行修订。

---

① 陈东. 德国职业教育专业教学标准开发特征及启示研究[J]. 中国职业技术教育，2020（29）：62-66.

2. 扩大校企合作范围

充分发挥行业、企业在应用型人才培养过程中的作用，合作开发企业实践课程体系，共建人才培养质量监控体系和管理保障体系。积极开拓与国内外知名企业建立新合作。2018年初至2018年底，以订单培养、校内实验实训中心建设、校外实习实训基地建设等项目为实施重点，与德国沃可、菲尼克斯、明阳风电、东睦冶金、海航湾流、永年激光等近38家（总洽谈63家、新增38家）行业龙头企业成功建立合作关系，深化产教融合、校企合作，进一步奠定校企合作平台基础①。

3. 创新订单班教学模式

积极推进学校现有大众、博世、麦格纳、施洛特等重大双元制联合培养项目取得创新发展。其中，以大众和博世项目为抓手，联合承德应用技术职业学院成功开启京津冀三地校企联合人才培养新模式新路径的探索与实践，两个首届三地校企联合培养项目顺利组建开班；以麦格纳项目为载体，联合机电工艺学院，成功实现在"3+2"层次与企业、中职院校三方联合制订人才培养方案，开展"中、高"衔接"双元制"人才培养新模式；以施洛特项目为引领，首次为"3+2"层次学生打通参加"双元制"订单培养的通道和机会，并以此带动共17个订单培养项目将遴选学生范围从普通高职层次成功扩展到"3+2"层次。2018年共举办各类订单班27个，新拓展合作企业10余个，同比去年增幅58%，2018届毕业生参加订单培养项目学生已超过当年毕业生总数的13%。

（二）加强教学建设与管理

1. 组织推动优质课程建设

学校按照《天津中德职业技术学院优质课程建设方案》，出台了《基于创新思维模式的工作过程系统化课程建设实施方案》，2016年年底，启动了第二批校级优质课程立项工作。经专家评审，共有152门课程列入学校第二批优质课程建设项目。2018年9月，学校组织了优质课程建设验收评审，共有19门课程被评为优秀，列入下一阶段精品示范课程建设范围。

2. 加强教学研究与改革

为鼓励教师在人才培养模式、专业建设、课程建设、教学内容与教学方法、实践教学体系、教学队伍、教学管理与教学质量保障体系等方面的探索和实践，

---

① 天津中德职业技术学院. 高等职业教育人才质量年度报告（2019）[R]. 天津：天津中德职业技术学院，2019.

组织开展校级教学改革项目的申报和立项，2017—2018 学年，学校教师主持建设的国家级教学研究与改革项目 2 项，省部级教学研究与改革项目 25 项，校级教改项目 25 项，下达建设经费达 27.9 万元。

3. 强化教学规范化管理

着眼应用技术大学教育教学规律与特点，对现有教学管理规章制度进行系统梳理，以提高教学治理能力、促进学生全面发展为目标，以构建教学过程全覆盖、主要环节以标准的具有中德特色的教学管理制度体系为抓手，编制完成"天津中德应用技术大学竞赛工作管理办法"等 8 个应用技术大学配套教学管理制度。

（三）深化校企合作

2016—2017 学年，学校始终立足服务"中国制造 2025""京津冀协同发展""一带一路""军民融合"等国家发展战略和天津市"一基地三区"功能定位建设需求，结合学校一流应用技术大学建设的新任务新要求，坚持立德树人根本任务和服务区域经济发展、产业转型升级、支撑一线教育教学的根本宗旨，在保障现有校企合作重大项目稳定持续深化发展的基础上，不断拓展合作新伙伴新项目新领域。2018 年，围绕智能制造、新一代信息技术等天津市优势支柱产业和战略新兴产业，继续强化与地区政府机关、产业功能区、行业龙头企业的合作平台搭建，在订单联合培养、校内实训中心共建、校外实习基地共建等方面持续发力，并在推进校企深度融合创新人才培养模式改革上取得新的突破与成效，有力支撑了学校教育教学改革发展，提升了人才培养质量，进一步增强了学校的社会服务能力和影响力。

1. 机制体制改革创新激发校企合作新动能

认真学习贯彻落实十九大指示精神以及《国务院办公厅关于深化产教融合的若干意见》《职业学校校企合作促进办法》等新文件要求，紧紧围绕学校工作实际，在实践经验与任务要求的基础上，进一步强化校企合作制度与管理流程建设，捋顺校企合作"校院、校处"双层两级管理关系，健全学校统筹协调、相关职能部门和二级学院自主实施的管理机制。

2018 年初，研究制定并出台《校企合作工作管理办法》《订单班管理办法》《本科学生企业实习管理办法》等制度，并配套制度建立校企合作月工作台账体系和定人联络点服务机制，多次深入教学一线调研座谈，积极承担并着力解决二级教学单位提出的相关需求，主动承担事务性流程性手续办理工作，充分调动教学单位积极性与其在校企合作工作中的专业主导作用，2018年新增合作近90%以上由教学单位自主开发，服务各教学单位办结签署各类合作项目协议近50余项。

研究制定并下发《关于设立院（系）级校企合作委员会的指导意见》，围绕"专业—产业—企业"的对接，主动地吸引行业企业加入人才培养的过程，加快学校各二级学院在内涵建设方面的步伐。

指导并协助各二级学院全面建成院（系）级校企合作委员会，积极构建形成"产教深度融合、校企深化合作"良好工作机制。针对深入一线调研中发现的需求及问题，同信息学院积极研究开展校企合作信息化服务管理平台建设，旨在通过数字化、信息化、智能化的手段进一步提升管理服务效能。

2. 立足产教融合发展持续拓展搭建合作新平台

紧密结合区域经济发展战略要求和产业企业转型升级的实际需求，持续深化校地合作、校企合作，集聚政校企多方优势资源。认真落实与滨海新区合作协议内容，持续积极主动对接滨海新区有关部门，推动项目合作，发挥服务功能。2018年9月，与滨海新区人力资源和社会保障局签署为期5年的《合作计划》，进一步深化合作机制，明确六大合作任务。积极推进与津南区、天津港保税区的合作。召开"精准帮扶津南区产业技术升级研讨会"，组建专业技术服务团队，深入对接企业技术升级改造实际需求。与天津港保税区人社局就合作共建实训中心开展调研，制订相关工作方案并完成第一轮专家论证。进一步加强与地区政府机关、产业功能区的对接联络，结合静海区"子牙经济技术开发区"、成人职教中心和武清区京津科技谷产业园实际发展需求，以及天津市甘津两地"携手奔小康"战略，成功与静海区政府、武清区京津科技谷产业园区以及甘肃省玉门市搭建全面战略合作新平台。积极与国内外知名企业建立新的合作市场。2018年初至今，以订单培养、校内实验实训中心建设、校外实习实训基地建设等项目为实施重点，与德国沃可、菲尼克斯、明阳风电、东睦冶金、海航湾流、永年激光等近38家（总洽谈63家、新增38家）行业龙头企业成功建立合作关系，为深化产教融合，校企合作，进一步奠定平台基础。

3. 聚焦人才培养稳步推进重点合作项目创新深化

聚焦人才培养根本任务，以天航、博世、大众等关系学校长远发展和教育教学改革中心工作的重大校企合作项目为牵引，坚持需求导向和创新驱动，稳步推进合作深化发展。为服务支撑天航拓展新机型训练的需要，双方已就天航训练基地深化合作达成一致意见并签署了新一轮全面战略合作协议。依托该基地，2018年共实施乘务员初始培训、复训、轮训等各类项目37期，累计培训学员1600余人次。与弗兰德公司共建的校内实训中心全面落成并投入使用，聘请公司首席执行官张子珅为学校客座教授。该中心由企业无偿捐赠16台齿轮箱产品及展品等，是具有领先水平机械传动设备的实训平台，主要用于学校实地教学，使学生能够直观、深入地了解齿轮箱工作原理及组装流程，为培养更加专业的传动技术人才提供先决条件。

三、天津中德应用技术大学跨界转型发展的成效与不足

（一）天津中德应用技术大学跨界转型发展的成效

1. 校企协同育人订单培养效果显著

天津中德应用技术大学逐年加大走访企业的力度，在订单培养方面，学校紧紧围绕企业需求和就业导向，学校与空客、大火箭、博世力士乐、大众变速器、麦格纳、西门子等国内外知名的行业龙头企业保持稳定紧密合作，持续深入开展校企联合订单培养项目，不断探索创新人才培养新模式新机制，为在校学生搭建高质量的学习平台，创造更加优越和紧贴实际的学习环境与条件，先后组建空客、大火箭、博世力士乐、麦格纳、轨道交通等22个订单班，在学校开展的各类校企联合培养项目中，以大众双动力、博世班、麦格纳等项目为代表，已成为德国双元制职教模式在中国本土化成功实践的典型案例。

2. 创新创业工作成效显著

2017—2018学年，天津中德应用技术大学学生社团共124个，其中科技类社团34个，专业类社团19个，兴趣类社团26个，体育类社团17个，社科类社团6个，服务类社团22个。学校大力营造"崇尚科技创新，精于专业技能"的科技文化氛围，建立并完善了大学生科技创新活动工作机制，学校大学生科技创新工作生机盎然，科技创新活动蓬勃开展，科技创新成果逐步显现，科技创新品牌建设日趋完善。

2017—2018学年大学生科技创新项目再创新高，共接受申请立项141项，获批123项，结项106项。在本学年度积极开展华为资助大学生竞赛项目，校团委联合相关院系举办飞行器竞赛、3D打印大赛、数控作品评比大赛、创意APP设计大赛、创意编程大赛、机器人大赛、大数据挖掘竞赛、小型风力机叶片设计与模型组装竞赛、LabVIEW新能源发电工程控制界面设计竞赛、光伏小组件设计及应用竞赛、能源利用系统节能设计竞赛、多级线路继电保护整定方案的

设计竞赛 12 个赛项，全校学生积极参与，进一步激发了学生的创新实践意识和创新成才的内在动力。

3. 国（境）外教育机构合作持续推进

以培养适应经济全球化、具有国际竞争力的应用型人才为目标，大力提升国际合作层次，形成以专业合作为基础、课程建设为重点、师生为本、学院为中心、职能部门协同参与的国际交流工作格局。学校陆续与德国路德维希港应用技术大学、德国代根多夫应用技术大学、美国西俄勒冈大学、芬兰图尔库应用技术大学、英国牛津城市学院等 8 所国际本科院校建立了合作关系，并在科研、师生交流、专业建设等方面逐步展开实质性合作，引进先进教学理念和优质资源，提升国际化应用型人才培养质量。

2017 年 12 月，学校与西班牙机床技术学院合作举办中外合作办学机构——中西机电工程学院获得教育部批准，成为首家高职层次国际合作办学机构，并由最初的数控技术专业，拓展到数控技术、数控维修和模具三个专业。

4. 师生国际交流和技能大赛国际化不断深入

天津中德应用技术大学高度重视一流应用技术大学建设过程中对国际化师资专业技术能力和国际视野的培养与锻炼。通过与发达国家高等院校和企业的合作项目开展教师交流与专业培训，全年共派出 29 批次 107 名教师赴 11 个国家和地区进行出国（境）培训和合作项目洽谈。同时开展学生海外交流项目，派出了 3 批次 9 名学生赴西班牙、德国、意大利进行学访或者进行学徒培训。

2018 年 5 月 8 日，学校成功举办了 2018 年全国职业院校技能大赛——自动化生产线安装与调试国际邀请赛。来自老挝、刚果、孟加拉国、埃塞俄比亚等 9 个国家的 11 支参赛队伍共计 30 名中外籍师生参加比赛，创历届参赛队之最。为了及时总结赛项成果、扩大赛项影响力，积极撰写大赛国际组工作总结，整理编纂装订《2018 年全国职业院校技能大赛国际组工作手册》。国际邀请赛不仅为来自世界各地的学生搭建起技术学习和经验交流的平台，促进国内外选手相互学习与切磋，还大大地推动了中国技能大赛的国际化。

5. 高端化引智项目再上新台阶

组织实施《引入智能制造自动化工程创新教学体系支撑中国工业 2025 人才需求》《引进台湾影视动画行业专家提升音像技术专业组群建设应用性》《引进汽车智能制造国家先进教学资源》《引进韩国影视行业专家提升音像技术专业组群建设应用性》4 个引智项目。引进境外专家 13 人次，来校工作时间累计超过 400 天。这些引智项目提升了教师教学能力、实验室建设和社会服务能力。

外国专家局批复命名天津中德应用技术大学等五家单位为首批天津市引智示范基地,有效期自 2018 年 11 月至 2023 年 10 月。此次该校作为首批天津市引智示范基地,依托智能制造学院作为引智示范基地主体,继续通过拓展引智项目,深化国际科研合作和人才培养,着力提高引智工作的质量和效益,在创新引智成果转化推广模式等方面积极探索,先行先试,总结经验,形成模式,充分发挥引智工作作用,提升人才培养水平,推进一流应用技术大学建设。

2018 年 11 月 26 日,组织策划了德国 BSK 教育集团中国"校长行"活动,成功举办了"德国应用技术大学校长中国行暨专题学术交流讲座"。会议上,来自德国代根多夫应用技术大学的两位校长就人工智能和大数据时代的应用型高等教育和德国应用技术大学校长的决策与管理做了专题讲座,学校徐琤颖副校长针对借鉴德国应用技术大学职业教育经验建设做了专题讲座。此次会议增进了中德双方的互信与了解,为下一步与德国院校机构合作奠定了坚实的基础,加快了该校一流应用技术大学建设的步伐。

(二)天津中德应用技术大学跨界转型发展的不足

作为近期国家批准成立的第一所应用技术大学,围绕以本科、高等职业教育为主体、中职和工程硕士培养协调发展的办学定位,对于如何夯实本科专业建设基础,探索构建中、高、本、硕人才培养通道,不断完善现代职业教育体系,学校既具有丰富的职业教育办学经验,也存在着如下差距。

专业建设方面,在构建既符合国家本科专业培养规格要求、又具有鲜明的中职、高职、本科贯通培养特色的人才培养方案方面亟待完善;满足应用型技术技能型人才的培养,适应行业企业技术升级换代需求的教学模式、教学内容和方法手段改革还需要进一步深化;馆藏专业文献及特色文献数量不足,服务教学科研能力有待于进一步提升。

师资队伍建设方面,服务本科专业教学的师资队伍无论在数量上还是结构上都存在一定差距,师资队伍的专业素质和综合能力还需要进一步提高;在行业、专业领域有影响的、能够支撑本科特色专业建设的高端人才匮乏;师资队伍梯队建设和现有师资的培养培训亟待进一步加强。

国际化教育方面,国际合作作为学校的基因亟待传承光大。具体在专业建设中,体现对接国际化专业标准的培养方案不多;在教学资源建设中,体现国际化特征的课程、教材和多媒体资源成果不明显;与世界一流应用技术大学的交流与合作方面缺乏广度和深度,学生的国际视野、职业素养和外语应用能力还需要大力提升。

创新创业能力提升方面，以问题为导向或项目为牵引的创新创业平台还需要完善，还没有形成服务教育教学的优势和特色；聚集优质行业企业资源进行校企合作、产教融合的深度和广度还有待进一步拓展；校企合作、创新创业还没有形成具有一定影响力的运作模式，体制机制系统化建设还有待于进一步加强。

信息化服务保障能力方面，信息化服务教学的手段还需要进一步提升。加快落实国家和天津市网络信息安全建设要求，完善校园网络安全管理机制、构建安全保障技术体系和安全管理队伍，打造服务于教育教学改革、优质教学资源共享和管理的智慧校园是学校面临的重要任务。

第三节　上海应用技术大学跨界转型发展的实践探索

一、上海应用技术大学跨界转型发展的现状分析

上海应用技术大学由各示范学院和上海香料研究所联合创办，这是一所专注于产业和特色的全日制普通本科大学，至今已有60多年的历史。经过多年的实践，学校始终坚持"技术实施"，不断丰富内涵，应用技术造就了本科院校独特的发展风格，学校内涵的产生和拓展取得了巨大成效。

学校始终以学科建设为纲领，在社会经济不断发展的需求下，积极构建合理、适应的专业学科体系，培养优秀的基层护理工程师，建立"高层次、实践性、业务性、特色鲜明"的多学科本科院校。

在不断探索中，确立了"以基层护理工程师为基础培养高层次应用型、服务型企业、技术人员"的办学特色，旨在培养优秀初级保健工程师的创新实践技能，从国际角度培养持续型人才。全校本科生平均就业率达到98.27%，2014年获得国家教育成就奖二等奖，人才教育质量受到社会各界普遍认可。学校坚持实施以技术为导向的科研，注重实用工程和技术开发，提高应用基础研究的科学问题，获得国家自科基金、国家社科基金、部委和科研项目部、国家科技主管部门重大前期研究项目等国家项目115项，省级和部级项目250项，出版专著和教材121部，核心期刊发表论文11篇，国家发明专利331项，年均科研资金1.53亿元。学校与企业签订合作协议786项，获得项目资金约2亿元，国家

科技进步二等奖 25 项，省部级科研成果奖 25 项。

学校坚持走国际化办学的道路，先后与亚洲、欧洲、美洲等 20 多个国家和地区的 75 所高等院校建立了密切的沟通、交流和合作的关系，拉近了不同院校间的教师和同学的关系，有利于教育资源的共享和院校间的交流合作。

二、上海应用技术大学跨界转型发展的实践举措

（一）应用技术本科生教育教学改革

1. 人才培养模式改革

学校将工作重点放在更新人才培养模式、关注各个专业之间的交流与融合、积极研究复合应用型人才培养模式上。2011 年，推进全校教育机制和优秀工程师示范改革，2009 年，学校被列入国家教育部优秀工程师教育培训计划，按照"3+1"学校与企业联合教育模式，创建"工程创新学院"。学校还借鉴了国际工程师培训概念，按照教育部《优秀工程师培训计划》的要求，结合学校、学校理念和学校人才教育定位，以工程设计能力、应用能力和创新能力为核心，对学生进行专业课程内容的试点，重新分析和完善相关要求，试点专业水平有所提高。同时，根据工程教育培训团队指导优秀工程师的培训要求，在课程建设、教师队伍建设、教学改革项目、实验室建设等方面进行探索。

2. 实习实践方式创新

学校在创新实习实践方式方面采取了诸多措施，具体而言有：（1）搭建实习实训平台。学校为了增强受训者的一线实际操作能力而搭建了校级示范应用平台，启动校企联动管理机制，扩充实训教学内容，取得较好的实践效果，启动了三党校级基础建设工作。（2）整合优质资源。学校还与相关机构和实验中心合作，双方提供自己所拥有的资源，互相进行分享，使交流协作更加有益，开始搭建市级实验教学示范中心。"城市轻工实验教学中心"在 2013 年被选为全国高校实验教学示范中心。（3）创新应用。学校力求将校外实训基地从单一的应用功能转化为共同发展多方面能力的综合功能，并建立适应社会经济发展所需的课程体系。

3. 课程体系改革

学校着力健全通才教育与职业教育相融合，理论、实践和素质教育三大教育体系不断完善，应用人才培养课程体系不断完善的系统。首先，加强许可证知识库建设，增强发展势头，学校建立通识课程平台和公共基础课程平台，不断加大普通课程的开设数量，构建"普通示范课程"。持续发展四大应用能力（外语应用能力、计算机应用能力、工程应用能力和综合素质），发展"四年连续线"，帮助学生在终身学习和未来发展方面夯实根基。第二，扩大各种专业的应用面，适应社会需要。在现有基础化学课程平台的基础上，建立了机电学科、基础课程平台和跨学科经济管理、文科、农业科学等学科平台，并按学科主要类别招收管理、电气学院、计算机学院、人文学院等院校的学生，践行了按学科类别和工程院所培养的教育理念。第三，继续加强学生工程实践教学，完善教学体系，提高学生实践能力。深入加强实践教学体系的设计，将学校与企业培训紧密结合，形成一个大纲、两个阶段、四个平台、五个环节构成的实践教学体系。

4. 教学方法改革

根据学生学习状况和学习进度的不同，按照"让每位学生都得到天赋"的理念，实行公共基础课程的分级分类，努力宣传各种教育方式方法的改革，呼吁教师以先进的教学模式理念为指导，从学校教学改革的实际出发，逐步实现"课与经验""大任务""挖掘思想、收获产品"要求他们创造的一系列有效的教学和改革案例，如"以数学建模为理念改革数学课程"。

（二）应用技术教育教学产学研结合的教学模式

第一，及时跟踪了解社会工业对岗位的要求，动态调整人才培养目标，注重应用型学科的专业建设。第二，以产学研协作平台为载体，推动学校学科建设和人员培训，大胆实施教育培训改革。教授们通过将学校和企业的最新研究项目纳入教材和课程，以及为大学生建立与校企合作的创新项目，进一步提高了学生的创新能力。学校利用行业、教育、科研平台，邀请企业的工匠加入学校和二级高校的教学指导委员会，学校和企业的双方代表合作协商人才培养计划；学校与企业的合作平台为学生的实习实践提供了极大的帮助，每年有50%以上的学生进入企业实训，企业综合考查学生并寻找能为之所用的员工，这样一来，可以帮助学生顺利地找到合适的工作，学校每年的就业率达到98%以上。

（三）"多层次个性化"的教学管理与精细化的教学质量保障

1. 在深入摸清生源特点的基础上，实行分层教学和分类培养

学校在教学和管理的顶层设计方面彻底地贯彻了"因材施教"的教育理念，做到了了解学生之间的区别，实行分层教学、分类培养、分层培育。根据学生入学时候的录取成绩和抽查成绩对学生的情况进行详细的了解后实行分层教学

的方式，让学习情况不一样的学生都能够得到最适合自己的教育方式，从而逐渐进步。除此之外，学校对于不同类型的班级也采取了不同的人才方案，确保了人才培养方案始终与学生学习、成长和发展的需要相互对接、完美衔接。

2. 构建基于发展质量观的学生评价体系

学生发展质量观是指将学生在一个阶段内通过接受培训而取得的进步作为教育质量的衡量标准。对于一所高等院校来说，其办学质量好坏的判断可以通过观察入学时基础和能力参差不齐的大学生在经过四年本科的培养后是否被培养成为毕业时能胜任岗位工作要求的人才。在"发展质量观"下，学校的管理部门以及相应的二级学院需要根据宏观的人才培养方向，指导学生制定好适合自身发展的、切实可行的阶段性目标。衡量教学效果的标准是基于学生原来的水平，判断现在取得多少发展，即衡量人才培养质量的标准需要看学生的进步空间，而不仅仅是所取得的成就。

3. 实行精细化的教学质量监控与评价

第一，学校具有丰富多样的评价标准。学校依据学生个体不同的学习情况和学习能力实施不同的分级教学和分配培训计划，制定了不同的分层分类评价标准。第二，对评价过程进行了细化。考虑到学生的学习自觉性不高，再加上教师的专业能力和专业素质参差不齐，所以将学生考核分解到教学过程中，也就是实行在过程中进行精细化管理的质量评估标准。第三，评估科目的多样性。它由学校领导、大学领导、专家、同行、专业（和）专业监督以及学生共同实施的主体的多元化评估组成。同时，迈克尔斯数据有限公司引入自主的第三方评估机构，对如研究生教育质量、毕业生就业竞争力、就业特点和优势、业务能力、基本课程有效性等进行客观数据评估，获取更客观、更实用的社会需求，进而指导学校教学改革。据此，学校打造了极度完整的教学质量保证体系，强化精细化管理教学的过程。其中一个做法就是建立和实施两级制度，对中小学教学质量进行评估，并对二级学院教学工作进行多年考核评价。

三、上海应用技术大学跨界转型发展的成效与不足

（一）上海应用技术大学跨界转型发展的成效

1. 创新了 ASciT-OBE 人才培养模式

上海应用技术大学为了学校能够获得更好的发展，精准地定位了自身的人才培养方向，将国际工程教育从"回归工程"向"融合创新"转移。以 OBE 人

才培养为导向，学校强调了未来工程师"ASciT（爱科技）"的9大关键能力和应用型人才思想政治核心素养32个要点，并将其作为学校课程思政改革的先锋。除了在理念上进行革新，学校还全面调整了人才培养方案，在教育教学的全过程中彻底贯彻落实OBE理念，将未来工程师ASciT（爱科技）9大关键能力渗透到每门课程之中。2020年，学校应用化学和铁道工程2个教育部新工科研究与实践项目顺利结题，新增教育部新工科研究与改革实践项目1项，教育部新农科研究与改革实践项目2项。

2. 实习实训基地数逐渐增多

2019—2020学年，上海应用技术大学新建上海继尔新材料示范实习基地、生态环境健康示范实习基地，校级示范实习基地总数达到28个。立项建设轨道交通工务智能运维工作室、智能技术校企联合培养工作室及环控节能技术校企联合培养工作室，校企联合培养工作室总数达到30个。与嘉善边锋机械股份有限公司、上海钢之杰钢结构建筑系统有限公司的15家企业共同合作打造了技术先进的实习实训基地，到目前为止全校的校外实习基地共有293个。除此之外，学校还与合作的企业签订了合作的各项协议、共同商讨和制定了授课计划、共同开发和编写了校企合作教学的教材。以上这些工作都为学校和企业共同培养优秀的专业人才打造了广阔的交流与学习平台。

3. 学科技能竞赛成果显著

学科技能竞赛现在已经成为上海应用技术大学锻炼学生实际操作技能、发展学生综合素养、营造奋发向上、顽强拼搏学风的重要方式和途径。虽然2020年疫情肆虐，学科技能竞赛受到了重大影响，部分活动被迫取消，但是学校依旧非常注重锻炼学生的实际动手操作能力，踊跃地组织各种线上的学科技能竞赛。2020年学校共申报了123项竞赛，通过专家评审立项82项，其中国际竞赛7项，国家级54项，市级及其他21项。2019年学校承办8项校级及以上竞赛赛事，全校共有7000余人次参加了各级、各类竞赛，获国际大赛奖项31项，国家级奖项310项，省部级奖项328项。

4. 学生母校满意度和就业率高，受到用人单位的好评

为了全面、客观、公正地评价学校人才培养质量，提升毕业生的就业竞争力和就业质量，上海应用技术大学曾经对2018届毕业生进行毕业一年后的调查和评估。

调查评估结果显示，毕业生对母校的综合评教较好，98.47%的本科毕业生对母校的总体满意度较高，比全国高校平均水平（97.75%）高0.72个百分点。

可见本科毕业生对在母校所学知识及能力水平的满足工作需求的程度、校风学风等方面均比较认同。毕业生对教育教学的总体满意度为96.78%，偏向"比较满意"水平。对学校课堂教学评价也偏向"比较满意"水平；其中，本科毕业生对课堂教学过程中的"课程目标"评价最高，"课堂纪律"和"教学效果"次之。体现了学校多元化人才培养机制的合理性及科学性，为本科毕业生更好地就业奠定了坚实的基础。用人单位对2019届毕业生总体满意度很高，其中对该校毕业生的整体满意程度方面，用人单位持"很满意""满意"的占88.75%，"基本满意"占6.25%。

5. 高层次人才和教学团队成果突出

学校现有国家"万人计划"等各类省部级以上人才称号的高层次人才73人。学校高度重视高层次人才在专业建设、课程建设和教学改革等方面的引领作用，组建了11个卓有成效的高层次教学团队，以此为抓手强化特色优势学科对教育教学改革的支撑。

学校先后出台了《上海应用技术大学高层次人才引进办法》（上应人（2018）21号）、《专业责任教授岗位设置及管理办法》和《核心课程（群）责任教授岗位设置及管理的实时指导意见》等管理办法，从制度层面引导高层次人才组建教学团队、承担专业建设和核心课程建设，将其作为基本的岗位职责予以落实。同时，依托本科教学"激励计划"、地方高水平应用型高校建设和一流本科建设引领项目等加大引导和扶持力度，为各级教学团队建设提供保障。

近年来，学校的高层次教学团队积极投入教育教学改革，在落实国际工程教育先进理念、主动对接产业前沿、建设国家级和上海市级一流专业、一流课程等方面取得了显著成效。例如：上海市"优秀学科带头人"徐家跃教授带领教学团队主动应对材料新业态，探索以创造性解决问题能力为核心的人才培养模式，材料科学与工程专业于2019年获批为国家级一流专业建设点。国家百千万人才工程肖作兵教授以特色优势学科支撑专业建设，在全国率先申报设置香料香精技术与工程目录外应用型专业，对标国际前沿研制国内领先的香料香精人才专业质量标准，并以该专业为核心获批上海高校一流本科建设引领项目。国务院政府特殊津贴获得者、全国优秀教师周小理教授带领教学团队持续开展"契合需求、产业导向"的食品人才培养模式改革，食品科学与工程专业于2019年通过了美国IFT（the Institute of Food Technologists，美国食品科学技术学会）专业认证，并通过了教育部工程教育认证专家组的现场考察。

(二) 目前存在的问题

1. "ASciT"（爱科技）9大关键能力有待进一步落实

上海应用技术大学创新了面向新时代、新科技和新发展的未来工程师"AS-ciT-OBE"人才培养模式，并做出实际措施将其贯彻到人才培养目标、日常教学和考核当中。然而在实际的工作过程中，还是存在许多明显的问题。

一是在专业设置方面，学校过于功利化，一味地追求学校培养的人才与当前市场经济发展的情况和工作岗位的能力需求之间的匹配度，关注学生的就业率以及用人单位的就业满意度，在一定程度上忽视了学生单纯地作为一个学习者而应该接受的辩证性思维、批判性思维和创造性思维等核心素养能力的教育。再加上课程体系的学科交叉融合和跨界整合不充分，长此以往将导致学生无法跟上市场快速发展的脚步，成为功利的牺牲品。

二是课程设置方面，在课程目标的确立上仍旧本着传统的传授知识和技能的初衷，在课堂教学方式上还是以曾经的教师讲授学生听为主，在课程教学内容和学生学习情况的考察过程中并没有深入地渗透未来工程师"ASciT-OBE"人才培养模式所提出的9大关键能力，致使这两个过程相互割裂，并没有形成实质性的关联。

2. 专业发展不平衡，专业链对接产业链、创新链有待优化

学校现有54个本科专业，分布在理学、管理学、经济学、法学、农学、艺术学等8大学科门类之中，但是每个专业的基础、所获得的资源以及发展的情况差别很大，发展不均衡，专业的核心竞争力也不强。对于上海应用技术大学来说，理工科类专业是其传统的、具有院校特色的强势专业，先前的专业基础较为牢固，发展情况较好，所获得的资源也更加丰富，相比之下，文科类专业的基础就显得十分薄弱、没有优势，对学校来讲吸引力不大。所以，上海应用技术大学在面对新时代、新科技、新发展的变化时专业内涵的建设有待深化，需要及时解决这种专业之间发展不平衡不充分的问题。

3. 支撑高水平专业建设的一流课程和教材建设需要进一步

能够展示出上海应用技术大学课程教学与科学技术、各学科跨界融合的各种"金课"还较为薄弱，市级及以上各类一流课程的数量偏少。学校教职工参与新型教材开发的兴趣不大，应用型特色教材的出版数量和质量都还有待提升。除此之外，在教学内容方面未能充分地将最新的一线工作知识和技能渗透进去，创新创业课程体系还需要进一步调整和规范。

第四节　广州南洋理工职业学院跨界转型发展的实践探索

一、广州南洋理工职业学院跨界转型发展的现状分析

广州南洋理工职业学院始创于 1984 年，是经广东省政府批准成立、教育部备案的省属民办普通高等学校。学校的办学理念就是形成学校自身的特色，办高质量的职业教育；学校的办学目标为培养企业所需的精英人才。广州南洋理工职业学院在广州立足，本着服务珠三角和广东的初衷，主动地适应当地产业结构和当地经济社会的发展和要求，深入推动学校与企业合作、产学研相结合等多种人才培养方式的改革，着力培养专业能力和技术过硬、职业道德素养良好的高素质技术技能型人才。2020 年底，学校正式确立了"十四五"期间建设省城"双高"院校和举办本科层次职业教育的发展目标。

近年来，学校大力推进由外延式发展向内涵式发展的转变，着力打造"思想道德好、实践技能高、综合素质高和就业质量高即'一好三高'"的人才培养特色。学院遵循"按明天的市场需求，培养今天的学生"思路，实施"二基一能"（基本知识、基本功、技术技能培养）教学改革，建成了"校中厂""厂中校""企业工作室"19 间，"企业冠名订单班"17 个，建立校外实习基地 100 多个。推行创新、创意、创业"三创"教育，设立了大学生科技创新创业基金，开展创意课程教学等，效果显著。

2013 年，学校率先成立广州地区第一家高校科学技术协会，为区域经济建设发展提供技术服务达 40 多项，有力催生广州地区高校科协发展，成为区域科技创新和技术推广中心，被评为从化科技工作先进单位和广州市基层科普工作先进集体。

广州南洋理工职业学院在经济发展进入新常态以来，更加积极主动地贯彻落实党中央、国务院关于加快现代职业教育和建设现代职业教育体系的决策部署。不断解放思想、勇于大胆创新，着力实施"品牌办学"战略，探索形成"双身份"育人模式，这是一条富有特色、可复制、可推广的高等职业学院育人体系。

早在 2010 年 4 月创建的广州南洋理工职业学院学生军政教导队，是一支优秀的学生骨干队伍，是推动整个学院校风、学风建设的排头兵，更是学院一股

和谐稳定的中坚力量。通过示范效应和扩散效应，全院全体学生的整体素质得到全面提高，学院的风采和社会影响力得到了充分展示与彰显，对树立和提升"南洋理工"的品牌形象都产生了很大促进作用。这支学生骨干队伍秉承"文化认同"育人理念，以军为手段，以政为目的，对队员进行政治、文化、军事、管理四大素质培养，实现了学生"自我教育、自我管理、自我服务"的工作目标，为学院全体学生成长成才树立了良好的榜样，为部队培养了一批批优秀人才，出色地打造了培养技术技能型人才的"南洋模式"。学生军政教导队建立以来，截至2015年9月，累计荣获各类奖项16项，其中国家级奖项5项、省级奖项7项、市级奖项3项、校级奖项1项；培养队员579人，1人获得国家奖学金，34人获得国家励志奖学金，6人被评为三好学生，5人被评为十佳优秀学生干部，培养助理辅导员163人，优秀团学干部27人；发展党员55名、预备党员6名。这一系列的数据充分说明学生军政教导队是一支军政素质强、意志品质优秀、管理素质高、学业成绩优良的学生骨干队伍。这种育人模式不但是广州南洋理工职业学院办学的一张"名片"，而且是校园里一道亮丽的风景线，更重要的是铸就了"南洋理工"的办学特色。

实践证明，广州南洋理工职业学院"双身份"育人模式在人才培养、学生管理、国防教育、校园文化建设等方面都发挥着积极作用，可供其他院校参考、借鉴，具有很强的示范意义和转化推广价值。当然，办学品牌并不是一句口号，而是一种具有很高实用价值与推广价值的理念，是一所学校最具核心竞争力的要素。高等职业学校的品牌建设不是为了品牌而品牌，其最重要的目标是最大限度地为经济社会转型发展和中华民族伟大复兴提高技术技能型人才培养质量和水平。达到"技高品端""内圣外王"的境界，不但对内可以实现师生可持续发展，而且对外能提高学院服务社会、带动科技、繁荣文化的能力，不但可以让学生备受企业欢迎，而且可以让教师广获同行称赞。

二、广州南洋理工职业学院跨界转型发展的实践举措

广州南洋理工职业学院（以下简称"南洋理工"）是一所全日制的民办高等职业学校。学校成立37年来，"人才教育、强素质学校、人才学校、特色名校"始终坚持办学理念，把培养学生的专业技能作为学生的基本技能，并将其作为自己的责任，连续3年来毕业生就业率均在99%以上。据麦可思报告，学

院毕业生对母校的认可度排名居广东省高等职业院校第二名。①

(一) 着力培养人才的技术应用能力

1. 课程设置强调实用性。(1) 宏观上进行优质资源整合，基础课程坚持通用性原则，专业基础课程秉持实用性和可操作性原则，整合优质的课程资源，分模块建设课程，减少课程的重复率；(2) 课程内容方面注重实用性，专业课程内容的选择贴合一线的实际岗位工作，例如，南洋理工把运用互联网信息技术课程纳入公共技术课程的范畴之中，不管是文科还是理科都要学习，这足以体现课程内容的实用性原则；(3) 教学方式方法丰富多样，南洋理工正积极地探索PBL（问题导向）和OBL（结果导向）教学法、项目教学法等在项目学习的基础上开展学习的方法，大大地激发了学生学习的积极性。

2. 发挥专业群的辐射作用。面对珠江三角区日益兴盛的制造业和逐渐匮乏的工程类技术人才，南洋理工充分调研了市场经济对技术技能人才的需求和岗位要求，抱着帮助学生尽快就业的宗旨，动态地调整其自身的授课计划。将"以工为主"作为指导原则，构建了以计算机应用技术、工业机器人等专业为核心的六大专业群，发挥专业群的辐射作用，满足不同产业对人才的需求。②

3. 校企资源深度融合。南洋理工始终重视与行业企业的密切合作，不断地研发校企合作的新模式以加深校企合作的力度，至今仍在施行且收效甚好的模式有产教融合、订单班、校中厂等，除此之外，南洋理工还吸引企业参与学院的发展和建设中，让企业拿出经费设立奖学金，同时，在教育教学过程中渗透企业文化和岗位要求，校企合作深入合作争取更好地培养出适应社会发展的技术技能型人才。

4. 注重综合能力的考察。现如今，整个高等职业教育体系评价中过度重视学生的理论成绩，忽视学生的实际操作技能和综合能力的情况并不鲜见，但是这种评价方式正在逐渐因为其与岗位需求的不适应性而被社会淘汰。基于此，南洋理工已经开始施行了过程性评价模式，注重对学生学习过程的监控，把以往的结果性评价转换为过程性评价，通过评价方式的改革影响教学方式和方法的改革，南洋理工在考核方面的改革从根本上唤醒了大众对于高等职业院校学

---

① 广州南洋理工职业学院. 广州南洋理工职业学院高等职业教育人才培养质量年度报告 (2014) [Z]. 广东：广州南洋理工职业学院，2014.
② 王艳君，马燕霞. 民办高职院校技术技能人才培养的探索与实践——以广州南洋理工职业学院为例[J]. 职教通讯，2017 (17)：29-32.

生实践能力和综合能力的关注。

5. 双创教育纳入学分制。（1）在课程教学方面，做好通识课、专业课和创新创业素质课程的教学工作；（2）通过理论、实践教学和发展素质等三个平台加强学生"双创"能力培养，支持建立灵活的学习体系，允许在读学生休学在校外创业；（3）建立"双创"教育平台：专门设立大学生创新创业基金会，吸引大学生参加创新比赛活动，鼓励学生进行跨学科组合，搭建了大学生创新创业示范基地，鼓励各部门学生以良好的项目进入创业领域。

（二）注重培养服务经济社会发展的技术技能人才

在新时代高等教育发展的洪流中，民办高等职业院校的地位依旧岌岌可危，为了摆脱当前这一困境，为自身争取到优势，民办高等职业院校应积极地应对当前局面，调整办学目标和定位，深化与地方行业和企业之间的合作，争取更多的优质资源。

南洋理工根据自身的地理位置，形成了适合自身的科学定位，确定了"校企合作、科学研发、服务产业"的科研发展思路，同时采取了一系列措施，如"三个不硬性要求"计划，即不硬性要求同企业签订科技合同、不硬性要求获得科研经费、不硬性要求科研成果的划分。除此之外，南洋理工每年还会设立专项基金用于鼓励和支持在校企合作工作方面表现突出的技术中心，奖励中青年教师参与科学研究的行为，以上措施的施行除了深化了校企合作的力度，还显著地激发了高等职业院校教师开展科学研究的兴趣。在人才培养的定位方面，南洋理工多管齐下，根据经济社会的发展需求动态地调整自身的人才培养目标，与当地企业深度融合，共享优质资源，最终培养出地方企业所需的专业技术人才为区域经济发展贡献出自己的力量。

（三）拓宽区域间协同培养技术技能人才的道路

在实际的办学过程中，南洋理工努力地推进学校与企业、政府与学校、学校与学校之间的交流与合作，共同合作探寻培养技术技能人才的新道路。具体工作有：（1）同企业进行紧密协作，成立校企"战略联盟"，主要探讨实习实训基地建设、产品研发和技术服务等方面的内容。发挥了学校和企业双方的显著优势，达到了校企双赢的目的。（2）推进"校企协同"办学，加大学校和企业双方在培养人才和师资方面的适应性；（3）与兄弟院校合作搭建"校际资源共享"平台，在课程资源、教师资源和科研资源等方面共同分享，达到双方利益最大化的效果；（4）积极与地方政府合作，推动"政校协同"办学，及时获悉政府在宏观调控与指导、信息发布和资金分配等方面的信息，在第一时间做出相应调整以适应地方社会经济的发展。

三、广州南洋理工职业学院跨界转型发展的成效与不足

（一）广州南洋理工职业学院跨界转型发展的成效

1. 实现了校企精准育人

（1）人才培养与岗位要求精准对接，人才培养质量显著提升

南洋学院自从2015年实施"阶梯式、多平台"人才培养模式以来，截止到2021年1月，完成了1700多名汽车类专业学生高质量的培养，为300多名企业骨干与技术人员提供了专业培训，缓解了人才培养供给侧与汽车产业需求侧的矛盾。学生专业能力稳步提升，获省职业技能大赛二等奖4项、三等奖12项，获行业大赛一等奖2项、三等奖3项；根据企业反馈，学生对接实际岗位工作能力全面提升，起始薪酬平均每月增长2000元（见图5-1），汽车专业人才培养质量得到社会认可。

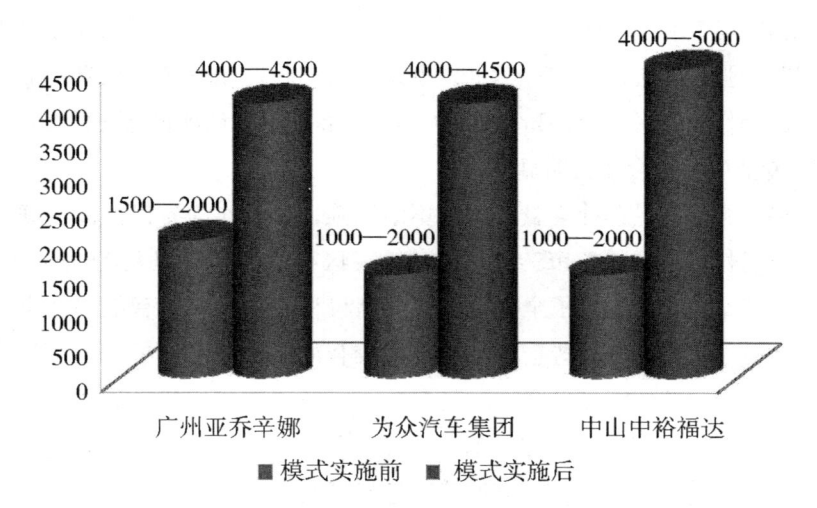

图5-1 模式实施前后汽车专业部分合作企业起始薪酬对比图

（2）专业设置与产业需求精准对接，专业建设迈上新台阶

通过实践和培育，汽车类专业在校内率先建成省民办教育专项资金重点支持专业1个、省级实训基地1个、校级特色专业1个、校级品牌专业1个，2015年列入省级教学成果奖培育项目，在省内率先获批省级现代学徒制试点专业2个。对接产业需求，转化出大量的与生产一线接轨的实训项目和教学案例，出

版校企合作教材6门,企业技术规范类试用教材2门,在深厚的专业基础下,《汽车故障诊断与维修技术》《汽车电子控制技术(发动机)》获评校级精品在线开放课程并申报省级精品在线开放课程。

(3)校企实践精准对接,师资队伍素质快速提升

"多元融通一体化"教学平台成为专业教师熟悉产业、培养技能的重要载体。汽车类专业有1名南粤优秀教师、1名省民办教育优秀教师、1名省级教学名师、3名访问学者、1个校级科研创新团队,有50%的专业教师是从行业企业引进的专职专任教师。教师获省级以上奖项二等奖1项、专项奖1项,主持教科研项目20余项,发表论文50余篇,获得专利10项。

2. 科技创新能力显著提升

南洋理工自从2015年实施"阶梯式、多平台"人才培养模式以来,立足汽车类专业特色和资源优势,截止到2021年1月,申报的"智能制造技术与职业教育协同创新中心"获批省级协同创新中心,实现该校协同创新中心零的突破;立足珠三角地区汽车产业发展,承担了广州市科创委科技项目2个;持有智能停车机器人等专利10项,其中智能停车机器人项目因有效缓解停车难问题,在国内引起了强烈的轰动效应;学生自主设计的四轮转动汽车获全省行业机械设计与创新制作大赛一等奖;3个省级大学生创新创业培训项目已获批准。

3. 专业服务社会能力明显增强

成果实施促使专业社会服务能力不断增强。学校作为省民办高校联席会科研协作组组长单位,与省市三级科技协会、区科工商信局以及11所高校和18家龙头制造企业联合组建了全省首个民办高校科技协会联盟智能制造学科和产业联盟,通过整合大型制造企业资源与高校智能制造类学科的智力资源,促成行业、企业和院校的跨界发展;以汽车技术服务工作室构筑一体化技术服务平台,完成了1000多次汽车美容、保养、维修等对外服务;完成企业技术改造项目3项。学校主动服务社会,赢得了广泛的社会认同。汽车专业接受亚乔汽车等公司捐赠仪器、设备等10多批次,总价值140余万元。

(二)广州南洋理工职业学院跨界转型发展的不足

1. 校企合作中企业未承担足够的社会责任

校企合作是中国职业教育改革和发展的重点,《国家中长期教育改革和发展规划纲要(2010—2020年)》指出,应当建立和发展政府主导、行业引导、制度参与的办学运行机制,颁布能够加强学校与企业合作的政策。需要指出的是,

广东省民办职业学校希望跨界转型成功,企业的力量不容忽视,但是现实情况却是许多企业很少担当起其应该担当的社会责任,特别是在办学过程中,企业对公益性认识不够,主要体现在校企共同培养人才的过程中。例如,学校和企业共同培养人才时,学生在企业实习的过程中可能会产生一系列费用,其中一些费用是要由企业自行负担的,如果学生实习工作完结后并没有回到实习单位工作,那么实习单位会认为自己不仅花了钱还没有引进自己需要的高技术技能型人才,所以在学校与企业合作的过程中处于被动状态。综上所述,在校企合作中企业不能按照预期要求履行自身的职责成为广东民办高等职业院校跨界转型发展过程中的重大障碍。

2. "双师型"教师数量不足,教师流动性大

优秀的师资队伍对于一所民办高等职业院校来说意义重大,其在高等职业院校所处的地位与办学经费和教学的硬件设备相比有过之而无不及。广东大部分民办高等职业院校师资条件差,教师大都是硕士研究生学历,毕业了直接进入高等职业院校工作,没有一线的工作经验和实际教学经验,所以其培养的学生往往"职业性"弱,难以胜任实际的一线教学工作。虽然广东许多民办职业学校认识到教师在企业中锻炼和培训的重要性,但出于时间、资金等客观原因导致其难以深入企业顶岗实习,同样,由企业人员所担任的兼职教师的数量也偏少。

依据《现代职业教育体系建设规划(2014—2020年)》,到2020年,"具有实践经验的兼职教师在职业教师总数中的比例将达到60%",广东民办高等职业院校的教师队伍仍然需要进一步扩充,同时也需要大规模地引进科学研究能力较强、能够同时胜任理论和实践教学的"双师型"教师。除此之外,广东民办职业学院的教师流动性往往比较强,因此,对于广东民办高等职业院校来说,双师型教师的引进和流失成为其转型发展过程中的绊脚石。

3. 课程建设工学难结合

民办高等职业院校不同于普通本科的地方便是其自身浓厚的职业色彩,而职业色彩又要从职业化和岗位化的课程中体现,这种课程有助于高等职业院校加快转型的步伐。"工学结合"便是发挥课程职业性、岗位性的最佳方式,"工学结合"形式多样,但在真正的教学过程中贯彻"工学结合"并非易事。因为部分学校常年过多地开设理论性的课程,忽视了实践课程的重要性,导致学生难以将科学理论知识同实践的工作技能紧密结合,更不用提学生在学校能够实现既是学习又是工作的愿望。因此,通过引导专业岗位的能力,很难提高学生

就业的竞争力。

广东一些民办高等职业院校的课程设置过于注重科学理论知识的传授，忽视了对学生实践工作技能的指导，这导致了高等职业院校的学生在实际工作中无法将科学理论同实际工作密切联系，学生也难以领悟到他们目前在学校学习的理论知识对将来胜任岗位的重要作用。再加上部分高等职业院校专业设置不务实、课程结构不合理，使课程建设在工程整合上存在困难。因此，如何将广东民办高等职业院校的课程建设同一线的实践工作结合起来是广东民办高等职业院校跨界转型亟待解决的问题。

4. 科研水平有待提升

广东民办高等职业院校虽然起步早、发展好，但与普通本科院校相比，其在科研实力上还存在一些问题，其中就有不重视调动教师从事科研活动的积极性问题。目前，广东职业院校将要发表文章、承担省或国家课题作为教师评价和提升教师职称的必要要求。然而，有一些硕士自从毕业进入科研氛围不强的民办高等职业院校后就很少主动写文章或进行科学研究，所以这些教师很难提升职称，长此以往其做科研的动力就被磨灭了，科研能力也会有所倒退。

除此之外，广东民办高等职业院校在产教融合方面开展的不够顺利，同时部分教师没有一线的实践经验，导致教师不能从学校与企业、就业与学习、专业与教育的融合中探寻出个人擅长的科研工作中的职业因子，更不用提将自己从事的科研活动同企业的一线工作相融合，阻碍了高等职业院校跨界转型的发展。

第六章

新时代我国高等职业教育跨界转型发展的可行性路径

　　新时代我国高等职业教育跨界转型发展需要统筹规划、各方参与和协调推进。通过对新时代高等职业教育的顶层设计进行深入研究，为高等职业教育跨界转型发展创建有利于实践创新的制度环境，进而推进高等职业教育社会化办学的法治建设。通过对新时代高等职业教育发展战略和模式进行深入研究，大力构建和实施多元化主导办学的战略和模式，鼓励产业、行业、企业主导办学，推进产教深度融合与校企深度合作。通过对新时代高等职业教育资源在政府配置和市场配置上的有机结合进行深入研究，积极出台相关政策措施以调动社会力量办学的积极性，在高等职业教育资源配置中发挥市场的作用，推进高等职业教育资源跨界转型发展。

第一节　营造高等职业教育跨界转型发展的良好环境

　　法律制度和教育体制的改革虽然不能完全决定高等职业院校的发展方向，但是却可以左右高等职业院校发展改革的难度和速度。由此可见，外部环境对高等职业院校改革的转型速度与转型质量有着至关重要的影响，具体影响为高等职业院校的外部环境越好，改革的难度就会越小。因此，应当在充分考虑到外部与内部环境影响的基础上研究高等职业院校的转型与发展的路径。

一、创造良好的政策环境，为高职跨界转型发展提供政策保障

　　为了进一步推动产学研相结合的学校运营模式，加快构建完善的相关机制。政府应当尽快提出有助于高等职业院校发展的一系列政策方针，从而建立以政府为主导，行业与企业共同参与的高等职业院校的办学制度。

（一）完善政府治理架构，指导高等职业教育的跨界转型发展

省教育厅和省发改委在深化产教融合改革的整体制度中应当增加产教融合型企业建设的内容，关注协同推进产教融合试点的建设工作，并对相关的认证标准、建设条件、评价标准等予以确定，为各地提供指导，从而加快信息服务平台和信息储备库的建立，协助管理好各项日常事务。省人力资源与社会保障厅等部门则需要结合自身的职能职责，从政策层面支持省产教融合型企业建设。

国家发展和改革委员会和教育部负责当地工业教育机构的设立、申请、提交和批准，以及当地工业教育机构的绩效、质量、认证和评估、日常管理、实施和批准。省市两级统筹政策的制定以及执行，目的就是确保最大限度地发挥两级政府在区域产教融合事业中的重要作用；营造有利于发展的良好环境、建立完善的资源配置方式、统筹深化两级政府机制，促进组织运行更加高效。在高等职业教育现阶段的发展背景下，加强组织机构建设，最大限度地利用资源，成立由教育部门参与实施的负责人为主要领导的管理委员会，负责对职业教育产教融合提供指导和进行管理，将有利于促进高等职业教育的跨界转型发展。

（二）转变教育部门职能，加强政府监督工作

在深化产教融合的过程中，省级教育行政部门应当承认企业也属于主体之一，在此基础上，处理好政府与市场、中央与地方的关系。首先，在建设培育方面要坚持公开、自愿、平等的原则，鼓励满足要求的企业积极参与，让所有在界内注册的企业都能够享受到同样的机会与同等的政府支持条件。其次，加强"放管服"的深化改革，在行政审批上不附加任何规定，省教育厅在履行职能时要坚持属地管理原则，除了要制定相应的标准，还要提供政策方面的引导，同时与省级政府密切配合。

省级教育行政部门要与财政部门联合加强对资源库项目的监督和管理，继续提高资源库建设和应用的水平，更好地促进经济社会的发展。资源库项目配合项目管理系统监测其资源的质量和使用的效果，做到及时抽查、不定期地发布相关报告，将测试和检查的结果作为验收工作的参考依据。对于建设进度与应用效果较差的项目以及在资金的管理与分配方式上有较大问题的项目予以一定的警示。两次警告后如果该项目仍未进行合理的改善，那么应当对该项目运行采取暂停或取消其资格的惩罚，与此同时，也会将与该项目有关的施工单位列入教育行为的负面清单。

从新公共管理理论的运用层面上看，省级教育行政部门应当基于相关法律

法规的要求来界定教育行政部门自身的管理权责，并负责制定职业院校的经费标准和相关组织实施工作。就办学层面而言，应当给予民办高等职业院校一定的自主权，要尊重学校在人事安排、院系设置等方面的决议，从而激发其办学热情和办学积极性。就评价角度上看，上级部门对行业协会资源的合理利用提供必要的指导，同时采用合理的指标来全面评价岗位工作，敢于面对并正确对待外界的意见和建议，在加强政府监督的同时注重市场治理，促进高等职业院校的跨界转型发展。

（三）制定配套政策，保障工作的顺利开展

省级政府应当根据国家有关扶持的政策，对相关企业开展定期的培训，同时注重监督已列入产教融合型企业建设信息库企业的人才培养状况，以此来督促政策的落地和实施。各省级政府可以从以下几个方面入手：

采取"先建设后认可"的路径，利用职业教育教学资源库来促进产教一体化企业的建设。根据相关实施要求，每三年确认一次进入认证名单的企业资质，有效地指导企业继续滚动施工。省级教育行政部门作为领导资源库的第一主持机构，应当积极地开展建设合作组织的工作，充分地参考专家建议，完成项目任务书的编制。除了专业教学、顶岗实习以及职业技能等级标准以外，还需结合国家职业教育的课程和实训条件建设标准，全力发挥互联网的现有优势，制定符合发展需求的人才培养计划。同时，还应当继续优化课程体系，不断地更新和完善优质教育教学和实业培训的资源；将国家学分银行的建设与国家1+X证书制度试点工作相连接，加强认证资源的设置和认证标准的制定，积极探索资源交易、成果转换等机制，充分发挥各种资源的优势；不断扩大共享联盟的范围，将培训和教育的对象扩大到员工、实习者以及在校生。

制定切实可行的措施管理和建设培育企业。各地必须贯彻执行针对企业办学所制定的各项国家扶持政策，加强办学过程的监督和管控工作，同时做好服务工作，确保企业将办学的相关政策执行到位；在试点工作有序推进的基础之上，为建设培育企业提供用地、资金以及项目审批等各方面的政策扶持。让企业被纳入认证目录后，便可以享受到国家全方位的包括信用、土地、财政等多方面支持，并给予符合规定的企业税收优惠。鼓励企业积极参与到高等职业教育的办学中，为高等职业院校学生提供更多的工作岗位和实践机会，将激励政策与这些工作进行密切结合。此外，还应当将产教融合工作的年报制度引入被列入认证目录的企业，并将考核和评审结果及时公布于众，每三年要复核一次企业资格，实行动态化管控保障高等职业院校跨界转型相关政策的落实和建设工作得以健康开展。

二、完善分类考试招生制度，支持高职跨界转型发展

中国共产党中央国务院于2020年发表了《深化新时代教育评价改革总体方案》（以下简称《总体方案》），该方案具体说明了学生的才能观是"以德为先，重视能力，全面发展"，"破五唯"成为新时代教育评价改革的基本主轴。构建"不唯学历，仅凭能力"的社会竞争和人才成长格局，成为包括高职分类考试在内的高考改革所应努力实现的发展愿景。能力本位评价在理念上契合新时代教育评价改革的基本思路，但在实践上，必须充分考虑考试作为高等教育资源分配机制的公平性和有效性，消灭低质量的能力本位评价方式，让高质量的能力本位评价成为职业教育学生自由选择高等教育资源、获得高质量生涯发展机会的核心载体。①

（一）将构建能力标准体系作为高职分类考试改革的基础性工程

构建能力标准体系是解决高职分类考试评价内容碎片化和评价影响阻滞性问题的关键。构建能力标准体系主要基于专业大类的能力清单，包括专业大类对应岗位群的核心工作任务与职业能力，是职业院校开发课程、实施教学和开展评价工作的基本标准。能力清单既能使高职分类考试与职业院校的教学工作形成有效衔接，也有助于中等职业教育和职教专科、职教本科实现内容层面的衔接，最终破除职业教育贯通人才培养过程中存在的顽瘴痼疾。

针对高等职业教育分类考试由省级教育考试机构统筹领导的工作模式、由省教育行政部门主导制定能力标准体系以及职业教育显著的区域特征，积极吸收行业和企业代表的广泛参与，参照人力资源和社会保障部门制定的职业技能标准，再根据专业类别开发具有教育功能的基本能力模块库，对每种能力对应的技术理论知识和操作技能进行专业的分析。高等职业院校分类考试的理论知识考试和技能考试，应从能力清单中选择典型工作任务及相应的专业能力。此外，要在高等职业院校内部建立"质量保障机制"，为招生制度的"分类能力体系"更新提供实践依据。

---

① 李政. 我国高职分类考试招生：价值意蕴、问题表征与改革路径[J]. 中国考试，2021（05）：40-47.

（二）构建"中职学业水平考试+统一职教高考"的双阶段能力本位评价模式

尽管能力本位评价在理念上契合当前教育评价改革的趋势，但不得不承认，对能力的测评过程极其复杂且容易产生争议。这是因为能力作为评价载体本身难以被直接感知，其需要借助考生的表现加以外显，因此衍生出了"表现性评价""绩效导向评价"等评价理念和评价方式[①]，但是很难做到有效地控制这些评价的信度和效度，一些评价技术手段也尚未成熟，不可进行大规模的推广。因此，面向数以百万计考生的高职分类考试应尽可能地在可行性和科学性之间找到一个最佳的平衡点，将《总体方案》中提出的"改进结果评价、强化过程评价、探索增值评价、健全综合评价"等提议，合理地融入制度的设计中。

瑞士的职业考试制度在一定程度上可以为我国高职分类考试改革提供一些可借鉴的经验。瑞士通过"联邦职业教育证书+职业考试证书"选拔学生进入高等职业教育。其中，联邦职业教育证书侧重于考查学生的职业操作技能。只有通过考试并取得职业教育证书的学生才有资格参加职业考试。职业考试侧重于理论知识的考查，获得职业考试证书的学生可以升入本科院校[②]。该系统的核心特点和优势在于操作技能和专业理论知识的分阶段性评价，而前者仅作为一个门槛，大大提高了能力评价的可操作性。此外，我国部分省市实施的"中等职业学业水平考试+对口招生统考"的组合模式与瑞士的职业考试制度相似，考虑到大规模集中职业能力评价的可行性较弱，因此又将绩效评价纳入学业水平考试范围，大大地降低了对技能操作的评价，同时加强了对学生文化素质和专业理论知识的考核，更好地保证了分类考试招生制度的公平性。高等职业院校分类考试招生改革可以参照这种组合模式，将以能力标准为基础的绩效评价作为学业水平考试的主要内容，由省考试院领导，各市同步实施进行，进一步降低统一考试的压力和风险。若学生通过了学业水平测试，则具有参加职业教育高考的资格。考试内容为"3+X"，即语文、数学、英语和专业基础理论。

（三）进一步强化高职分类考试成绩的价值尺度和流通功能

长期以来，围绕职业教育分类考试招生的改革措施通常都难以摆脱体制变

[①] 赵志群，黄方慧."职教高考"制度建设背景下职业能力评价方法的研究[J].中国高教研究，2019（06）：100-104.
[②] 周瑛仪.职业会考：应用技术大学生源选拔的瑞士经验[J].教育与职业，2015（09）：17-20.

革"路径依赖"的制约,即高职分类考试成绩只能在某一专业范围内使用,不能支持学生凭借考试成绩自由地选择学校和专业。持这种观点的人认为,专业人才的培养应坚持专业化的基本原则,再加上高等职业院校的分类考试与普通高考有本质区别,两者无法互通互换。然而,这一观点与当今产业人才需求趋势和人才培养理念并不一致。首先,随着智能生产系统的普及,一线员工的工作方式也有了新变化,其特点主要为:技能操作高端化、工作方式研究化与服务生产一体化。今后,高度复合的专业技术人才是支撑中国实体经济未来发展的基础力量①,这种复合型人才的培养很难通过简单地增加一两门课程来解决。相反,应该采取类似于博士后人才的培养方式,让技术型和技能型人才有两种相似甚至不同的专业成长经历。其次,STWM教育是针对专业领域的教育,职业教育中的信息技术、机械与化工基础理论可以作为普通高中学习与评价的内容,这些内容来源于物理和化学的基本理论,保留了学科知识的系统性和科学性,拓展了学科知识的应用情景与学生的思维方式,具有通识教育的价值。最后,"3+X"考试模式保证了对学生理论基础、专业思维和核心能力评价的准确性。考试成绩不仅反映了学生在某一领域的知识储备,而且部分反映了学生的思维能力和综合能力水平。此外,在学业水平考试阶段已完成操作性考试,使分类考试成绩有了全面反映学生综合水平的依据。因此,基于"学业水平考试+职业教育统一高考"两阶段设计的高职分类考试模式,可以在一定程度上与普通高考成绩相互认可、相互交流,考试成绩也可以作为学生自由选择其他专业的依据。

高等职业院校分类考试招生制度已经有二十多年的历史。从政策构想到实践探索,再到制度化、类型化,这一体系既反映了新科技革命背景下技术知识体系独立性的动力机制,也反映了社会人才观念变革的过程。因此,高职分类考试招生制度改革必须顺应社会对高质量能力本位评价的需要,为促进职业教育高质量发展提供科学有效的评价保障,构建纵横一体化的现代职业教育体系。

三、加大政府投入,强化高等职业教育跨界转型发展的经费保障

我国高等职业教育的发展模式已经从数量扩张逐步转变为质量提升。目前,高等职业教育资金的来源、规模和投资方式都落后于高等职业教育的现有状况,

---

① 徐国庆. 智能化时代职业教育人才培养模式的根本转型[J]. 教育研究,2016,37(03):72-78.

其未能促进高等职业教育的进一步提升。因此，必须加快政府投资制度的规范与完善的工作进程，构建和优化与经济条件相适应的高等职业教育分配政策与成本机制，保障高等职业教育跨界转型发展的经费。

（一）引入第三方机构，促进高等职业院校绩效分配机制的创新

绩效分配是未来财政分配的发展趋势，如今欧美等发达国家都十分重视高校资金的使用绩效，减少固定资金的基本资金，加大绩效考核后的分配，强调教育经费在促进学校教育教学改革、提高使用质量方面的效益。中国目前的主要资金模式为基本项目型（基本+项目支出），因为数据的缺乏和理论的欠缺，高等职业院校出现了"规模大""质量忧"等问题。针对这种情况，高等职业教育资金投入应采用绩效分配制，引入鼓励机制，并注重将绩效数值运用于分配体系中。参考国外的成功经验，把绩效参照用于高等职业教育经费分配，建立高等职业教育经费的绩效参数，进而实施绩效分配。

纵观国外经验，设立第三方具体实施经费筹措、评估经费绩效，让第三方组织对高等职业院校的毕业率、就业率、毕业生工资和贡献进行评估，同时以上述评估结果作为高等职业院校经费分配的依据，以就业质量为基础建立相关绩效考核体系，针对经济转型的发展，为高等职业院校增设环保、信息、机器人等新专业，从而促使院校更加重视改善培养人才的方式，更加关注高职学生的发展状况。虽然绩效评估的实施难度较大，但是我们国家对于绩效评估的展开不能纸上谈兵，只学不练。我国应当构建国家基金成效评估模式，在完善中实践，在实践中完善，同时，在两者间进行持续循环。除此之外还要注重投入产出的评价标准以及绩效评价的方式，通过多种对现有数据的优化算法实施绩效评价。

（二）推行分类拨款，构建高等职业院校绩效的差异模型

高等职业院校类型繁多，因此高等职业院校绩效评价的方法也丰富多样，应当加强各个院校办学特色的建设，对综合性、理工科等高等职业院校进行相应的投资与输出绩效评价，要想细化分类，还可以进一步开展对医学类、工程类、商业类、文学类等类型的高等职业院校的投入产出——绩效的实践研究，并构建基于不同类型学生的培养需求计算的绩效评估模式，从而为绩效分配提供依据。

建立绩效分配模型，要先构建出适应高等职业院校自身状况的绩效评价体系，从高等职业院校投资、输出等各个方面分析相关要素，选取重要指标，运用德尔菲法、因子分析法等方法确定各个指标的重要程度，并由绩效评价体系得出效率值，从而科学地分类发放款项。各政府部门与教育部门在分配经费和

完善教育投入体系时,应当适应社会对于人才的需求,使各类资金向社会需求度较高的院校与办学成本较低的专业集中。

(四)完善社会力量投资高等职业教育的制度,拓展高等职业院校的经费渠道

目前,我国高等职业院校所培养的人才主要服务于行业企业和社会公众在内的全社会。在筹集高等职业院校的资金时,应重视调动各个利益相关主体的积极性,建成多利益主体共同承担高等职业院校办学经费的模式。然而,当今中国对于相关政策法规的建立并不完善,特别是在鼓励第三方资助高等职业院校方面仍有所欠缺。像其他国家的公益资金会、培训会、教学评估、教师机构、教师院校和义务教育机构是教育金融机构的并购主体,政府必须完善高等职业教育的投资机制。那么在中国国情下,改进高等职业教育的成本分担方式以及学校与社会力量之间的新型关系必须以多种方式进行,例如在各种投资问题和各种财务渠道方面采用多元化参与政策。

为了鼓励更多的社会机构投资、参与高等职业教育和科研合作,可以将高等职业院校引入公众资本,鼓励公众在政府的主导下以"建设、经营、转让"的 BOT 模式和股份合作制的形式参与学校实训基地建设和后勤服务,构建高等职业培训制度、高等职业培训捐赠制度和高等职业教育公益基金制度,形成健康的基金体系,改善高等职业教育的经费来源制度。

(五)制定吸引企业投资开展校企合作的相关政策

为了建立现代的职业培训体系,需要深化工业、教育、学校和公司之间的合作。政府必须尽快制定重要的规章制度和政策,公布出台《校企合作促进法》,以促进多方合作。鼓励企业投资,深化合作,并在重要的学校组织中发挥作用;完善由学生和教育行业组织共同创办的学校管理机构对高等职业院校的税收优惠,明确支持利益相关者和学生教育的公司的任务,并给予公司奖励或税收优惠,包括机构教育和培训基金的费用;对于给予各高等职业院校学生实习工资的企业,应当根据情况给予一定的税收优惠。

(六)引导高等职业院校利用自身优势筹资,降低人员经费支出比重

政府可以引导高等职业院校增收节支,构建并发展其他多元化的融资渠道加强高等职业院校的经费建设。实际上,一些高等职业院校通过有偿服务和资金运营筹集资金是可行的,如使用自己的教学科技设备和相关培训对外提供有偿服务;从市场要求出发,充分体现其各方面优势,为社会开展各种培训服务;

依托人才特色、税收优惠和实用科技成果,建立相关的经济实体和服务机构,不仅可以增加收入,也能够充分服务社会,发挥高等职业院校的重要功能。因此,政府应增大高等职业院校的自主权,倡导高等职业院校服务大众,并逐步增强造血功能,完善学校经费结构。解决部分教职人员经费比例太高、内涵建设困难的困境,提高高等职业院校自身发展能力。

(七) 加强高等职业院校经费使用效率的监管力度

根据有关法律法规,健全教育评价和监督机制,将高等职业教育财政的拨款依据、资金使用效率、设备采购、经费筹措和建设实训基地等贯穿于高等职业教育财政的全过程,促进高等职业教育稳中有升的发展。我国现今对于高等职业院校的资金分配机制仍有所欠缺,且较主观。由此,应当构建高等职业院校绩效管理评估体系,实施相关评估事项,将《高等职业院校绩效考核报告》提交给教育行政部门,并且监督高等职业院校毕业生的就业真实率,加强处罚毕业生虚假数据等行为,避免"学生被就业"和"虚假就业数据"的情况,对不同类型学校的绩效考核进行全方位的比较,在确保常规预算拨款的基础上进行业绩评估的问责制,特别要注意对资金使用效率较低的高等职业院校进行责任追究,充分体现资金的效能。

在通识教育服务的基础上,高等职业院校也应加强绩效考核和资金使用考核。加强预算管理,优化高等职业院校管理结构,促进高等职业院校内部文化的发展,构建政府和高校共同参与的体系,规范权力,明确职责。建立预算管理体系、绩效考核体系、预算编制体系和项目数据库,加强对高等职业院校预算管理体系的外部与内部的监督与控制。检查高等职业教育经费的使用情况,建立并完善高等职业教育经费绩效考核机制,充分利用考核结果,健全高等职业教育改革与发展的政策措施,促进高等职业院校成本的有效管理。完善资金使用内部审计和控制制度,根据有关规定披露财务信息,自觉接受教师、学生、员工和社会的监督,确保资金的安全、规范、有效使用。

第二节 完善我国高等职业院校的内部治理结构

依据教育部关于提高高水平高等职业院校内部治理水平的主要任务分析高等职业院校内部治理理念从示范时代向优质时代转变的趋势,课题组认为,优质学校建设时代高等职业院校内部治理应注意以下问题：第一，体现职业教育的特点，具有跨界思维，注重实现产教深度融合；第二，学校要因地制宜、因材施教、具有独特性；第三，高等职业院校不能完全否定以前的治理模式，应当注重继承和创新。例如，在从官僚管理向网格化管理转变的过程中，并不否认官僚管理的优势；第四，要动态适应职业教育改革和发展的需要，及时进行制度变迁。具体策略如下：

一、推动产教融合，不断完善高等职业院校内部制度体系

制度是由个人或组织生产和提供的一种公共物品。由于环境的变化、人的有限理性和资源的稀缺性，制度的供给往往是有限的。然而，正是因为环境、理性与资源的变迁，当人们的认识有了提高，现有的制度就不能满足社会发展了，即制度供求失衡，这时制度变迁将发生。由制度变迁理论可得，动态系统的运行是在替代原有系统的制度变迁。治理则是通过制度来约束利益相关者，使利益相关者实现自治。企业制度是公司治理的核心，应当建立完善的企业制度，应当在适应工学结合、校企合作、产业与教育一体化的基础上，进一步完善高等职业院校的制度。

首先应当不断完善制度，推进教育改革，动态适应人才培养和发展的需要。打破以往对政府的路径依赖和思维定式，采用跨界思维，适应技术变革和产业升级的需要，提供公共服务产品，适应集团办学、国际合作办学的需要，推进中高职一体化办学、混合所有制、现代学徒制等办学模式改革，强化制度保障，建立动态的制度体系，促进产业转型升级和职业教育转型发展的需要。

其次，权力越位应受到制度的制约。目前，大多数高等职业院校都建立了二级管理框架，但二级管理体系的完善和实施还不到位。在优质学校建设中，要把改革重点放在中层的管理制度上，落实高等职业院校的科研、人事、招生、财务等相关标准，激发基层组织的积极性和主动性。

二、建立平等协商机制，理顺高等职业院校内部治理主体结构关系

高等职业院校内部治理是利益主体博弈的结果，高等职业院校内部治理主体的结构关系反映了高等职业院校内部治理主体的数量、关系和比例，这些主体彼此监督与被监督，存在着自下而上的隶属关系以及平行的契约关系。应当通过治理结构的优化和合理化实现这些多元主体之间的关系平衡。

第一，推进大部制改革，将职业相近、资源共享的部门集中整合、精简领

导、控制部门编制，以解决职能交叉、权力界限不清等问题，实现"小部门大职能"，促进各部门高效运行。例如，在大部制改革中，一些学校将人事部与组织部合并。

第二，建立利益主体集体决策机构。为了保证决策的科学性，根据职能和权力归属制定不同的政策利益相关者组成的集体决策组织，如大学理事会、专业建设指导委员会、学术委员会、教科书委员会、家庭委员会、教师代表大会、学生代表大会等充分发挥其决策作用。

三、适度下放管理权限，完善校院二级管理模式

现代高等职业院校对于学校内部的管理，其主导力量不再仅仅是权力，而是制约个人、组织和利益关系的强制力量。行政、民主与学术的权力分别代表着不同的利益团体，同时其运行方式和作用也不尽相同。在素质教育时代，职业教育功能的拓展、教育水平的提高、职业发展的拓展、学校主体的多元化增强了教育资源的复杂性管理，以前的一级管理模式难以适应以上变化，这时候需要开展二级管理模式。这是为了适应由单一专业管理向专业群管理的转变学科建设，重塑中等学校、高等学校和职业群体的权威，促使中等学校成为能够自主办学的学校。

首先，要科学系统地建立二级管理体系，形成二级管理办学运行机制，引导和协调各职能部门、办学自主性强的办学单位，将高校办学目标同教师个人目标有机地结合起来，并实施目标，对其进行年度评价和反馈；其次，对高等职业院校进行重组，将相关岗位、相似职业和专业资源按照职业群体的要求进行重组，建立二级学院，形成新的二级学院组织体系；再次，根据需要将行政权力下放给二级学院。例如，在财务独立性方面，二级学院主要具有资金核算、分配和监督的能力；在人事自治方面，二级学院具有为人才提供服务、构建人才标准的能力。

四、升级治理手段，推进高等职业院校现代化治理

高等职业院校内部管理制度与管理能力是紧密联系在一起的有机整体，内部管理制度是一个综合性、长期性、基础性的管理制度，是加强高等职业院校内部管理从模式时代到素质时代转变的体系。然而，高素质的高等职业院校的管理效率必须协同合理的管理方法，因为管理方法影响着高等职业院校内部管理能力。高等职业院校从示范性学校到高素质学校，其治理手段从传统到现代

经历了巨大的转变，包括法律、技术、经济、行政和竞争手段。就高等职业院校内部管理而言，必须以技术和法律手段为主，加强高等职业院校治理的建设。

第一，提高内部管理的信息化水平，对信息进行整合，将政府平台改革为综合服务资源平台，注重信息之间的互动与回应，构建快速回应的信息管理平台。例如，可以整合高等职业院校人员管理平台的功能，实现各个学校之间的信息共享，构建网络化的内部管理信息平台。第二，努力建立决策民主化的信息平台，利用信息技术提高决策主体的透明度和决策主体之间的互动性科学决策，提高管理效率。第三，可以利用信息技术手段，加强质量管理，实时采集和分析信息，建立自我诊断标准，完善内部机制，提高自主发展能力，保证人才培养质量。第四，以法律手段激活高等职业院校改革发展的动力，完善高等职业院校的制度，进一步完善人才、科研、教学、财政以及其他工作的程序，使办学规范科学有效，不断提高校长、教师、学生、合作企业的法律思维，实现依法治校。

五、加强执行与监督，形成高效有序的治理机制

治理机制是在不断完善高等职业院校内部治理体系的基础上形成的一种具有高等职业院校特色的运行模式①。根据高等职业院校内部治理机制的功能，可分为激励机制、监督机制、约束机制、决策机制和执行机制，其中执行机制、激励机制、监督机制和约束机制是高等职业院校内部治理机制建设的灵魂和核心。

一是在修订章程的基础上，结合职业教育的特点和学校的实际发展，制定职业教育的工作流程、操作规范、议事规则、程序和组织规则，严格按照行政法规和章程进行管理和执行，促进职业教育的政治化、民主化、法制化、规范化运作。二是建立第三方监督体系，让权力在阳光下运行，确保治理的有效运行，建立内部监督委员会，二级学院建立二级监督体系，接受招生、人事、就业、质量、财务等方面的公众监督，并采用第三方评估，以确保评估的公信力。三是利用学生代表大会、教职员工代表大会、家庭委员会等民主审议机构，确保不同利益群体的教师、学生和家长能够了解和监督学校的重要事项。第四，建立相关的处罚和责任制度，对超出制度和权力界限的事情进行处罚，确保制

---

① 周建松，陈正江. 高职院校治理体系现代化：理论意涵与实现机制[J]. 现代教育管理，2016（07）：6-12.

度的执行受到约束。

从示范性学校到高素质学校,高等职业教育的内部管理理念和本质都发生了变化。随着高等职业院校内部权力向多元化、集中化方向发展,在以人为本理念的指导下,高等职业院校的核心管理也在发生着向主体多元化、手段现代化、内容综合化的转变,这也是过程互动协调模式的理想条件。而高等职业院校的建设也需要顺应变化,以产学研相结合为主线,进一步加强内部管理制度建设,提高管理水平。

第三节 创新高等职业教育跨界转型发展体制

一、机制建设的内容:制度安排与组织建设

机制建设的主要内容有制度和组织建设。诺斯解释道:制度是一个社会的规则,是人为设置的约束,用以构建人类的互动行为。制度的作用是建立人与人之间稳定的互动结构。它包括正规系统和非正规系统(斯科特将其理解为监管要素、规范要素和文化认知要素)。① 组织是由个人组成的团队,受共同目标的约束,以实现某些目标、制度、制度变迁与经济成就。斯科特也从三个角度对组织的定义表达了类似的观点。从理性的角度来看,组织是一个非常正式的集体,它的目的是达到特定的目标。从自然的视角来看,组织是一个由矛盾驱动的自我实现的社会体系;从开放体系的角度看,组织的基础是不同行动者之间的联盟活动②。组织与制度的联系有三种类型:一是以诺斯为代表提出的博弈规则,即组织是参与者。二是奥利弗·威廉姆森等提出的"组织是一个系统"的联系;三是迈耶等提出的组织结构和关系过程。现代组织也是一种制度。因此,高等职业院校中的组织与制度之间的联系主要表现在规范性建立上,两者之间有着密切联系。

---

① [美]道格拉斯·诺斯. 制度、制度变迁与经济成就[M]. 上海:上海三联书店,1994:5-7.
② [美]W. 理查德·斯科特,杰拉尔德·F. 戴维斯. 组织理论:理性、自然与开放系统的视角[M]. 北京:中国人民大学出版社,2011:37.

二、制度创新的一般逻辑

高等职业教育区域一体化体系的构建应由制度创新来强化主导。制度创新指的是分析了成本效益之后，对正式制度进行的改革。制度创新的条件是预期收益大于预期成本。L. 戴维斯和诺斯提出了制度创新的架构：创新的收益是创新的内在动力。如果预期收益增加或是预期成本降低，就会打破原有的制度平衡。创新利润的产生与创新活动的落实之间存在着时间差，即使组织在理解利益之后做出相应决策，也需要时间去沟通和形成团队。① 同时，政府有着主体地位，高等职业院校也是创新主体，两者之间联系的关键内容也是制度创新。

第一，就制度创新的定义而言，高等职业院校与区域整合的制度创新有利于解决高等职业教育与区域之间的各种现实问题。制度创新的范畴主要包括两个方面：教育体系内部和职教与区域合作的关系。

第二，从制度创新的主体来看，高等职业院校与区域整合的制度创新是对高等职业院校、区域要素及其共同体的规范。这些组织都是制度创新的主要组成部分。

第三，在制度创新的内容上，高等职业院校和地区的制度创新还有相关法规以及规范性的规章制度和资格框架。这些方面的完备为高等职业教育提供了较为稳定的保障。为了规范其主要目的，高等职业院校与区域一体化不仅要求制度规范，更要求完善一体化机制，提高一体化的效率和质量。

第四，基于制度创新的区域一体化的高等职业院校制度创新，通常发生在高等职业院校的生存环境、教育质量发展水平、战略目标等方面错位的状况下，这主要是为了减少这些失误的负面影响。

三、组织建设中的跨界安排

高等职业院校与区域一体化要求通过组织创新来协调不同参与者的需求。组织创新是指企业在组织结构、模式和制度等方面的创新。高等职业院校组织创新设计的前提是，高等职业院校的自然资源必须与区域性实体进行平等交易，如高等职业院校与公司、政府和其他社会团体的互动。实现合作不仅需要规则，还需要一定的组织制度。组织制度既是制度的实施主体，又是制度的受益者。

高等职业院校的跨界属性以及与区域的跨界互动对组织创新提出了新的跨

---

① 金吾伦. 创新理论新词典[M]. 长春：吉林人民出版社，2001：366-367.

界要求。跨界是指从业人员必须在边界之间流动，以查找或解释信息和工具。跨界就是指进入不熟悉的区域，这是创造性的行为。① 姜大源教授对职业教育的跨界解读是，职业教育跨界行业与学校、工作与学习，它跨越了高等职业院校与区域深度融合的领域：观念转变与机制建设、产业与教育。高等职业教育不再是学术方面的高等教育，而是两个或两个以上学习场所的高等教育。② 同样，高等职业院校和地区的整合是通过组织之间的互动和共生，以及人员、资源和信息的跨界流动来实现的。这种跨界互动活动的正常运作，对两个组织的整合提出了更高的要求。在各院校与地区的合作中，鉴于参与主体和利益需求的多样性，这种教育活动的跨界性已经转化为办学的跨界性。

跨界组织的有效性来源于不同体系的跨界参与，它与以前的高等职业院校和区域性学科密切相关，但也不同于它们的工作性质、互动模式和效率。因此，基于跨界安排的组织不仅要包含不同利益相关者的利益诉求，还要实现跨界合作与组织实体内部决策之间的互动。

组织建设的跨界性在实践中表现为两个方面。首先，高等职业院校的组织改革是基于跨界的。高等职业院校的改革要与跨界合作相契合、协调组织内部利益的分配；第二，高等职业院校与区域要素实体的跨界组织建设。基于跨界安排的组织创新不仅符合高等职业院校跨界性质的约束，也符合不同利益相关者的共同利益目标。高等职业院校从对区域的资源依附向区域经济政策的自主性转变的背景是：高等职业院校与区域经济政策之间的关系发生了变化。因此，在高等职业院校与领域整合的"引领"阶段，高等职业院校需要通过提高服务能力与质量来发现自身价值。高等职业院校的制度创新应着眼于从依赖发展到公平互利的制度建设。

---

① 王晓芳. 从组织实体到跨界安排：理解大学与学校伙伴关系的两种路径及其综合[J]. 教育学报，2014，10（06）：118-126.
② 姜大源. 中国职业教育发展与改革：经验与规律[J]. 职业技术教育，2011，32（19）：5-10.

第四节　拓宽高等职业教育跨界转型发展的人才培养路径

一、区域经济发展推进高等职业院校特色专业群建设

（一）政府宏观调控，统筹区域内高职特色专业群布局

政府有关部门应同地方发展和改革委员会、工业和信息技术部门、人力资源与社会保障部门等加强指导制定区域高等职业院校发展计划，按照区经济、社会和工业的长期计划，制定职业教育在不同阶段的不同目标，促进高等职业教育与区域产业的共同发展。政府部门应当联合教育部门按照国民经济和科技发展的总体需求和方向，统筹规划经济和社会发展的产业结构，结合地方办学定位、办学优点和办学方针，引导高等职业院校加入区域主导产业，扶持战略性新兴产业建立具有自身特色的专业群，实现专业群与区域特色产业布局的统一。

（二）构建校企命运共同体，推进区域内特色专业群错位发展

高等职业院校和企业应遵循基于价值的取向，平衡投入和产出的社会交换，为社会构建生态优势，为经济和社会发展提供内生动力。以一流特色专业群建设为基础，与对接产业链运营商紧密合作，充分发挥自身优势，理解合作与资源共享，推动创建校企命运共同体。具有动态适应和自我保护的专业群体的设计和发展机制，以及"转移"发展战略的实施，区域内特色专业群建设应侧重于不同产业链中的中、上、下游；不仅要着眼于产业链、工作网络和技术链对人才的整体需求，还要着眼于完善各自人才培养服务的定位；实现技术技能人才培养的供给侧与行业需求侧的动态适应：在区域经济发展和产业基地培育中由职业学校、产业组织、公司和机构、研究机构等组成的职业教育集团的创建，以及学校和企业共享未来的社区的创建，将发挥不可替代的作用。[①]

（三）对标世界一流，打造区域内特色专业群国际品牌

我国高等职业教育要想达到世界水平，就必须成为一个国际品牌。各个院校应积极服务于区域重点产业。首先要试图引进国外先进、实用的专业标准和

[①] 马成荣，孙杨．"双高计划"视域下高职院校专业结构优化调整的路径与策略[J]．职业技术教育，2019（24）：12-17．

数字教育资源，其次要增强与国外知名行业、跨国公司、发达国家在职业教育、专业实验室建设等方面的交流与合作，并与国外高水平大学建立培训基地，共同开发课程，建立师生交流、信用互认、人才培养等合作关系具有国际视野，熟悉国际规则的技术人员。这样有利于"中国企业"走出去，提高国际生产能力，加强中外合作与文化交流。目前，国家已出台相关政策，呼吁建立长期的国际交流与合作机制，支持职业学校在"一带一路"沿线国家建立中国和国际研发机构人才培养基地，促进企业培养和适应"走出去"需要的技能型人才；组织国际职业教育会议，促进中外文化等交流，提高国际课程资源共享、产教整合资源和人力资源展现国际对话能力；通过参与制定国际职业教育标准，制定国际职业标准和课程体系，提高国际话语权，打造中国职业教育品牌。

二、构建高等职业院校跨界学习模式

综合型人才培养是高等职业院校采用的一种教师与学生同时教、同时学、同时做的教学方式的创新。必须发展高等职业院校跨界学习模式。作为一个技能型人才，所有学生都需要接近专业岗位的要求。在发展一体化教学、学习和操作方法时，高等职业院校必须加强与企业家的合作，并改善学校的工作条件。

一方面，要贯彻落实党的十九大对职业教育的要求，坚持职业教育促进经济社会发展、促进就业。努力提高学生的基本职业素质，允许学生进入社会学习和锻炼，在职业生涯中继续学习和再学习。从传统职业教育到校企合作教育，使课程内容更贴近生产实际。

另一方面，改善学校工作条件，推进重大改革和基础性发展，真正深化教育产业与校企合作等一系列措施，对于提高职业教育和培训的影响非常重要。应尽可能地调整学习时间，给学生更多的实践时间。理论学习应与实践教学充分结合，使学习工具更能适应业务发展的需要。转入校企合作的人才应根据创业资源、产业资源和市场经验，找到一个重要的实践层面，改善学校工作条件，加强企业合作。

三、凸显办学特色，构建动态均衡治理格局

在转型和现代化过程中，高等职业院校应突出学校管理的特殊性，强调地方政府、行业和教育机构之间的联合学校管理，了解当前学校资源的最佳配置、提升学校现有活力、促进学校现有地位和技能的提升。学校可以采用政府和商业双重做法，充分发挥各自在产业规划和技术研发方面的优势，促进培训基地建设和学生就业,提高学校的持续生存能力,逐步建立政府投资管理、学校、学校的动态平衡治理结构,加强教学和商业平台。通过政府和商业联合重建,高等职业院校可以将商业支持和政府支持有机地结合起来,形成"人才联合培养、责任共担、成果共享"的机制①。

(一)坚持社会主义办学方向,强化服务国家重大发展战略的意识

首先,应当明确学校是如何面向社会主义培养人才的。中国高等职业院校的主体是公立大学,具有行业特色的高等职业院校100%是公立大学。这要求中国高等职业院校需要清楚了解社会学校的政策,认真落实全国高校思想政治工作,确保高等职业院校人才为人民服务、为党的领导服务、为巩固和发展中国特色社会主义制度服务,开放和社会主义现代化。其次,当前学校的使命践行需要加强,以便优先实施国家主要战略。这不仅是高等职业院校的使命,也是高等职业院校了解新时期行业发展的重要机遇。

(二)注重学校内涵建设,回归人才培养特色

首先,高等职业学校应该回归到提高质量的价值观。英国理工学院最初是为了培养应用技能而成立的,然而,大学建成后,其培养目标往往是一所综合性大学的学术品格,导致其自身的特色有所弱化。在中国高等教育大众化的过程中,许多具有行业特色的高校盲目追求完美,扩大特色,使资源多样化、有限化,消除原有的传统专业优势。中国高等职业学校的发展已经从以投资、规模和速度为代表的扩大发展,转变为以结构为中心的部门发展,就世界高等教育而言,不同大学之间的差异并不等于水平的差异,如果所有大学都想成为社会认可的一流大学,他们必须做好质量工作,培养优秀人才;其次,具有行业背景的优质职业学校应该回归行业,为特色人才提供培训。对于具有行业背景的大学而言,内涵式发展是其重返行业、了解特色服务业发展的重要机会。但随着时间的推移,高等职业院校在不断发展的产业中,应注意拓宽产业维度,扩大合作范围,深化合作层次,实现学校与专业链的有效衔接。在职业教育发展过程中,具有工业背景的大学可以利用其固有优势,积极从工业企业中寻找有利的企业和人才资源供应,以吸引工业企业。工业企业是参与整个人才学习过程的主要机构之一,包括自营、面试演示和关键设备的动态调整,开展实验培训和职业培训,通过产业与教育深度融合,将产业要素融入人才学习全过程,

---

① 殷建国.基于产业转型升级的技工院校人才培养策略研究[J].企业改革与管理,2019(14):84-85.

突出学校当前特色，培养产业人才，实现高质量发展。

（三）弘扬工匠精神，以建设高职文化为价值引领

文化是高等教育和职业教育的软力量，它不仅能积极激发学生的精神，还能影响学生的思维、提高学生的素质，在内容建设过程中，高等教育不仅要在技术层面上有所突破，更要在文化层面上有所体现、有所建树，在发展中有所体现、有所成长，突出教育文化素质的发展和特点，构成具有自身特色的高等教育文化。近年来，扬州工业职业技术学院在"工艺精神"的引领下，开展了提高文化教育和职业素质的实践活动。第一，高等教育的文化涵盖与人才培养过程相关的工业、贸易和专业文化的需求；第二，加强人文教育，将社会主义基本价值观纳入主要内容，培养学生的责任感、敬业精神和感恩精神，培养学生的公民意识和团队精神，创造独特的职业文化。

四、培养双师队伍，助力高等职业院校跨界转型发展

（一）打造双师素质项目"增强版"，构建教师多元化职后培训模式

根据职业教育的"跨界"特征，"双师型"教师不仅要具有专业学科和职业教育知识，还要能够基于工作流程开发实施教学。为了提高高校双师型教师素质的研究，应当基于工作流程和能力建设的建立创新服务，这也是在所谓的"双课程"框架内组建高水平双师团队的关键要求，用以提高双师教师的质量，为教师创造高水平的在职培训，为教师发展奠定坚实的基础。

1. 重视规划打造教师发展示范中心

在规划教师发展方面，既要充分借鉴国内外学习中心建设的成功经验和工作原理，又要密切关注职业教育的发展规律和特征，制定既能满足自身发展需要又能展示自身优势和特点的未来规划，特别是 VR、5G 和其他信息和数字技术在教育和培训中的广泛融合，导致了教师需求的变化。高等职业院校要注重建设规划：在职业培训项目体系方面，目标是开发满足新时期职业教师的资源需求新项目，继续完善传统的培训项目，适应教师教学技能的发展，从校本培训、外部研究和辐射推广三个方面广泛促进教师在工作场所的发展。

2. 统一标准校企共建双师培训基地

关键任务是根据国家关于建立双师教师培训基地的期望，制定设计标准，包括资格标准、施工工作、主要支持点和绩效评估，与区域内高新技术产业企业进行合作，根据国家要求与专业建设情况，培养国家、省、大学等不同层次的人才，通过组建专兼职培训团队，共同培养教师的教学能力、开发培训项目的能力，特别是与研究和开发有关的实践能力和技术，提高企业产品技术水平，解决"双师型"教师培养问题。

3. 分层分类培育教学创新优秀团队

一方面，高等职业院校要以主体专业群为重点，结合"三教"改革，整合模块课程群，探索平台课程、课程群、项目群、咨询群、工作室等多种形式的教师共享与合作，创建一批类型化、结构化的教师创新团队，在模块化学习系统中实施 IT 支持和创新。另一方面，高等职业院校应审视监督问责制下的结构化团队合作机制和安排，充分发挥优秀人才的团队效应，加大激励力度，建设国家、地区和学校教师培训创新团队，构建渐进式创新群体培训体系。

（二）构建"组合型"教师评价机制与"双师型"教师评价体系

高等职业院校要围绕新时期建设高水平双师型人才队伍的目标，一方面注重教师定期、规范的评价与有针对性、循序渐进的评价有机结合，另一方面注重绩效考核条件的合理布局，突出职业教师资源的专业性、技术技能、人才培养和创新服务绩效特点。应根据评价体系的具体内容，制定和完善以下核心体系：

1. 建立双师素质认定机制

政府部门应加快建立双师资格认定机制：一是建立明确分工的认定制度，在国家层面制定国家标准和政策。一方面，省级教育主管部门负责组织和实施对该省教师的资格认定工作，另一方面，还要完成与其他省份双师素质认定接轨并轨的工作，高等职业院校负责具体开展本校"双师型"教师认定工作。二是建立相对统一的认定机制，高等职业院校应当结合实际情况颁布双师型教师认定激励政策，让教师积极主动地参与双师型教师资格的认定，将双师型教师的素质从外部要求转变为内部驱动力；制定定期滚动机制以保证双师型合格教师的素质，并规定所有教师必须在每个周期（如五年周期）进行新的鉴定，以保证"双师型"教师的个人素质和师资队伍的整体水平；随着高等职业院校教学诊断和改进系统工作的持续开展，建立"双师型"教师身份识别数据平台，实现"双师型"教师建设的预警和动态调整功能成为高等职业院校跨界转型发展的必经之路。三是教师评价与考核的理想结合。通过对教师教学绩效的评价、职后评价、定期对职业教育培训的评价，研究建立具有职业教育特色的教师评价体系，包括资格认证体系，双师型教师质量评估体系和单项能力的不定期评估（如专业评估、课程设计和课程改革、教师资格评估等），为个性化和专业发展保驾护航。

2. 完善职称评聘业绩条件

对师德实行"一票否决权",消除"五票否决权",建立一系列以投入、能力和效果为导向的教师评价标准。提高教师资格和就业的现行绩效标准,强调教师的创造能力和实践能力,如教学行业的创业经验、基于工作流程的课程开发成果、核心技术管理、产品开发和技术开发等;逐步将专业和技术等能力的评估和级别结合起来;为分层和分类岗位的绩效建立统一的绩效评估标准;实现专业和技术岗位的动态就业,实现"职业可以提升或降低,工人可以进入或离开,待遇可以高或低"的灵活用人机制目标。

五、形成服务优势,构建高职跨界转型发展的动态专业布局

第一,要关注当地的实际需要,动态调整专业设置,高等职业院校要从当地经济社会发展的实际需求出发,合理安排学时,改善和调整学校的专业结构,使之与地方专业结构和产业结构相适应。第二,要注意工业现代化的要求,完善专业布局。高等职业院校应从区域经济转型和优化入手通过校企合作动态调整学科定位、优化资源配置、完善专业布局[①]。第三,关注国家重点战略需求,为新的合作项目创造增长点。积极整合自主创新体系,参与科技创业和关键技术实施,加快传统产业转型和现代化,为品牌建设提供技术支持,创建专业人才培养体系。行业和企业的技能需求是高等职业院校创建人才培养体系的基础。许多学生无法找到合适的工作,比如汽车维修专业学生,主要原因是高职培训体系的理论和实践工作出了问题,导致其培养的一些毕业生实践技能差,难以满足现代企业的需求。[②] 在这种情况下,关注工业企业的需求尤为重要,高等职业院校应当培养学生的实践能力和创新能力,提高学生的综合素质。在社会实践过程中,高等职业院校也应该关注不同行业的工作岗位要求,培养高水平的运营人才,注重技术技能型人才水平的提高。

六、找准着力节点,促进高等职业院校服务水平的提高

在转型和现代化的过程中,高等职业院校面临着许多挑战,如个体技术服务多,协作抱团服务少,小项目小促进多,高水平高效益少等。在实际操作上,

---

① 李北伟,贾新华. 基于产业转型升级的高职院校专业设置优化策略研究——以广东省为例[J]. 中国高教研究,2019(05):104-108.
② 包凌烽. 产业转型升级背景下中职汽修专业建设发展趋势[J]. 汽车维护与修理,2019(10):43-44.

第一，要转变服务模式，整合内外资源，搭建创新平台和创新团队，充分发挥研究团队的集群效应。第二，改变服务点，学校要主动与当地企业建立联系，拓展合作方式和渠道，在项目对接、科技研究等方面广泛开展校企合作，通过系统设计和设计，在成果孵化等方面积极介入区域产业，为区域产业链应用技术开发和关键技术研发提供有效解决方案，为区域产业转型和现代化提供系统支持，在实施高等职业教育培训机构转型升级的同时，为区域产业转型升级提供系统化支撑。第三，要改变服务成果，提高初期"数量扩张"的质量，注重区域发展战略和经济社会发展的需要，突出科技成果教育，实现"攻关"，重大成果上一个新的台阶，努力实现"增强科研实力，提高高校改造水平，提高服务质量"的目标；通过国际合作，高校可以搭建新的技术交流平台，实现转型和现代化，积极部署高科技，更新课程体系，让其在本地经济转型和现代化中发挥充分作用①。

七、强化学科特色，优化高等职业教育专业发展模式

第一，加强专业链与国内产业链的衔接，结合当地经济发展战略和产业转型、现代化的实际需要，明确专业发展方向，优化专业结构，通过组建一个支持经济和社会发展的多学科综合研究团队，发挥专业与地方产业之间的协同作用，重点关注地方产业结构调整的需要，促进专业改进；第二，强调学校和企业之间的联系。高等教育机构应该建立在地方、工业导向、商业基础和校企合作的基础上，提高它们对当地经济和社会发展的贡献，尝试着以多维、立体和高层次的方式发展学校与公司之间的合作。在转型和现代化过程中，高等职业院校应当根据自身实际情况，选择校企合作的最佳形式；第三，理解国际发展与服务当地经济之间的联系。高等职业院校要想形成自己独特的优势就需要跟随时代发展的步伐，加强与其他国家之间的沟通与交流，积极学习和吸收最新的办学理念，拓宽人才培养的视野，通过国际视野分析当地经济和社会发展的需求。

此外，新的理念要求发展现代职业教育中的教师专业能力，高等职业院校应当整合优良的职业教育资源并对教师进行多学科教育和培训，实现教师自身所能创造的价值的最大化。

---

① 王应标，庄卫军. 新形势下校本教研转型升级的路径探寻——以江苏省清江中学的实践为例[J]. 江苏教育研究，2019（10）：49-52.

附录1　高职学生调查问卷

各位同学：你们好！

为了调查了解高等职业院校跨界转型发展现状，教育部人文社科基金课题组（题目：《新时代我国高等职业教育跨界转型发展的路径研究》；项目批准号：18YJA880043；主持人：李国年教授）拟定本问卷，请各位同学根据实际情况独立填答。本问卷仅供课题研究之用，对填答作匿名处理。

谢谢各位同学的支持！

课题组
2021 年 6 月 29 日

1. 您的年级是：_____
2. 院、系：_____
3. 专业：_____
4. 你的性别（　　　）
   A. 男　　　B. 女
5. 你是否是独生子女？（　　　）
   A. 是　　　B. 否

6—35 题是关于高等职业院校跨界转型发展下人才培养现状的问卷调查，请同学根据自己对描述问题的看法，在表中最合适的答项处打钩"√"。

序号	问题描述	完全不赞同	比较不赞同	一般	比较赞同	完全赞同
6	我希望我所从事的工作能够提供给我增加知识和技能的机会	1	2	3	4	5
7	无论我所做事情的结果如何，只要能够感觉到我得到了新的经验，我便会觉得满足	1	2	3	4	5

续表

序号	问题描述	完全不赞同	比较不赞同	一般	比较赞同	完全赞同
8	只要做的是我乐于做的事，我不那么在乎分数和奖赏	1	2	3	4	5
9	我乐于从事那些会使我专心得忘却一切的有兴趣的工作	1	2	3	4	5
10	对我来说，最重要的是喜爱自己所从事的工作	1	2	3	4	5
11	我十分清楚我的目标或目的是追求好成绩	1	2	3	4	5
12	对我而言，成功意味着比别人做得更好	1	2	3	4	5
13	我更关心的不是我做什么工作，而是从中得到什么回报	1	2	3	4	5
14	对我而言，我所能赢得的成绩是推动我去努力的主要动力	1	2	3	4	5
15	能赢得他人的肯定和赞赏是推动我去努力的主要动力	1	2	3	4	5
16	我知道外界对我所学专业的评价	1	2	3	4	5
17	我觉得专业学习过程给我带来了很大的乐趣	1	2	3	4	5
18	如果他人问起，我很乐意告诉别人我所学的专业	1	2	3	4	5
19	我经常和同学交流讨论与专业学习有关的问题	1	2	3	4	5
20	我经常阅读和自己专业有关的书籍	1	2	3	4	5
21	专业课上我能认真听讲	1	2	3	4	5
22	做人比做事、做学问更重要	1	2	3	4	5
23	个人只有在集体中才能更好地发展	1	2	3	4	5
24	在考虑利益问题时，应首先考虑国家和集体	1	2	3	4	5
25	您是否认为人生只要努力，一定就会有回报	1	2	3	4	5
26	金钱是衡量人生成功与否的决定因素	1	2	3	4	5
27	人生的价值在于奉献	1	2	3	4	5

续表

序号	问题描述	完全不赞同	比较不赞同	一般	比较赞同	完全赞同
28	在未告知的情况下，随便用朋友的东西（反向计分）	1	2	3	4	5
29	天下文章一大抄，用别人的文章拼凑作业（反向计分）	1	2	3	4	5
30	利用网络发布不健康、不负责任的信息（反向计分）	1	2	3	4	5
31	对"长明灯、长流水"的现象视而不见（反向计分）	1	2	3	4	5
32	对于上课迟到，您怎么看（反向计分）	1	2	3	4	5
33	对于上课期间做与课程无关的事情，您怎么看（反向计分）	1	2	3	4	5
34	您如何看待考试作弊现象（反向计分）	1	2	3	4	5
35	在公共场所男女同学过于亲昵（反向计分）	1	2	3	4	5

36—48题是关于高等职业院校跨界转型发展下立德树人现状的问卷调查，请同学根据自己对描述问题的看法，在最合适的答项处打钩"√"。

36. 中国特色社会主义理论体系是马克思主义中国化的最新成果

  A. 了解   B. 不了解   C. 说不清

37. 您了解中国梦的内容吗？

  A. 了解   B. 不了解   C. 说不清

38. 您觉得关心国家大事，对你生活重要吗？

  A. 不重要 B. 重要   C. 没感觉

39. 您是否愿意加入中国共产党？

  A. 愿意，我刚入学不久就已经提交入党申请书

  B. 我在老师以及身边同学的影响下，已经提交入党申请书

  C. 我在父母的要求之下主动向党组织靠拢，但是个人并不具备入党意向

  D. 目前还不具备入党意向

  E. 未来也不会考虑入党

40. 您如何看待金钱的重要性

A. 金钱是人生唯一

B. 金钱是基础，但其他的也很重要

C. 钱有则有，无则无

41. 您希望将来在社会上工作，能实现什么？

  A. 富裕的生活 B. 美满的家庭 C. 事业成就 D. 回报社会

42. 您是否到企业实习过，若没有，请跳过本题。若有，请回答，在企业实习中，您意识到诚信的重要性吗？

  A. 意识到了 B. 没有意识到 C. 不清楚

43. 贵校开设的《思想道德修养与法律基础》课程的授课形式主要为？

  A. 唯书本，满堂灌填鸭式教学 B. 教师主导，学生参与的互动式教学

  C. 学生主体，教师引导的互动式教学 D. 专题式教学（教学内容包括：观影、线上线下讨论、参观教育基地、社会实践等）

44. 贵校开设的《毛泽东思想和中国特色社会主义体系概论》课程的授课形式主要为？

  A. 唯书本，满堂灌填鸭式教学

  B. 教师主导，学生参与的互动式教学

  C. 学生主体，教师引导的互动式教学

  D. 专题式教学（教学内容包括：观影、线上线下讨论、参观教育基地、社会实践等）

45. 贵校开设的《形势与政策》课程的授课形式主要为？

  A. 唯书本，满堂灌填鸭式教学

  B. 教师主导，学生参与的互动式教学

  C. 学生主体，教师引导的互动式教学

  D. 专题式教学（教学内容包括：观影、线上线下讨论、参观教育基地、社会实践等）

46. 您对学校开设的《思想道德修养与法律基础》课程的满意度是？

  A. 非常不满意 B. 不太满意 C. 一般

  D. 比较满意 E. 非常满意

47. 您对学校开设的《毛泽东思想和中国特色社会主义体系概论》课程的意度是？

  A. 非常不满意 B. 不太满意 C. 一般

  D. 比较满意 E. 非常满意

48. 您对学校开设的《形势与政策》课程的满意度是?
   A. 非常不满意   B. 不太满意   C. 一般
   D. 比较满意   E. 非常满意

49—93 题是关于高等职业院校跨界转型发展下文化传承的现状,请同学根据自己对描述问题的看法,在表中最合适的答项处打钩"√"。

序号	问题描述	完全不赞同	比较不赞同	一般	比较赞同	完全赞同
49	我能够说出与自己专业相关职业的主要工作内容	1	2	3	4	5
50	认为与自己专业有关的职业在社会中受人尊敬	1	2	3	4	5
51	我还没有想好是否从事与自己专业相关的职业	1	2	3	4	5
52	在介绍时我乐意提及自己将可能从事的职业	1	2	3	4	5
53	我经常关注与所学专业相关的行业热点和前沿动态	1	2	3	4	5
54	我经常向他人了解与自己专业相关的职业的情况	1	2	3	4	5
55	想到毕业后从事与自己专业相关的工作,我感到很快乐	1	2	3	4	5
56	尽管现在我还是学生,但我对自己将来的职业充满期待	1	2	3	4	5
57	对于学校安排实习实践活动,我会认真对待,积极参与	1	2	3	4	5
58	我认为自己既是学生又是企业的学徒	1	2	3	4	5
59	我认为自己对企业很重要	1	2	3	4	5
60	在情感上,我与企业的员工群体联系很紧密	1	2	3	4	5
61	我很高兴自己既是学生又是企业的学徒	1	2	3	4	5
62	当自己被说成是企业的学徒时,我感到很生气(反向计分)	1	2	3	4	5
63	作为企业的一员我感到很自豪	1	2	3	4	5

续表

序号	问题描述	完全不赞同	比较不赞同	一般	比较赞同	完全赞同
64	在企业实习的过程中,我与企业的员工相处得很自在	1	2	3	4	5
65	有时候我会主动让别人知道我的企业学徒的身份	1	2	3	4	5
66	有时候,我会想掩盖自己的企业学徒身份(反向计分)	1	2	3	4	5
67	我愿意为以后成为一名优秀的工匠而努力	1	2	3	4	5
68	我会努力学习与本专业技术相关的知识	1	2	3	4	5
69	企业化管理有助于提高我的企业学徒身份意识	1	2	3	4	5
70	企业化管理养成了我严谨认真的工匠基本素质	1	2	3	4	5
71	企业化管理帮助我养成良好的学习生活习惯	1	2	3	4	5
72	企业化管理加深了我与同学之间的感情	1	2	3	4	5
73	企业化管理对我的成长很重要	1	2	3	4	5
74	课程内容能激发我的学习兴趣	1	2	3	4	5
75	课程内容强调理论与实践的结合	1	2	3	4	5
76	课程强调培养我的严谨认真的能力	1	2	3	4	5
77	课程强调培养我运用所学知识实际操作的能力	1	2	3	4	5
78	课程实践环节设置合理	1	2	3	4	5
79	学校为学生提供心理咨询与辅导	1	2	3	4	5
80	学校帮助我应对人际关系或情感问题	1	2	3	4	5
81	学校拥有各种各样的学生团体	1	2	3	4	5
82	学校对学生的意见设立有效的反映渠道并及时反馈	1	2	3	4	5
83	学校对在校贫困生提供了勤工助学等资助政策	1	2	3	4	5
84	我认为目前对工人的社会舆论导向是正向的	1	2	3	4	5

续表

序号	问题描述	完全不赞同	比较不赞同	一般	比较赞同	完全赞同
85	我认为大众对工人的评价是积极正向的	1	2	3	4	5
86	工人积极的社会舆论对我的身份认同有积极的影响	1	2	3	4	5
87	我会积极参与社会上涉及工人舆情的讨论	1	2	3	4	5
88	我认为社会对工人行业的要求严格	1	2	3	4	5
89	社会公众对工人职业抱有很高的期望	1	2	3	4	5
90	父母对我的要求很严格	1	2	3	4	5
91	父母对我成为一名"企业学徒"身份的影响很大	1	2	3	4	5
92	父母希望我可以成为一名优秀的工人	1	2	3	4	5
93	父母认为高等职业院校和企业联合培养有助于我的成长发展	1	2	3	4	5

附录 2　高职教师调查问卷

各位教师：您好！

　　为了调查了解高等职业院校跨界转型发展现状，教育部人文社科基金课题组（题目：《新时代我国高等职业教育跨界转界发展的路径研究》；项目批准号：18YJA880043；主持人：李国年教授）拟定本问卷，请各位老师根据实际情况独立填答。本问卷仅供课题研究之用，对填答者作匿名处理。

　　谢谢各位教师的支持！

课题组
2021 年 6 月 29 日

1. 您讲授的课程类型（　　）
   A. 理论课程　　　　B. 实训课程　　　　C. 理实一体化课程
2. 您的性别（　　）
   A. 男　　　　　　　B. 女
3. 您的年龄（　　）
   A. 30 岁以下　　　　B. 31—40 岁
   C. 41—50 岁　　　　D. 51 岁以上
4. 您的教龄（　　）
   A. 1—5 年　　　　　B. 6—10 年
   C. 11—15 年　　　　D. 16 年以上
5. 您的学历（　　）
   A. 专科及以下　　　B. 本科
   C. 硕士研究生　　　D. 博士研究生
6. 您的职称（　　）
   A. 初级　　　　　　B. 中级
   C. 副高级　　　　　D. 正高级　　　　E. 无

7. 您的职业技能等级（　　）

    A. 初级工　　　　B. 中级工　　　　C. 高级工

    D. 技师　　　　　E. 高级技师　　　F. 无

8. 您职前有无企业实践经历（　　）

    A. 有（请写下工作年限）____　　B. 无

9. 您所在系专业设置时是否进行了市场调研？（　　）

    A. 是　　　　　　B. 否

10. 您是否参与专业人才培养计划的制订或修订？（　　）

    A. 是　　　　　　B. 否

11. 有没有行业（企业）人员参与专业人才培养计划的制订？（　　）

    A. 有　　　　　　B. 没有

12. 专业课程体系的设置是否符合职业岗位（群）需求？（　　）

    A. 完全不符合　　B. 比较不符合　　C. 符合

    D. 比较符合　　　E. 完全符合

13. 您所在专业的课程设置主要以什么为依据？（　　）

    A. 企业调研　　　B. 教师研讨　　　C. 因人设课　　　D. 其他

14. 您所任课程是否制定了课程标准？（　　）

    A. 是　　　　　　B. 否

15. 有没有行业企业人员参与课程教学设计？（　　）

    A. 有　　　　　　B. 没有

16. 您是否对课程内容依据职业岗位工作要求进行优化整合？（　　）

    A. 是　　　　　　B. 否

17. 您所选用的教材是？（　　）

    A. 教育部规划教材　　　　B. 教育部精品教材

    C. 行业部委统编教材　　　D. 校企合作开发教材

    E. 自编教材　　　　　　　F. 讲义　　　　　G. 其他

18. 您所任课程的主要教学地点是？（　　）

    A. 普通教室　　　B. 一体化教室

    C. 实践场所　　　D. 其他

19. 您在教学过程中采用的主要授课方式是？（可多选）（　　）

    A. 讲授　　　　　B. 项目教学法

    C. 案例教学法　　D. 其他

20. 您所任课程主要采取哪种考核方式？（　　）

　　A. 笔试　　　　　　　　B. 技能测试

　　C. 论文或调研报告　　　D. 其他

21. 您所任课程是否制定了实践考核标准？（　　）

　　A. 是　　　　　　　　　B. 否

22. 您所任课程的实践教学比例为？（　　）

　　A. 20%以下　　　B. 21%—40%　　　C. 41%—60%

　　D. 61%—80%　　　E. 81%以上

23. 课程实践教学的主要地点是？（　　）

　　A. 普通教室　　　　　　B. 校内实验室

　　C. 校内实习基地　　　　D. 校外顶岗实习基地

24. 校内实训基地仪器设备是否能满足您实践教学需要？（　　）

　　A. 能满足　　　　B. 基本满足　　　　C. 不能满足

25. 学生校外实习情况？（　　）

　　A. 能上岗实习　　　　　B. 在现场接受指导，但不操作

　　C. 以现场参观为主　　　D. 走马观花，无明确要求

26. 您所任课程的实践教学由谁来指导？（　　）

　　A. 自己　　　　　　　　B. 专职实验员

　　C. 教学团队中其他教师　D. 校外兼职教师

27. 您所在系部是否建有校外兼职教师资源库？（　　）

　　A. 有　　　　　　B. 没有　　　　　　C. 不清楚

28. 您对学院目前教学质量监控运行制度是否满意？（　　）

　　A. 满意　　　　　B. 不满意　　　　　C. 一般般

29. 系部是否制定了教学质量监控制度？（　　）

　　A. 是　　　　　　　　　B. 否

30. 系部教学质量监控采取的方式？（可多选）（　　）

　　A. 听课　　　　　　　　B. 观摩课

　　C. 同行评教　　　　　　D. 学生座谈会　　　E. 其他

31. 学院是否有专职教学督导人员？（　　）

　　A. 有　　　　　　B. 没有（如果选 B，则跳做第 39 题）

32. 学院专职教学督导人员的组成情况？（　　）

　　A. 本校在职　　　　　　B. 本校退休

C. 企业专家　　　　　　　D. 其他学校教师　　　E. 其他

33. 是否有企业人员参与学院教学质量监控？（　　）

A. 有　　　　　　　　　　B. 没有

34. 您认为学生网上评教？（　　）

A. 比较客观　　　　　　　B. 随意性较大　　　　C. 主观性强

35. 您对学院实行教学信息员制度的态度？（　　）

A. 支持　　　　　　　　　B. 反对　　　　　　　C. 无所谓

36. 您认为有哪些措施可以吸引校外兼职教师积极参与学院的实践教学？

37. 您认为学院目前教学管理中存在的最主要问题有哪些？您有什么好的解决办法？

38. 您是否具有教师资格证以外的其他职业资格证书？（　　）

A. 有　　　　　　　　　　B. 没有（跳做 40 题）

39. 您的职业资格证书与您所任教专业的相关性？（　　）

A. 相关　　　　　　　　　B. 有一定的相关性　　　C. 不相关

40. 您认为您目前教学工作中最缺乏的是？（　　）

A. 专业理论知识　　　　　B. 专业实践能力

C. 教学能力　　　　　　　D. 其他

41. 您有没有到企业进行过实践锻炼？（　　）

A. 有　　　　　　　　　　B. 没有（跳做第 43 题）

42. 您一般一学年会到企业锻炼几次？（　　）

A. 0 次　　　　　　　　　B. 1 次

C. 2 至 3 次　　　　　　　D. 3 次以上

43. 学院对教师培训和进修是否有相关的政策支持？（　　）

A. 有　　　　　　　　　　B. 没有

44. 您在近三年参加各种培训次数（　　）

A. 0 次　　　　　　　　　B. 1—5 次

C. 5—10 次　　　　　　　D. 10 次以上

45. 您认为您所在学校对新教师培训的重视程度（　　）

A. 非常重视　　　　　　　B. 比较重视

C. 一般　　　　　　　　　D. 不重视

E. 非常不重视

46. 您曾经参加过的教师在职培训的组织机构是（可多选）（　　）

A. 教育部 B. 省教育厅 C. 所在学校

D. 企业 E. 其他

47. 您是否愿意主动参加高等职业院校教师培训工作，为什么？（原因： ）

　　A. 很强烈，积极性高　　　　B. 比较强烈，能主动争取

　　C. 一般，积极性低　　　　　D. 无所谓

　　E. 不乐意去，迫于压力

48. 您去参加高等职业院校培训的主要原因有哪些？（ ）

　　A. 学校要求　　　　　　　　B. 教学需要

　　C. 了解学科前沿知识　　　　D. 服务学生

　　E. 为社会输送人才　　　　　F. 晋升评职称

　　G. 其他原因

49. 您认为哪些因素阻碍您参与培训？（可多选）（ ）

　　A. 相关部门不重视　　　　　B. 师师之间缺乏有效沟通

　　C. 自己缺少动力　　　　　　D. 缺乏培训机会　　E. 其他

50. 您参加过的培训主要形式是（可多选）（ ）

　　A. 理论讲授　　　　B. 主题研讨　　　　C. 技能演示

　　D. 企业实践　　　　E. 师徒结对　　　　G. 其他

51. 您认为合理的培训时间安排应该是在（ ）

　　A. 每周周末　　　　　　　　B. 学期中抽取部分工作日

　　C. 寒暑假　　　　　　　　　D. 带薪离岗参加培训　　E. 其他

52. 您对参加过的培训整体满意度如何？（ ）

　　A. 非常不满意　　　　B. 不太满意　　　　C. 一般

　　D. 比较满意　　　　　E. 非常满意

53. 您对参加过的培训课程满意度如何？（ ）

　　A. 非常不满意　　　　B. 不太满意

　　C. 一般　　　　　　　D. 比较满意　　　　E. 非常满意

54. 您对参加过的培训的师资满意度如何？（ ）

　　A. 非常不满意　　　　B. 不太满意

　　C. 一般　　　　　　　D. 比较满意　　　　E. 非常满意

55. 您认为参加过的培训的考核评价方式是否合理？（ ）

　　A. 非常不合理　　　　B. 不太合理

　　C. 一般　　　　　　　D. 比较合理　　　　E. 非常合理

56. 您参加过的培训是否对自身专业发展有帮助？（   ）
   A. 没有帮助   B. 不太有帮助
   C. 一般   D. 比较有意帮助   E. 非常有帮助

57. 您对整体的培训环节中满意的有（多选）（   ）
   A. 培训课程设置   B. 培训师资水平
   C. 培训形式   D. 培训时间
   E. 培训考核方式   F. 培训安排管理   G. 其他

58. 您认为新教师培训主要存在的不足有（多选）（   ）
   A. 培训经费投入欠缺 B. 重视不够及规划不足
   C. 培训内容缺乏针对性 D. 培训方式缺乏灵活性
   E. 培训时间与教学冲突 F. 培训师资水平不够高
   G. 培训考核评价欠合理 H. 培训组织管理欠合理
   I. 工作环境与培训脱节 J. 培训激励政策欠完善

59. 您认为教师培训有需要吗（   ）
   A. 非常需要   B. 较为需要
   C. 一般   D. 不太需要   E. 不需要

60. 您认为现有的培训能否满足您的需求（   ）
   A. 非常满足   B. 较为满足
   C. 一般   D. 不太满足   E. 不满足

61. 您认为学校关于教师培训的体系是否健全（   ）
   A. 非常健全   B. 较为健全
   C. 一般   D. 不太健全   E. 不健全

62. 您认为哪种形式培训最有效（   ）
   A. 理论讲授   B. 实训技能训练
   C. 参与企业实践   D. 考察学习别的学校

63. 您希望得到哪方面的培训（可多选）：（   ）
   A. 行业最新动态、前沿知识 B. 专业相关的实践操作技能
   C. 课程开发培训   D. 职业教育教学方法培训
   E. 职业教育心理学知识培训

64. 您参加培训最希望得到哪方面的激励（   ）
   A. 薪酬待遇激励   B. 情感激励
   C. 授权激励   D. 荣誉激励

参考文献

[1] [美] 道格拉斯·诺斯. 制度、制度变迁与经济成就 [M]. 上海：上海三联书店，1994.

[2] 石伟平. 比较职业技术教育 [M]. 上海：华东师范大学出版社. 2001.

[3] 金吾伦. 创新理论新词典 [M]. 长春：吉林人民出版社, 2001.

[4] [美] W. 理查德·斯科特，杰拉尔德·F. 戴维斯. 组织理论——理性、自然与开放系统的视角 [M]. 北京：中国人民大学出版社，2011.

[5] 徐国庆. 从分等到分类——职业教育改革发展之路 [M]. 上海：华东师范大学出版社，2018.

[6] 李学仁. 习近平就加快发展职业教育作出重要指示 [N]. 人民日报，2014-06-24（01）.

[6] 姜大源. 为什么强调职教是一种教育类型 [N]. 光明日报，2019-03-12（04）.

[8] 陈凌. 用奋斗诠释劳动精神 [N]. 人民日报，2020-12-01（04）.

[9] 孟宪乐. 教师教育发展走向分析 [J]. 全球教育展望，2002, 31（08）：25-27.

[10] 唐永泽，傅瑞林. 论黄炎培职业教育思想的核心理念 [J]. 教育与职业，2005（26）：4-6.

[11] 池丽萍，辛自强. 大学生学习动机的测量及其与自我效能感的关系 [J]. 心理发展与教育，2006, 22（06）：64-70.

[12] 孙琳，李里. 职业教育的本质属性与发展模式选择 [J]. 中国职业技术教育，2006（04）：13-15.

[13] 樊大跃. 澳大利亚 TAFE 培训包内容及框架剖析 [J]. 中国职业技术教育，2007（03）：57-64.

[14] 杨群祥. 引进国外先进教育模式 推动高职教育教学改革——基于中英

职业教育合作项目的研究与实践［J］. 高教探索，2008（06）：112-117.

［15］亓俊国，庞学光. 德国"双元制"职业教育内涵的多维度分析［J］. 教育发展研究，2008（11）：23-26.

［16］刘尧，刘岩. 我国高等教育发展的现状、问题与趋势［J］. 教育与现代化，2009（03）：63-69.

［17］张博文. 分层定位与分类发展——试论中国高职教育改革与发展的政策选择［J］. 职教论坛，2009（04）：15-18，23.

［18］赵绚丽. 基于高职院校的学科和专业建设研究［J］. 湖南工程学院学报（社会科学版），2010，20（03）：109-111.

［19］徐绪卿. 我国民办高校发展趋势分析——《国家中长期教育改革与发展规划纲要（2010—2020年）》颁布后的思考［J］. 教育发展研究，2010，30（18）：1-5.

［20］李震峰，袁广林. 类型视野下的高职教育发展［J］. 高教发展与评估，2011，27（03）：112-116.

［21］王涛涛. 我国台湾地区技专校院和科技大学评估机制研究［J］. 职业教育研究，2011（12）：173-175.

［22］姜大源. 中国职业教育发展与改革——经验与规律［J］. 职业技术教育，2011，32（19）：5-10.

［23］李永坚，黄绍平，李靖. "卓越工程师"培养要重视教学方法改革——以电气工程及其自动化专业为例［J］. 中国大学教学，2012（11）：63-65.

［24］王炎斌. 高职院校发展应加速"五个转型"［J］. 教育与职业，2012（34）：26.

［25］杨明亮. 关于高职教育人才培养模式转型的研究［J］. 职教论坛，2012（32）：63-64，66.

［26］顾坤华. 完善我国高等职业教育"层次"的战略思考［J］. 教育与职业，2013（08）：5-8.

［27］陈家颐，万军. 高职院校校企合作办学体制机制创新的动因与路径研究［J］. 黑龙江高教研究，2013，31（01）：111-113.

［28］王琳. 论现代学徒制对高职院校转型发展的影响［J］. 中国人力资源开发，2014（23）：6-9，66.

［29］王晓芳. 从组织实体到跨界安排——理解大学与学校伙伴关系的两种

路径及其综合[J]. 教育学报, 2014, 10（06）: 118-126.

[30] 周建松. 创新发展中国特色、世界水平职业教育的基本遵循[J]. 职业技术教育, 2015, 36（12）: 58-62.

[31] 祁艳清. 略论高职院校教师的转型发展[J]. 中国成人教育, 2015（02）: 94-96.

[32] 尚慧文, 高鹏. 新形势下高职院校转型发展的思考[J]. 教育与职业, 2015（30）: 25-27.

[33] 周瑛仪. 职业会考——应用技术大学生源选拔的瑞士经验[J]. 教育与职业, 2015（09）: 17-20.

[34] 张艳红. 高职院校科研服务转型的探索与实践——以湖南环境生物职业技术学院为例[J]. 高教学刊, 2016（06）: 202-203.

[35] 朱厚望, 刘阳, 龚添妙. 湖南高职院校专业与产业对接机理及路径研究[J]. 高等职业教育（天津职业大学学报）, 2016, 25（05）: 3-6.

[36] 刘苍. 协同创新背景下的高职教育转型升级发展[J]. 教育与职业, 2016（19）: 30-33.

[37] 丛明才, 王婀娜. 德国职业教育研究及其启示[J]. 黑龙江高教研究, 2016（05）: 68-72.

[38] 胡拥军. 论高职院校专业结构动态调整机制的建立——基于湖南九所国家示范（骨干）高职院校的研究[J]. 高教探索, 2016（02）: 76-80.

[39] 徐国庆. 智能化时代职业教育人才培养模式的根本转型[J]. 教育研究, 2016, 37（03）: 72-78.

[40] 周建松, 陈正江. 高职院校治理体系现代化——理论意涵与实现机制[J]. 现代教育管理, 2016（07）: 6-12.

[41] 钟世潋. 论习近平系列讲话与职业教育发展[J]. 职业技术教育, 2017, 38（16）: 8-12.

[42] 赵利堂, 谢长法. 跨界与交融——高等职业教育质量评估的跨学科协同设计[J]. 教育发展研究, 2018, 38（07）: 28-34.

[43] 王荣辉, 幸昆仑, 蒋丽华. 高职教育的经济现象及其解释[J]. 高教发展与评估, 2018, 34（06）: 28-40, 118.

[44] 胡红钱, 吴雄喜, 盛国, 等. 中澳职业技术教育对比研究与启示[J]. 成人教育, 2018（08）: 88-93.

[45] 蓝洁. 高职院校内部治理组织架构的模式与特征分析——基于100所

国家示范性高等职业院校的调查［J］.中国职业技术教育，2018（32）：38-43.

［46］冯瑞.高职跨界融合型人才培养的课程体系重构与实践创新［J］.江苏高教，2019（08）：108-112.

［47］陈正江.基于跨界特征的高等职业教育类型特色建构［J］.职教论坛，2019（03）：139-143.

［48］路宝利，缪红娟.职业教育"类型教育"诠解——质的规定性及其超越［J］.职业技术教育，2019，40（10）：6-14.

［49］谢笑珍."产教融合"机理及其机制设计路径研究［J］.高等工程教育研究，2019（05）：81-87.

［50］盛晓娟，李立威."专创、产教"双融合视角下的实践创新人才培养模式研究与实践［J］.实验技术与管理，2019，36（09）：206-210.

［51］李晓.职业教育产教融合实施的关键问题及制度环境创设［J］.职教论坛，2019（08）：32-36.

［52］蔡云.产教融合背景下高校创新创业教育的路径探析［J］.当代教育科学，2019（07）：92-96.

［53］万达，杜怡萍，吴晶，等.试论职业教育作为类型教育的基本特征［J］.中国职业技术教育，2019（28）：11-15.

［54］马成荣，孙杨."双高计划"视域下高职院校专业结构优化调整的路径与策略［J］.职业技术教育，2019（24）：12-17.

［55］李北伟，贾新华.基于产业转型升级的高职院校专业设置优化策略研究——以广东省为例［J］.中国高教研究，2019（5）：104-108.

［56］赵志群，黄方慧."职教高考"制度建设背景下职业能力评价方法的研究［J］.中国高教研究，2019（06）：100-104.

［57］李梦卿，邢晓."双高计划"背景下高等职业教育人才培养方案重构研究［J］.现代教育管理，2020（01）：107-114.

［58］徐国庆.确立职业教育的类型属性是现代职业教育体系建设的根本需要［J］.华东师范大学学报（教育科学版），2020，38（01）：1-11.

［59］高葵芬.新时代高职院校教育科学研究转型发展思考——基于类型教育特征的分析［J］.中国职业技术教育，2020（27）：67-73.

［60］何惠丽."大扩招"背景下的高等职业教育转型发展［J］.成人教育，2020，40（01）：71-74.

［61］李涛，孙艺璇.专业化发展背景下高职院校"双师型"教师队伍建设

的困境与出路[J].职业技术教育,2020,41(31):41-47.

[62] 薛伟明.以通识教育为导向的高职院校"产教融合"人才培养模式[J].江苏高教,2020(12):148-151.

[63] 王兴.职业教育类型发展——现实必然、价值取向与强化路径[J].中国职业技术教育,2020(16):43-48.

[64] 魏丹.基于"协同创新"视阈下的高职院校师资队伍建设——评《高职教师专业发展:困境与出路》[J].人民长江,2020,51(11):224.

[65] 陈东.德国职业教育专业教学标准开发特征及启示研究[J].中国职业技术教育,2020(29):62-66.

[66] 龚添妙,朱厚望.类型教育视野下高水平高职院校评价——作用机制、核心要素及实施构想[J].中国职业技术教育,2021(01):76-80.

[67] 李文斌,张婷.高职思想政治教育类型化发展的政策演进、动力与路径[J].黑龙江高教研究,2021(05):102-107.

[68] 徐晔.职业教育"类型教育"生态系统的结构及功能探究[J].中国人民大学教育学刊,2021(01):127-134.

[69] 李政.我国高职分类考试招生——价值意蕴、问题表征与改革路径[J].中国考试,2021(05):40-47.

[70] CAMP W G. Formulating and Evaluating Theoretical Frameworks for Career and Technical Education Research[J]. Journal of Vocational Education Research, 2001, 26(01):4-25.